江西财经大学博士论文文库

证券市场会计信息共享质量研究

关爱浩 著

中国财政经济出版社

图书在版编目（CIP）数据

证券市场会计信息共享质量研究/关爱浩著．—北京：中国财政经济出版社，2009.6

（江西财经大学博士论文文库）

ISBN 978-7-5095-1597-6

Ⅰ.证… Ⅱ.关… Ⅲ.证券交易-资本市场-会计-信息工作-研究 Ⅳ.F830.91

中国版本图书馆 CIP 数据核字（2009）第 073852 号

责任编辑：刘五书　　责任校对：李　丽

封面设计：郁　佳　　版式设计：董生萍

中国财政经济出版社出版

URL：http：//www.cfeph.cn

E-mail：cfeph@cfeph.cn

社址：北京市海淀区阜成路甲 28 号　邮政编码：100142

发行处电话：88190406　财经书店电话：64033436

北京富生印刷厂印刷　各地新华书店经销

880×1230 毫米　32 开　8.25 印张　194 000 字

2009 年 6 月第 1 版　2009 年 6 月北京第 1 次印刷

定价：20.00 元

ISBN 978-7-5095-1597-6/F·1387

（图书出现印装问题，本社负责调换）

本社质量投诉电话：010-88190744

目 录

第1章

导　言

1.1 选题背景

1.1.1 经济社会背景

1929年的纽约股灾，1987年的美国股市崩盘，1997年开始的东南亚金融危机，无不显示上市公司信息共享质量低下是问题产生的直接原因和导火索。同样，20世纪末21世纪初，从新兴的证券市场，如中国证券市场的琼民源、银广夏、蓝田事件，到老牌的欧美市场，诸如安然、世通、施乐和意大利帕玛拉特事件，这一系列发生的上市公司财务欺诈案件，再一次让广大投资者对证券市场的信息质量、市场信用大失所望。

证券市场价格具有非常典型的信息决定特征，整体信息共享质量低下是证券市场各种问题产生和深化的基础。缺乏有效的会计信息共享质量支撑，证券市场价格机制往往是片面的、随机的、高风险的，因而也是低效运行的。这一问题在中国证券市场表现尤其严重，突出表现为：虚假信息广泛共享；信息消费质量差①；制度缺陷加深信息不对称，制约信息共享质量的提高②；系统风险很高③，价格波动剧烈；缺乏统一的信息交流市场，难以发挥优势信息处理者的知识资本价值等。

如何有效认知和提高证券市场会计信息共享质量，增强证券市场价格运行效率，保护投资者利益，是急需研究的重要课题。

1.1.2 理论背景

传统价格机制研究，虽然经历了从新古典完全信息模式的价格运行机制体系到新制度经济学非完全信息共享模式的价格运行机制体系，以及信息经济学把信息不对称引入到价格体系的现实逼近过程，但价格机制体系依然包含了一个重要假设，即信息垄断之外的信息是对称性信息，是能够被所有参与者完全共享的④。因此，在传统的价格机制下，价格可以充分反映市场中所有公开的相关信息，与价格相关的利益也就能够按照该公开信息在交易者之间实现

---

① 主要体现在投资者整体素质低下，信息共享能力很差，投机意识浓厚。

② 规则建设不完善制约信息形成质量，股权分置使共享信息的可比性下降，机构性信息合谋使可靠信息共享范围缩小，一股独大使信息共享的程度受到严格控制，信息监管质量低下，信息寻租严重。

③ 吴敬琏认为，只有当投机活动与投资等活动结合在一起并实现良性互动时，才能对经济具有积极的作用……纽约证券交易所的系统风险（不可分散化风险）占 1/4 左右，非系统风险（可分散化风险）占 3/4 左右；而上海证券交易所的投资风险结构正好“倒置”，即系统风险占 2/3，而非系统风险仅占 1/3 左右……在过去 100 多年的历史当中，美国的道—琼斯工业指数单日跌幅只有 15 次超过 7%，而在以往短短的 6 年内上证指数如此的跌幅就达 23 次之多，中国股市的单日振荡幅度显然比美国股市更剧烈。吴敬琏指出：尽管中国股市的市场风险明显高于美国股市，但却不能为投资人提供高于美国股市的投资回报（杨帆，2001）。

④ 即信息一旦溢出，就会实现完全共享，市场价格立刻对之产生相应的反应，反应的信息同样能够被市场参与者共享，并进一步反映到价格体系之中。

均衡分配。事实上，受到信息共享能力和利益关系的制约，即使是公开的信息，也往往不能够在所有利益相关者中实现完全共享，如果再考虑到共享信息的虚假特征，不同利益相关者一般只能共享不同的信息集合，对价格预期一致的可能性极小。正因如此，我们可以冷静地解释在现实社会中，为什么在许多信息共享不足的领域，价格机制的核心作用经常让位于非价格机制，大多数交易价格是在交易者的极端复杂、犹豫、无可奈何的气氛中形成的。

到目前为止，基于证券市场会计信息共享质量的研究文献尚未发现，信息共享质量研究停留在互联网信息、RJV（研究联合体）技术合作信息、政府垄断信息等方面的共享机制和效率等层次，重在解决信息不对称对市场交易、合作效率等的影响，关于证券市场会计信息共享质量评价及其对证券价格运行机制的制约研究尚未见经典文献出现，这就为本书的研究提供了理论空间。

1.2 选题意义

对证券市场会计信息共享质量进行研究旨在理论上填补上述传统价格机制理论缺陷，在实践上为完善证券市场会计信息监督机制构建对策。

1.2.1 理论意义

证券市场会计信息披露质量研究是国内外长期研究的热点，但会计信息披露质量与证券市场价格决定之间不是直接的决定关系，中间过渡变量即是会计信息共享质量①，这种关系可以用图1-1

① 笔者认为，会计信息是影响证券市场价格的直接信息，其他信息是通过会计信息影响证券市场价格的间接信息。

表示。

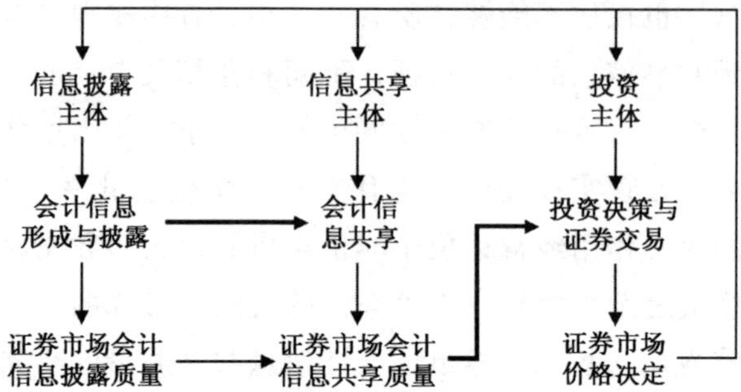

图 1－1　证券市场会计信息共享质量定位

传统的证券投资理论往往把证券价格决定中的过渡变量——会计信息共享质量弱化，如有效市场理论假设证券市场会计信息共享完全，舍去了复杂的但关键的会计信息共享质量这一决定变量，而直接探讨会计信息披露质量与证券市场价格决定之间的变化关系；虽然行为金融理论把信息不对称思想引入证券投资理论，但这里的不对称亦仅仅止步于会计信息披露环节形成的信息不对称，即认为进入披露范畴的会计信息在证券市场上是能够被完全共享的，还是回避了证券市场会计信息共享质量对证券市场价格决定的分析环节。也就是说，会计信息共享质量研究领域的空白是本书选题的理论起因和理论价值所在，但这也决定了本书研究的开创性特征及其研究的困难。

本书在研究中提出信息共享边界理论，把信息共享研究引入证券市场的会计信息共享质量研究之中，认为利益共享边界决定会计信息共享边界，会计信息共享边界决定证券市场会计信息共享质量，会计信息共享质量决定证券市场价格运行效率，从而把会计信息共享质量引入价格决定过程之中，对于还价格机制以真实面目具有重要理论价值。

1.2.2 现实意义

本书对会计信息共享质量概念、对象、决定机理及其应用的分析研究，有利于规制者制订规范科学的信息披露和监管规则，对有效治理上市公司虚假会计信息披露，保护广大证券市场投资者利益，实现证券市场资源配置功能，稳定、规范、健康发展证券市场等具有重要现实意义。对证券市场会计信息共享质量的决定机制及其评价指标体系构建进行的开创性探讨，将为证券市场会计信息共享质量实证性研究提供参考。

1.3 研究框架

本书试图通过对证券市场会计信息共享质量的决定机制及其评价指标体系构建，探讨证券市场价格决定的基础力量——会计信息共享质量的实质。

全文包括 9 章内容。文献综述部分对证券市场会计信息共享的相关研究进行了综合阐述，是本书的研究起点。第 3 章建立了本书的理论基石及应用框架——信息共享边界理论，提出了四个一脉相承的基本观点：（1）市场主体之间的利益关系决定其利益共享边界；（2）利益共享边界决定信息共享边界；（3）信息共享边界决定市场信息共享质量；（4）信息共享质量决定市场价格机制运行效率，依据这些观点，该章对证券市场会计信息共享边界理论进行了深入分析，并开创性地构建了证券市场会计信息共享质量评价指标体系的总体框架。之后的 3 章分别从主体、客体和监管三个不同视角对证券市场会计信息共享质量的决定因素进行了定性和定量分析。定性分析主要立足于会计信息共享边界变化的计量基础，定量分析主要是探讨不同视角的会计信息共享质量指标构建，并利用中国证券市场数据进行了实证分析。第 7 章对三个视角的分析指标进行整合，建立了证券市场整体视角会计信息共享质量的综合指标体系。第 8 章对命题“证券市场会计信息共享质量决定市场价格机制运行效率”进行实证分析，分析结果显示出中国证券市场会计信息共享质量与证券市场价格机制之间存在显著的决定关系。最后 1 章对提高证券市场会计信息共享质量对策进行探讨，力图提出解决问题的长期对策和短期对策。全文写作框架可以用图 1－2 表示。

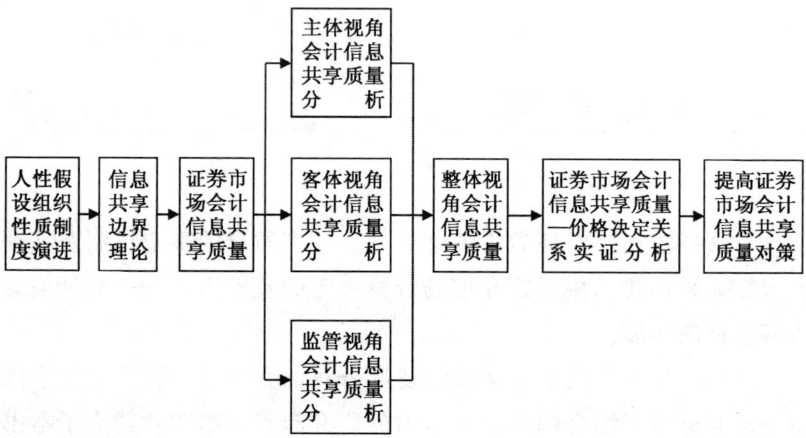

图 1－2　证券市场会计信息共享质量研究框架图

1.4 研究方法

本书在论证分析过程中，充分借鉴各种经典的经济学研究方法，总体来说主要有：

1.4.1 个体分析与整体分析相结合

本书在探讨证券市场会计信息共享质量评价指标体系的过程中，为了达到对证券市场会计信息共享质量的全面认识，将主体、客体、监管三个维度分析进行整合，通过计算综合指数获得对证券市场会计信息共享质量的总体性认识，使本书的质量评价指标体系趋于完整和充实。

1.4.2 历史演进与逻辑推演相联系

本书从历史演进的角度，为信息共享边界理论找到了研究的起点——利益关系决定信息关系；采用逻辑分析的方法，把利益关系决定信息关系逐级演进，使利益关系与信息关系之间的决定与反决定关系得到全面分析。

1.4.3 定性分析与定量分析相统一

定性分析揭示了证券市场会计信息共享质量受制于证券市场既有利益关系及其预期对会计信息共享边界的影响过程及结果，影响过程涉及证券市场：利益关系决定利益共享边界，利益共享边界决定信息共享边界，信息共享质量决定市场价格机制运行效率；定量分析解释了证券市场会计信息共享质量的演化过程和结果与证券市场价格波动具有直接关系，内容包括主体视角会计信息共享质量、客体视角会计信息共享质量、监管视角会计信息共享质量以及在此基础上的整体视角会计信息共享质量分析，这些分析既反映了证券市场既有的利益共享状态，又体现了证券市场交易者之间的利益及其风险预期关系。

此外，本书还利用传统的经济学分析方法——成本收益分析法以及统计学的风险分析方法，对信息共享边界的收益、成本和风险预期进行分析，对完善信息共享边界理论框架构建具有重要意义。

1.5 基本概念阐释

1.5.1 信息共享与信息披露、信息垄断、信息不对称

1.5.1.1 信息共享

信息共享是不同潜在信息主体之间共同分享和利用信息资源的过程，目的在于发挥被共享信息资源的最大价值。信息共享的完整过程包括信息的形成与披露、信息的收集与应用、信息反馈及交易价格信息的最终形成等过程，这一过程对新一轮的信息共享产生影响预期，如此循环不止。从整体来看，适度的信息共享有利于整体效率的提高，增强整体竞争力。

1.5.1.2 信息披露

信息披露是信息共享的起点，是信息共享主体一方自愿或非自愿[①]提供可共享信息的行为。虽然信息披露要考虑信息共享者的需求、能力、权益等，但这只是信息共享的基础性工作，如果信息被其他部门封杀，则潜在信息共享者未必能够共享到该信息，这种现象从证券市场来看更为明显。

在证券市场上，上市公司按照信息披露规则准备年报或半年报会计信息，信息在正式披露前必须经过 CPA 审计并签署审计意见，不同意见反映不同质量的会计信息，该意见将与被审计年报同时作为一个整体信息单位对外披露。目前的披露方式主要是规定的传统媒体和互联网电子年报，信息相关者可以利用方便的信息渠道共享信息。

① 如证券市场的自愿性信息披露和强制性信息披露。

1.5.1.3 信息不对称

信息不对称是利益相关主体之间利益不对称关系的特征描述，是一种客观现象。不对称信息会影响当事人之间合约的订立及对当事人行为的规范，又称为“契约理论或机制设计理论”（威廉姆·维克瑞，1961）。在信息经济学中，对不对称信息问题的基本对策是在“外生不对称信息”条件下，如何让拥有“私人信息”的人说实话；而在“内生不对称信息”条件下，如何激励当事人努力工作，这个问题是近年来经济学研究中最重要和最活跃的领域之一。信息共享是一种社会性特征，是一种典型的整体利益特征，信息不对称也是一种社会性特征，但是一种基于个体利益的社会性特征。

1.5.1.4 信息垄断

信息垄断的直接表现是信息披露不足或不完全。相对于信息共享是基于全局或整体利益的考虑或保护而实行的信息公开，信息垄断是基于对局部或个体利益的考虑或保护而实行的信息封锁；信息共享针对的是具有共享利益的大众化信息，信息垄断针对的是具有垄断利益的核心信息；信息共享可以制约信息寻租行为，信息垄断是信息寻租的前提和结果。信息垄断和信息共享是人类本质属性的不同侧面，它们在本质上既相互对立，又相互统一。相互对立表现在信息垄断是局部、个体中心主义或导向，信息共享是全局、整体中心主义或导向；相互统一表现在局部和整体的划分是相对的，信息垄断只是针对垄断主体外部，可能在垄断组织内部信息广泛充分共享，或者在垄断组织内部不同部门之间、个体之间信息共享与信息垄断既对立又统一，共同发展；同样，信息共享可能只是在一定范围内，如国内市场、行业组织、政府组织等，一旦超出这一信息共享范围，信息垄断的性质又非常明显。同时，信息垄断是信息共享的基础和前提，没有信息垄断也就无需谈信息共享；信息共享又是形成新的信息垄断的基础，由于知识差异的普遍性，不同的知识禀赋即使共享相同的信息，其共享结果也千差万别，这种差别如果具有垄断利益存在，又会形成新的信息垄断。

信息共享与信息披露、信息不对称及信息垄断密切相关，互为基础，共同发展。信息披露是基础，信息披露不完全形成信息垄断，信息垄断导致信息不对称，信息共享有利于降低信息不对称程度，而信息不对称及信息垄断又是信息共享的推动力。四个概念反映的是人类社会发展过程中的客观现象，也是证券市场信息共享研究中的基本概念，彼此间的变化最终受制于利益关系的均衡。因此，有效区分这几个概念是研究证券市场会计信息共享质量的必要前提之一。

1.5.2 基本分析与技术分析

基本分析又称基本面分析，是指证券投资分析人员根据经济学、金融学、财务管理学及投资学的基本原理，对决定证券投资价值及价格的基本要素如宏观经济指标、经济政策走势、行业发展状况、产品市场状况、公司销售和财务状况，评估证券的投资价值，判断证券的合理价位，从而提出相应的投资建议的一种分析方法。基本分析的理论基础建立在如下前提条件之下：即任何金融资产的真实或内在价值等于该项资产所有者的所有预期收益流量的现值。

技术分析是仅从证券的市场行为来分析证券价格未来变化趋势的方法。证券的市场行为可以有多种表现形式，其中证券的市场价格、成交量以及价格和成交量的变化及完成这些变化所经历的时间是市场行为最基本的表现形式。技术分析的理论基础建立在以下的三个假设之上：市场的行为包含一切信息；价格沿趋势移动；历史会重复。技术分析是直接对证券市场的市场行为所作的分析，其特点是通过对市场过去和现在的行为，应用数学和逻辑的方法，探索出一些典型的规律并据此预测证券市场的未来变化趋势。

基本分析与技术分析是最常用的两种投资决策模式，笔者认为基本分析的核心信息是上市公司财务信息，它是其他所有信息的最终汇集点，技术分析的核心信息是价格及价格指数信息。这两种分析方法在实践中往往被投资者交替使用，后文对之有深入分析。

1.6 创新与不足

在总结既有的研究成果基础上，本书作为具有一定开创意义的研究，既提出了具有一定参考价值的理论观点和政策建议，又不可避免地暴露出了诸多不足。

1.6.1 创新点

（1）提出了信息共享边界理论。该理论的基本观点是：利益关系决定利益共享边界，利益共享边界决定信息共享边界，信息共享边界决定信息共享质量，信息共享质量决定市场价格机制运行效率。在此基础上，笔者把研究结论应用到证券市场会计信息共享质量研究之中，认为证券市场利益共享边界决定会计信息共享边界，会计信息共享边界决定证券市场会计信息共享质量，会计信息共享质量决定证券市场价格运行机制的有效性，并以此对金融领域之敏感性信息——会计信息的共享质量进行了综合分析研究。

（2）构建了证券市场会计信息共享质量评价指标体系，并分别从会计信息共享的主体、客体、监管和整体视角利用中国证券市场可以共享的数据进行了实证分析，分析结果显示了中国证券市场会计信息共享质量的低水平、高风险运行状态。

（3）提出解决证券市场会计信息共享质量问题的长期策略是减少监管者数量、增加违规机会成本、降低违规出现概率，短期策略是构建双盲监督模式，解决 CPA 的审计独立性和执业质量问题。

1.6.2 不足之处

由于数据不足，本书未能利用不同国家证券市场的信息数据对会计信息共享质量指标体系进行比较分析，以确立一个广泛适用的质量标准。

1.7 数据资料提示

本书研究数据主要来源于 wind 资讯、巨潮资讯、新浪财经、中国证监会、证券交易所等网站以及各年统计年鉴等，所有数据均注明来源，部分由于忽略或不需注明的数据大多来源于 wind 资讯数据库。作者对这些提供数据共享服务的单位深表感谢。

由于附录数据太多（345 页），故提供作者的 Email 地址供读者索取原始数据：

Email：gah01@163.com

第2章

文献综述

证券市场会计信息共享的基础是会计信息披露，共享的过程及效率效果受制于共享者的会计信息共享能力以及证券市场监管效率等因素。它们之间的关系可以用图2-1表示。

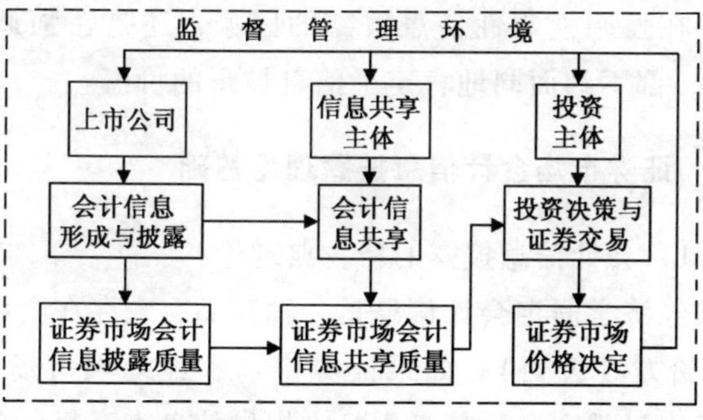

图2-1 证券市场会计信息共享质量运行图

注：(1) 上市公司、信息共享主体、投资主体之间存在交叉关系；(2) 在既定的监督管理环境下，上市公司决定会计信息披露质量；(3) 既有的证券市场会计信息质量特征、会计信息共享状况决定证券市场会计信息共享质量；(4) 会计信息披露直接影响会计信息共享，会计信息共享结果及既有证券市场会计信息共享质量状况直接影响投资决策与交易；(5) 证券交易决定证券市场价格；(6) 交易结果反作用于证券市场主体，如此循环不止。

至今为止，除了笔者有限的研究之外，会计信息共享质量研究主要从会计信息共享的个别环节展开，具体研究主要集中于会计信息共享的起点——会计信息披露和会计信息共享的终点——证券市场价格决定两个环节。对会计信息共享过程的研究，目前主要反映在虚假会计信息识别领域。有鉴于此，本书只好从这些环节进行文献综述，以期从中获得启示。

2.1 证券市场会计信息披露研究

会计信息披露是证券市场会计信息共享的起点，只有上市公司及时、可靠、全面披露会计信息，投资者才能及时、可靠、全面地进行会计信息共享。证券市场的价格从根本上决定于上市公司的预期盈利能力及其风险，而这主要是通过会计信息披露实现与投资者交流。无论在强调强制性信息披露的国家，还是在强调实质性审查①的国家，都不约而同地肯定了信息披露的价值。

2.1.1 证券市场会计信息披露理论基础

2.1.1.1 会计信息披露的新古典理论

新古典经济学假定会计信息是一种商品，它存在会计信息的需求方②和供给方（公司）。如果证券市场和经理人市场正常运转，那么，市场力量就会激励信息供给方提供信息直至每一单位会计信息产生的边际成本等于所带来的边际收益，此时市场就达到了完全

① 也称核准制，“系指发行人为有价证券之募集与发行，不单以真实状况公开为满足，尚须符合一定之条件，始可依法向证券主管机关申请核准，并经其同意后，始得进行募集与发行之制度谓之。”（李开远，1997）

② 一般包括公司、政府、工会、投资者以及债权人等。

市场竞争均衡状态，实现资源配置帕累托效率（Pareto efficiency）。这种状态假设：

（1）市场上存在大量的会计信息需求者和供给者；

（2）会计信息是完全和完美的；

（3）市场无交易成本；

（4）会计信息需求者完全有能力理解信息的实质内涵并对此有一致性预期（Homogeneous expectation）；

（5）参与会计信息市场交易的个人都是理性的，都追求效用最大化。

上述假设就是资本市场有效性应具备的充分条件，如果有用的信息以不带任何偏见的方式全部在证券价格中得到了反映，那么可以认为市场是有效的（Fama，1970）。威廉·比弗（1973）曾在*What should Be the FASB's Objectives*？一文中论述了证券市场的有效性对财务会计及其报表的若干启示：

（1）只要会计政策没有导致现金流量产生有差别的后果，或对所采用特定会计政策所形成的差别予以披露，以及投资者能够获得足够的信息以至能够在不同的会计政策之间作出抉择的话，公司所采取的会计政策便不会影响证券的市价；

（2）有效证券市场是与充分披露的概念紧密相关——实质重于形式；

（3）市场有效性意味着公司不必过分考虑无知的投资者；

（4）会计报表并不是惟一的财务信息来源。

新古典理论关于会计信息的披露意味着：（i）资本市场具有强大的惩罚和激励机制，促使自利的会计信息供求双方尽力披露和搜集信息，任何第三方的（包括政府）干预都是无济于事的，此时会计准则毫无必要；（ii）这个理论的假设——完全竞争市场和证券市场的有效性只是一种理想化的理论模式，现实中并不成立，更何况人们都是有限理性的（Simon，1957），信息需求者不可能完全有能力来理解信息的实质内涵；（iii）披露有关战略信息及其经济价值可能损害公司的市场竞争地位，从而使信息供给者面临着一种权衡，即在提供会计信息帮助证券市场充分发挥资产定价功能与隐瞒会计信息使公司在产品市场的优势最大化之间作出判断选择（Newman & Sansing，1993），进而可能影响会计信息的充分披露原则。

2.1.1.2 会计信息披露的规范理论

与新古典理论认为会计信息是私人产品不同，会计信息披露的规范理论指出，会计信息具有公共产品（Public goods）特性，会计信息产生的公共性、信息不对称以及缺乏一致性等导致了会计信息市场的失灵，从而造成市场力量不能最有效地调节会计信息的供求，必须借助第三方（政府）加以干预（制订准则）来实现会计信息披露机制的标准化，限制资本市场上的垄断和投机行为（瓦茨和齐默尔曼，1999）。

会计信息市场失灵理论需要面对如下问题：（i）假定政府选择会带来最佳产出，犯了“草总是绿的”的错误。（ii）会计准则的制订需要全面衡量成本与效益。准则的成本不仅包括准则制订机构制订和实施会计准则以及公司遵守这些准则时所耗费资源的直接成本，而且还包括影响公司的投资、生产以及融资等方面决策所造成的社会福利损失；效益是指在私人市场力量已发挥最大作用的前提下，管制能减少仍然存在的市场失灵，但是目前管制的成本效益性并不能作出明确的论断（司可脱，2000）。（iii）准则制订过程是一种“微妙平衡”的政治问题（Zeff，1978），它需要对不同的社会目标和不同利益集团的利益进行评判和权衡，从而可能影响会计准则应有的“技术性”规范。

2.1.1.3 会计信息披露的实证理论

20 世纪 60 年代以来，对有效市场假设所进行的大规模实证性检验促使人们不得不重新审视规范会计理论的合理性。鲍尔和布朗

(1968) 的开创性研究导致了实证会计理论（Positive Accounting Theory)，特别是实证会计理论研究方法成为20世纪70年代以来会计理论研究的主流。瓦茨和齐默尔曼在实证会计理论领域作出了卓越的贡献，他们于1986年合著的实证会计理论一书已成为会计理论的经典之作。

实证会计理论侧重于分析公共干预的政治程序和解释会计标准的制订过程。按照公共利益理论，会计准则制订者被假定为大公无私者，它会权衡管制成本与市场运作改善后所带来的社会收益两者间的大小，从而尽量实现社会福利最大化。因此实证会计理论认为，会计准则制订应尽量发挥市场机制而避免利用公共干预[①]。此外，实证会计理论将代理理论广泛应用于会计实务的解释。霍姆斯特朗认为，最有效的激励计划就是让代理人分担一部分行动后果(如利润分享，Holmstrom，1979)，运用到财务会计上就是建立完善的会计信息披露机制，减少代理成本，最终实现公司价值最大化的理财目标。

实证会计理论在对会计信息披露实务的解释方面是卓有成效的。首先，该理论揭示了资本市场对会计信息生产者的激励机制。规范会计理论（Normative Accounting Theory）认为，由于人们的有限理性以及获取和理解信息的能力不同，公司经营者会基于自利和利用自己的信息优势，倾向于少披露真实会计信息，甚至披露虚假、扭曲的会计信息。相反，实证会计理论指出，在资本市场有效性的假设下，经理人才市场（Fama，1980）和公司控制市场

① 然而，由于会计准则制订过程的复杂性，立法监督准则制订者的具体操作是很困难的，因而最佳会计准则是不可能实现的。这又导致了另一种管制理论——利益集团理论的粉墨登场，并且该理论也可能比公共利益理论更能预测会计准则的制订过程（司可脱，2000)。总体利益只不过是那些利益集团为了实现自身利益最大化的托辞而已(Watts and Zimmerman，1979)，因而会计准则的制订被人们视为各利益集团冲突博弈的过程，而不是理性算计的过程（司可脱，2000)。

(Manne, 1965) 是公司经营者产生充分信息的非契约性动力，从而有利于股东对经营者的有效监督，进而减少两者之间的代理成本。其次，实证会计理论对于会计准则制订具有较强的指导意义。该理论认为，不管资本市场有效性理论的含义如何，即使会计政策不直接影响公司的现金流量，对于财务会计报告的各种使用者也还是具有经济后果的（Zeff, 1978）。会计准则制订不仅要考虑“技术”（如使用何种会计方法能更有利于计量公司的收入和成本），而且应注意到执行会计准则将会产生的各种经济后果（如财富的再分配、风险程度等），因此要求在会计理论领域和政治领域两方面达到“微妙平衡”，会计准则制订机构应允许不同的利益集团参与会计准则制订。

2.1.2 证券市场会计信息披露制度研究

信息披露制度，又称信息公开制度，是指证券市场上的有关当事人在证券发行、上市和交易等一系列环节中，依照法律法规、证券主管机关的管理规则及证券交易场所的有关规定，以一定的方式向社会公众公布或向证券主管部门或自律机构提交申报与证券有关的信息而形成的一整套行为规范和活动准则的总称（吕富强，2000）。信息披露制度起源于1844年的英国公司法，其立法背景是此前广泛存在的证券发行欺诈，严重损害了投资者的利益，妨碍了证券市场的健康发展。1856年的公司法（the Companies Act, 1856）增加了对资产负债表内容的描述并提供范本，并自1904年起财务报表要求向一般投资者公开规定信息，从此，英国公司法信息公开规定转型为现代强制信息公开（曾宛如，1999）。该规定为美国1933年证券法（Securities Act of 1933）和1934年证券交易法（Securities Exchange Act of 1934）继承，并被充实和发展，成为美国证券法律制度的核心和基石。美国证券与交易委员会（简称SEC）曾于1963年证券市场特别调查报告中，以“为大众所持有的证券发行人的义务”为题，指出了建立证券信息披露制度的重要性，“联邦证券立法之全部构造之中枢，乃在于企业内容之公开。利用有关其即将投资或已投资证券之适当的财产状况资料或其他信息，使投资者能作明智的投资判断，而且是防止证券欺诈的最好办法”（Report，1963）。信息披露的功能包括执行的效力（Enforcement effect）、公众反应（Public reaction effect）和告知的功能（Informative function）（See Note，1963）。强制性信息披露[①]的作用是使与公众有关的信息公开公平地传递给投资大众（See Schneider，1968），是世界各国日益广泛用以培育、完善市场本身机制的运转，增强市场投资者、中介机构和上市公司管理层对市场的理解和信心的做法（高西庆，1996）。强制性信息披露的原因在于防止欺诈、增强公众对市场的信心、提高整体标准、促进公众的整体利益和促进投资分析（何美欢，1999）。这方面研究文献颇多，如毕夏普卡尔顿（Bishop Carlton Hunt，1935）、路易斯·布兰蒂斯（Louis D. Brandeis，1932）、路易斯·劳斯（Louis Loss，1988）、塞里格曼（J. Seligman，1976）等，另有布兰蒂斯（Louis D. Brandeis）、劳斯（Louis Loss）、道格拉斯（William O. Douglas）、高尔（L. C. B. Gower，1992）等法学界学者则从法学视角对此进行了研究。

强制性信息披露制度由于嵌入了较多的行政干预思想，在证券市场发展过程中备受批评。反对强制性信息披露制度的理论中最具代表性的有随机理论（Louis Bachelie）、成本效益分析理论（Sti-

---

① 强制性披露主要是通过招股说明书、配股说明书、上市公告书、中期财务报告和年度财务报告以及重大事项公告等方式来进行的。披露的主要内容包括：重要提示、公司简况、公司数据和业务数据摘要、股本变动及股东情况、关联方信息、财务报表、财务报表注释、分配政策、收购兼并决定等“硬信息”。见“会计信息披露方式的经济学思考”，2005年1月30日，http：//oso. nalai. net/trackback. php? id =11012。

gler，Benston）、资产组合理论和代理理论等[①]。尽管如此，信息披露制度仍然是各国证券发行市场上的核心制度。鉴于这一现实，在1975—1976年间，美国SEC邀请学者专家及实务界人士共16人，在萨默尔（A. A. Sommer）的主持下，针对学者的批评再度对强制性信息披露原则进行研究。多数意见认为证券法中的强制信息披露原则运行良好，无须进行激进的改革与修正。研究报告（Sommer，1976）在讨论公开原则的价值时，对于学者们认为强制性信息披露没有必要，也没有实际效用的批评以及有效市场理论的说法，提

---

① 随机理论主张，股价如果能够公平地代表证券的实际价值，那么股价就不应该以任何系统化的方式变动（Robert A. Prentice，1987），所有企图或意图战胜股市的理论体系必将失败。随机理论反映了经济学家对证券交易价格波动规律认识的悲观论，摧毁了广大投资者依据股价进行技术分析和投资组合证券的理论基础。该理论意味着信息披露与股票价格无关。不过，到了20世纪50年代，该理论有了较大修正，人们发现，如果投资者事先对公司的信息有所了解，该信息确实可以影响股价，即随机波动的价格与信息之间存在内在的关联性。成本效益分析理论是由斯蒂格勒和本斯顿所倡导，他们强调证券管理必须重视收益—成本分析，因此对强制性信息披露一直持怀疑态度。斯蒂格勒通过分析美国证券市场在证券法颁布后的表现，认为证券法对投资者的平均保护获利的程度比花费的成本要高得多（See George J. Stigler，1964）。本斯顿则从SEC所要求的信息出发，认为决策有用性信息应该是最新而且有用的信息，但SEC所要求公开的信息，如年报等都是过时信息，虽然强制信息披露在某种程度上可以防止欺诈，但无论信息的传递如何快速，投资者真正交易时必有某些信息是他们来不及得知的，同时强制性信息披露的成本非常高昂（See George Benston，1973）。现代资产组合理论认为，市场风险一般有两种，即个别风险（unique risk or unsystematic risk）和系统风险（systematic risk），分散投资对象可以减少个别风险，由此个别公司的信息就显得不太重要。代理理论（the Agency Theory）主张公司经营者有足够的动机自愿公开所有重要的信息，认为经营者会设法最大化其报酬以弥补其他股东分享红利所致损失，作为非经营者的股东为其利益必须要对经营者进行适度的监督。其推理逻辑为：任何一名经理拥有公司的百分之百的股份时，公司的获利都归其所有，但当其持股比例下降时，其所得的分配也随之而减少，所以经营者会设法最大化其报酬以弥补其他股东分享红利所致损失。同时，有鉴于所有权与控制权分离所导致的利益冲突，非经营者的股东为其利益必须要对经营者进行适度的监督。这种理论的基本假设是经营者希望长久持有公司的股份，对于没有此心态者，特别是面临公开收购等状况时为确保其地位，行为模式可能和上述有很大的差距，仍然可能损害其他股东的利益而选择公开或不公开某些信息（资料来源：http：//www. civillaw. com. cn/thesiscenter/thesis/2st－4. asp）。

出了如下观点：（1）公司经营者对于某些信息或资料无意公开或至少无意立即公开，因此假如缺乏强制性信息披露要求，公司会拒绝公开资料，或者其公布的资料常有昨日黄花之感；（2）许多证券分析家常面临收集公司资料的困难，公司经营者常常不愿提供若干有益于证券分析的资料；（3）即使证券分析专家能获得资料做详细分析，因而影响股价，然而接受证券分析的股票毕竟有限，许多公开发行的证券仍未在分析之列；（4）证券分析家只能为其客户做证券分析，客户以外的投资大众则不在服务之列，因而也无法从证券分析家手中获得资料。

2.1.3 证券市场会计信息自愿披露研究

自愿性信息披露，是相对强制性信息披露而言的，指“在强制性披露的规则要求之外，公司管理层自主提供的关于公司财务和公司发展的其他方面相关信息”（Meek，Roberts & Gray，1995）。国外学者对自愿性信息披露问题研究主要侧重于公司自愿性信息披露的理论解说及其实证检验方面。郝利和帕雷普（Healy and Palepu，2001）认为，外部投资者与经理层之间的信息不对称，是构成上市公司信息披露的内在驱动原因。由于证券市场信息非完全性，“柠檬市场”[①] 效应会导致业绩优良的上市公司出现价值低估，为此，实施自愿性信息披露以增强与外部投资者的信息沟通，成为许多绩优上市公司的理性行为选择。菲克芮特等人（Fekrat，Carla & Petroni，1999）认为，自愿性信息披露的目的是将有关公司核心

① 柠檬市场也称次品市场。阿克罗夫在其1970年发表的“柠檬市场：产品质量的不确定性与市场机制”一文中举了一个二手车市场的案例。阿克罗夫指出，在二手车市场，显然卖家比买家拥有更多的信息，两者之间的信息是非对称的。买者肯定不会相信卖者的话，即使卖家说得天花乱坠。买者惟一的办法就是压低价格以避免信息不对称带来的风险损失。买者过低的价格也使得卖者不愿意提供高质量的产品，从而低质品充斥市场，高质品被逐出市场，最后导致二手车市场萎缩。

能力的信息传输给外部投资者，使投资者了解公司现在或潜在的竞争优势，从而作出投资决策。纽森和迪根（Newson & Deegan, 2002）通过欧美等国150个机构投资者对澳大利亚、新加坡、韩国三国的跨国公司调查显示，上市公司自愿性信息披露的主要目的在于体现公司“核心能力”和“全球竞争化策略”。鲍曼和海尔（Bowman & Haire, 1975）采用ROE指标衡量对公司财务业绩与自愿性信息披露检验结果表明，二者显著正相关。斯金纳（Skinner, 1995）以1981—1990年期间NASDAQ上市公司为样本，实证检验表明自愿信息披露能够提高公司财务信息的完整性及可靠性。从非完全有效市场条件出发，恩格和马克（Eng and Mak, 2003）考察了在新加坡上市的158家上市公司不同所有权结构和董事会构成对公司自愿性信息披露的影响，研究显示公司治理程度与上市公司信息披露存在明显正向关系，认为自愿性信息披露是委托代理关系的契约构成。西蒙和卡尔（Simon and Kar, 2001）通过对香港上市公司的四个治理指标①考察自愿性信息披露情况，发现存在稽查委员会的上市公司对公司自愿性信息披露具有显著正相关，家族成员构成与公司自愿性信息披露呈现负相关。从证券市场发育程度与自愿性信息披露行为关系角度，基格和海默尔（Gigler and Hemmer, 1998）认为，强制披露制度的完善与相应的市场监管对自愿信息披露有正反两方面作用：若强制披露的内容很多，则强制披露制度对自愿披露具有替代效应；若强制披露信息质量不高，则自愿性信息披露呈增加趋势。但基格和海默尔对自愿性信息披露与强制性信息披露关系进行检验，发现两者只是表现为互补性与负相关性。

国内学术界对上市公司自愿性信息披露研究基本上处于起步阶段。张宗新、郭来生等（2003）认为，中国上市公司自愿性信息

① 四项指标分别为：董事会中独立董事比例、总经理和董事长是否两职合一、是否存在稽查委员会、董事会中的家族成员比例。

披露行为的动因在于：（1）揭示公司价值；（2）再融资最大化；（3）利于上市公司经理层获得控制权收益。信息披露违规的根源是利益驱动，利益控制者往往利用信息违规行为性质的公共性，达到潜在收益个体化的目的。何卫东（2003）认为，为鼓励和推动上市公司自愿披露信息，提高上市公司自愿性信息披露质量，建议证券监管部门应考虑：（1）在公开发行股票公司信息披露准则等政策法规中加入鼓励上市公司自愿性信息披露的条款；（2）加强对自愿性信息披露的市场监管，防止上市公司随意披露虚假信息；（3）充分发挥市场中介机构的作用，建立权威的公司信息披露质量评价体系。

2.1.4 证券市场会计信息披露监管研究

现代市场经济的实践证明，市场存在大量导致资源配置低效率的市场失灵（Market Failure）问题，使得市场功能不能得到有效发挥，这为政府监管市场提供了理论依据。证券市场是典型的信息市场，市场失灵的主要制约因素包括信息不对称、信息外部性、信息公共品属性。当市场力量不能产生证券研究的社会最优产量时，管制就被引入来解决问题。在上市公司会计信息监管理论研究中，证券市场“功能锁定假说”（Functional Fixation Hypothesis—FFH）[①]是与有效市场假说（EMH）相对应的一种假设。FFH认为投资者在决策过程中往往锁定于某种特定的表面信息，不能够充分理解和利用有关信息来评估证券价值以作出正确的投资决策[②]。赵宇龙

① “功能锁定”（functional fixation）概念最早来自唐克尔（Dunker，1945）和卢钦斯（Luchins，1942）。在心理学研究领域，它用来描述主体对客体的认识和利用存在的某种功能性障碍。例如人们看到一把铁锤，往往想到它的敲击功能，在某些特定环境中却不能用身边的铁锤来完成除敲击之外的任务，或者在需要敲击行为而没有铁锤时想不到使用身边的其他替代物。这种功能性障碍被称为“功能锁定”。

② 如以会计盈余信息为例，市场对会计盈余信息的功能锁定体现为投资者只注意到名义的盈余数字，而对会计盈余的质量缺乏关注。

(1998) 通过实证研究认为，我国的股票定价只是机械的对利润表中的名义盈余数字作出反应，没有体现公司真正业绩，其主要原因是我国证券市场会计信息披露质量差，内幕交易猖獗，股价操纵现象严重，所谓的投资者幼稚假说、交易成本假说和集体非理性假说均难以给予有效解释。投资者的“功能锁定”意味着公司内部人可以通过操纵公司账面利润达到蒙蔽市场的目的，而破除功能锁定障碍的关键是加强对证券市场会计信息披露监管，提高会计信息市场透明度。在证券市场上，如果管理层将有价值的信息藏而不报，投资者的反应是“凶多吉少” (Lev, 1992; Givoly and Palmon, 1984)。

有效的信息披露策略可以使上市公司减少管理层和投资者之间的信息“沟”，降低代理成本，增强投资者信心，达到信息披露成本收益的优化。在新兴证券市场，由于市场的有效性较弱以及相应法规的不健全，上市公司的信息披露策略与成熟市场相比，存在显著差异[①]。毛志荣等 (2002) 通过对上市公司信息披露违规样本研究发现，虚假信息披露和信息未披露不具有互斥性，二者是构成信息披露违规的重要组分 (70% +13%)，建议完善处罚机制，加大处罚的力度，提高处罚的公开性，加强对上市公司信息披露的日常监管等。陈岱松 (2001) 认为，政府监管也会失灵，对证券市场信息披露应该适度监管。陈岱松提出，监管过度必然会抑制创新，监管不足又可能放大证券市场的运作风险，损害市场稳定和投资者利益。何佳等 (2002) 认为，市场对上市公司信息披露违规处罚的反应程度 (股价下跌) 与处罚的公开性和处罚力度存在正相关，以交易所内部批评为主的上市公司信息披露处罚方式没有对上市公

① 在新兴证券市场主要表现为：(1) 上市公司主要是根据强制性的、固定格式的要求披露信息；(2) 在强制性信息披露方面的一些违规策略，如未披露和虚假披露，具有收益远高于成本的可能。

司产生足够的威慑力。

2.1.5 网络财务报告——证券市场会计信息披露新模式

与证券市场会计信息披露直接相关的技术变革是信息技术尤其是网络技术的发展为财务报告的改进提供了契机，网络财务报告的出现为日益全球化的经济决策提供了更为及时、全面、便捷的信息。然而各国网络财务报告的列报形式及内容等方面都存在较大的不一致性，如何提高网络财务报告的可比性与可理解性，提高共享效率，成了网络时代国际会计准则理事会（IASB）以及其他会计协调化国际组织与各国准则制订机构共同努力的目标。国际会计准则委员会（IASC）于1999年11月12日发布了“因特网上的财务报告”（Business Reporting on the Internet）。美国财务会计准则委员会FASB（Financial Accounting Standards Board）正式把网络财务报告列为詹金斯（Jenkins）委员会[①]关于财务报告一个组成部分，并于2000年1月31日发布了一份题为“财务报告信息的电子发布（Electronic Distribution of Business Reporting Information）”的研究报告。其他职业团体[②]也已经着手类似的研究工作，分析信息技术对会计模式、会计信息传递、会计信息保证的冲击，致力于开发和完善有望成为全球统一报告语言的可扩展企业报告语言（Extensible

---

① 财务报告特别委员会，AICPA在1991年成立，该委员会进行了广泛的调查研究，并于1994年提出了一份研究报告“改进财务报告——面向用户”，该报告从讨论财务报告的目标、使用者的信息需求入手，认为“新经济下企业为了生存发展，将改变其经营管理方式，如剔除非增值作业，减少关键作业的时间。企业在改变管理方式的同时，也必然改变自己的信息系统，如创立新的计量模式以反映价值创造和经济附加值（EVA）等信息”（Special Report：Business and Financial Reporting，Challenges from the New Economy by Wayne Upton，FASB 2001.4）。

② 主要包括美国的AICPA（American Institute of Certified Public Accountants）、加拿大的CICA（Canadian Institute of Chartered acountants）、苏格兰的ICAS（Institute of Chartered Accountants in Scotland）等。

Business Reporting Language，XBRL），从而为会计的国际趋同化奠定技术基础。我国于2000年强制要求上市公司在指定网站上披露财务报告，对于网络财务报告的研究还处于初级阶段。最早探索信息技术与会计报告的关系的是肖泽忠1996年在《会计研究》上发表的“信息技术与未来会计报告模式”一文。此后的研究大多集中于网络经济对传统会计的冲击或影响，以及实时报告的介绍等方面。

网络财务报告的产生和发展对财务报告监管模式提出挑战，传统审计受到巨大冲击。美国SEC与加拿大证券管理委员会是目前要求在网上颁布公司法定文档的证券监管机构。澳大利亚的证券投资委员会（Australian Securities and Investments Commission，ASIC）允许小公司审计人员提出网上披露注册申请。英国正计划推出小企业的法定年度纳税申报表的电子文档，还将延伸到全国公司注册代理机构的一系列能被电子化的文档。加拿大的多伦多股票交易所（Toronto Stock Exchange，TSE）已经建立公司网上报告的“电子沟通”指南。法国的Commissiondes Operations de Bourse（COB）也已经对网上披露作出规定，类似于French National Minitel系统的长期规则。中国证监会1999年发布了“公开发行股票公司信息披露的内容与格式准则第2号年度报告的内容与格式（1999年修订稿）”。2000年6月，沪深两地证券交易所又联合发布通知，要求上市公司中期报告全文上网。2005年6月，中国证监会颁布实施了上市公司信息披露电子化规范和证券交易数据交换协议等八项证券期货行业标准，成为我国证券业发展史上又一个转折性标志。

不过，从信息披露的时点和内容来看，目前的网络财务并没有改变问题的实质，效率的提高并不意味着质量的提高，在信息共享效率更高的条件下，虚假会计信息的负外部性将被扩大化，网络财务条件下的信息共享质量问题的影响范围会更广泛、更迅速、更严重，但这方面的研究尚未见经典文献出现。

2.2 证券市场虚假会计信息识别研究

对虚假会计信息披露特征的认识是有效识别虚假会计信息的基础，也是会计信息质量研究的主要领域之一。柯德尔（Coderre, 1999）的研究认为利用普通的审计方法侦测财务欺诈任务艰巨，这是因为：(1) 目前对财务欺诈的特征认识依然不足；(2) 审计人员缺乏必要的侦测经验；(3) 管理者的蓄意欺骗（Fanning and Cogger, 1998）。

在虚假会计信息特征分析的基础上，虚假会计信息的识别成为研究的焦点。国外关于财务欺诈识别技术的研究较早，早期的研究大多集中于公司盈余操纵的判断分析，其中有代表性的是郝利模型(1985)、迪安龙模型（1986)、琼斯模型（1991）和行业模型(Dechow & Sloan, 1991)。20 世纪 90 年代后期，范宁和考格(1998) 利用智能神经网络（ANN）建立了一个财务欺诈侦测模型。思潘思（Charalambos T. Spathis, 2000）利用公开财务数据，建立了基于逻辑回归分析的虚假财务报告识别模型。国内学者的研究主要是定性分析，提供制度安排性治理对策，但近年来迅速向定量实证研究转移。陆建桥（1998)、陈小悦等（2000)、刘姝威(2002)、陈晓（2003）等分别从不同方面对中国证券市场的会计信息虚假问题进行了定量实证研究。李剑（2002）利用数据挖掘技术建立财务欺诈判断模型，周敏、王新宇（2002）基于神经网络进行财务危机预警分析模型建设。这些研究逐渐使国内关于证券市场会计信息质量分析水平丰富和完善。

总的来说，国内外研究视角主要基于财务数据的定量分析和基于非财务数据的定性分析，研究方法主要是统计分析和财务分析，其中统计分析是主流，逻辑回归分析又是最常用的方法。但是，回归分析模型是针对样本总体特征推断的，在应用于小样本、个别样本时点信息侦测时，尤其在外推预测时信度较低。究其原因，一是样本数据复杂多变性特征限制了模型的效力；二是统计回归分析的严格条件限制使进入模型的解释变量较少，增大了模型的不稳定性；三是众多投资者面对的难题是难以及时识别具体的、特殊的投资对象。过分关注数量变化的敏感性，忽略性质变化的稳定性是导致传统定量分析方法稳定性差的本质原因。

2.3 信息共享研究

共享关系存在于两人以上的组织实体之中。共享的客体对于共享主体来说，必定是一种资源。共享既存的资源，能够节省共享者的劳动时间。在经典经济学中，经济资源具有稀缺性，这是共享关系存在的经济内涵。

共享作为一种社会现象，它首先表明一种关系。共享关系一般联系着有特定目标和任务的人群，他们关注有价值的共有资源，相互之间协调行动，并形成或松或紧的组织架构，在此基础上进行资源的重新分配。所以共享的特点是分担的、协作的、所有成员共同参与的，并存在这样一些实体，它们是相互融合的、一致的或者“同舟共济”（John D. Evans，1997）。

在信息经济中，创新再生产通过对扩大再生产的否定（刘志迎、周彬，2000）而成为重要的生产特征。科层制的等级结构将发展成为对等联网的、虚拟的、动态的协同工作的学习型组织模式。这种模式的重要特征是：（1）网络模式：以网络作为知识平台联结知识的提供者和知识需求者，进行学习和培训；（2）共享模式：强调知识共享、双向交流，强调平等性、主动性、创造性（刘志文，2000）。

嘉摩阿塔拉（Gamal Atallah，2000）通过一个四阶段的博弈分析模型对研究联合体（Research Joint Ventures – RJVs）的信息共享研究后认为：（1）从RJVs到外部人（Outsiders）的溢出（Spillover）决定了内部人（Insiders）是否共享信息及共享的水平；（2）如果共享是无成本的，企业间往往走极端路线，即要么完全信息共享，要么完全不共享信息；（3）RJVs的规模决定于三个因素影响，即配位效应（coordination effect）、信息共享效应（information sharing effect）和竞争效应（competition effect）。

张维迎（2000）从中国企业联盟的制约因素的角度指出，由于制度、文化、技术、经济等因素的影响，中国企业联盟建立和发展非常难。他（2004）通过对电子政府信息互联互通研究认为，政府信息共享的制约关键不是技术，也不是资金，而是制度阻碍，提出互联互通的推进目前只能是“一把手”工程，强有力的领导人是触及与协调个人和集团利益，破解锦标赛模型不可缺少的支点。其中，利益与支持先行者的变革热情，以行政乃至法律手段破解反对者的阻力，是解决问题的关键。

对于竞争者之间的信息共享的研究文献还有很多，如卡曼（Kamien，1992）、凯特索拉科斯和阿尔夫（Katsoulacos and Ulph，1998a，1998b）、普亚格—斯图奇（Poyago – Theotoky，1999）、卡曼和赞格（Kamien and Zang，1998）等，从利益、技术创新等角度对竞争者之间进行研究合作、风险共享的效率及其稳定性进行了研究。另一些研究者（Perez – Castrillo and Sandonis，1997；Bhattacharya etal.，1992）则从道德风险角度对技术共享进行分析，认为由于道德因素的加入，RJVs可能不能形成，至少影响RJVs的稳定性。还有一些研究者（如Branstetter and Sakakiara，1997；Mariti and Smiley，1983；Cassiman and Veugelers，1998；Adams，2000）

从实证角度对企业间的信息共享合作进行研究，认为不论是竞争者还是非竞争者都有一种信息共享的需求和动机，但是由于技术、经济、文化、道德等因素的影响，信息共享往往是不全面的。

王思明、汪虹（1998）从运筹学角度提出了共享系统的构成。他们认为共享是系统中众多用户对共同资源的分享和利用，共享的目的是为了提高资源利用率，减少人力、物力和财力的重复投资。两位作者认识到了可分割的共享资源，而没有涉及不可分割的复用性资源。共享的资源必定具备可分割性或者可复用性①。邱均平等人（1999）认为，信息的共享需要通过信息的管理来实现，信息需求的不断变化和增长与适用信息稀缺的矛盾是信息管理产生的内在机制。为此，必须不断加强信息资源的有效配置和管理，提高信息资源的控制能力和定向流动能力，提高用户的信息控制和信息存取能力，提高信息需求的满足程度。

针对证券市场的会计信息共享状况，笔者 2006 年首次提出证券市场会计信息共享质量概念，即是会计信息在证券市场信息共享者之间的共享状态、效率及效果，最终汇集于证券市场价格机制运行的有效性程度。从过程来看，证券市场会计信息共享质量分析一

---

① 可分割性表示资源在数量、空间或者时间概念上被分割使用的可能性，例如计算机系统中计算能力的共享（如分时系统）、西方国家出于环保考虑倡导的“共享汽车”（《新民晚报》，1999）、建筑学上的“共享空间”（高宇波，2000）、经济活动中的“风险共担”和“利润共享”（Y. Ohkusa and F. Ohtake，1997）等，基本上属于这一类。可分割性的共享资源只能经过有限次分割，每多一个人参与共享，人均占有资源的数量就减少一些，当时间、空间的容量达到极限后，更多的共享将不再可能。可再用的资源共享，表示资源在同一时间、空间概念上可以为不同的人同时使用，而且共享的规模可大可小，这种共享资源基本上属于无形资源，如信息资源、知识资源等。不考虑信息资源、知识资源的衍生价值及其所必需的外在设施，从本质来说，这类资源的共享基本不存在容量的极限，也不会因共享人数的增加，而使人均占有资源的数量相对减少；相反，共享人数越多，对信息、知识带来的增值可能越大，而不共享只会使这种资源的价值随着时间的流逝而逐渐枯竭。

般包括两阶段：一是上市公司会计信息披露及其共享过程；二是信息共享者之间的信息共享过程。二者共同决定了证券市场会计信息共享边界分布状态，制约证券市场会计信息共享边界的运行效率特征，从而影响证券市场价格机制运行的效率，并从监督视角提出提高证券市场会计信息共享质量的途径。

由此可见，信息共享领域研究文献主要集中于信息共享效率、信息共享机制、知识共享机制等层次，研究对象主要集中于普遍的互联网链接信息、RJVs（研究联合体）技术合作信息、政府垄断信息等方面的共享机制、效率等，重在解决信息不对称问题对市场交易、合作效率等的影响，除了笔者个人在本书研究过程中提出的部分观点之外，尚未见其他文献涉及证券市场会计信息共享质量研究领域。

2.4 证券市场价格决定研究

股票定价模型的发展经历了三个主要阶段：第一阶段以现金贴现模型为代表；第二阶段以资本资产定价模型（CAPM）为核心；第三阶段以时间序列模型（ARIMA），自回归条件异方差模型（ARCH）和分形市场理论（FMH）等为代表的非线性理论为中心。按照投资理论发展脉络，下面将对具有代表性的证券市场投资理论如心理预期理论、内在价值理论、有效市场理论、证券组合理论、资本资产定价理论、套利定价理论、B－S期权定价理论、行为资产定价模型（BAPM）等作简要阐述。

心理预期理论的倡导者是J. M. 凯恩斯，他在1936年出版的《就业利息和货币通论》一书中论述了投资者预期对股票价格决定的重要性，认为“股票价格是证券市场的平均预期”。心理预期理论的核心论点是股票价格是由投资者心理决定的。心理预期理论是技术分析的基础，由于心理预期理论过分强调人性短期行为和长期预期准确性差的一面，片面强调投资者注重短期预期和追求资本利得，否定股票的内在价值，强调技术指标和技术图形的作用，从而容易诱使投资者追涨杀跌，增大市场投机程度，所以该理论常被讥讽为“空中楼阁理论”。

内在价值理论的鼻祖是马克思。希尔法登（Rudoff Hilferding，1877—1911）在其《金融资本论》一书中继承马克思的《资本论》，对更加成熟的资本主义经济下的金融经济现象作了理论分析，提出了股票的虚拟资本价值的资本化估值方法。1934 年，格雷厄姆和多德在证券分析中对内在价值理论进行了全面阐述，指出股票内在价值等于该股票未来股息收入的现值，股票价格总是围绕其内在价值而上下波动。格登对内在价值作了进一步量化，提出了股票定价现金流量模型①，该模型已成为单个股票估价的基本模型，其主要缺陷是对贴现率 r 与股票风险的数量关系未作进一步说明。内在价值理论是基础分析的理论依据。但是，由于内在价值理论只重视股票的内在价值对股票市场价格的决定作用，而股票内在价值又难以准确估计，因此，股票市场价格是否等于其内在价值就无确定的标准。可以说，内在价值理论和心理预期理论是对股票价格机理描述的两个极端。

有效市场假设理论 EMH 是建立在市场参与者是信息完全的理性人的假定的基础之上，是传统金融学的核心。法玛 1965 年在其经典文献中提出了有效市场假说（EMH），认为市场是一个鞅，或“公平博弈”，信息不能被用来在市场上获利。即“如果在一个证券市场中，价格完全反映了所有可获得的信息，那么就称这样的市

① 即格登模型：$V = D/(r-g)$，D 表示股息，r 表示贴现率，g 表示固定股息增长率。

场为有效市场”。罗伯茨1967年根据信息集的不同内涵，区别了三个层次的市场效率，即弱势有效、半强势有效、强势有效，这种分类法被法玛确定而成为经典。弱势有效（Weak－Form Efficiency）认为价格反映了包含在历史价格序列中的所有信息，投资者不能通过分析历史价格获得超常收益，这意味着技术分析无效。弱势有效是证券市场效率的最低程度[①]。半强势有效（Semistrong－Form Efficiency）认为如果市场达到半强势有效，则分析资产负债表、损益表、宣布股利的变化或股票拆细和其他任何有关公司的公开信息不能获得超常收益，这意味着基础分析无效。半强势有效是证券市场效率的中间状态，证券价格已充分、及时地反映了公开信息[②]。

---

① 弱势有效的最先版本是法国经济学家路易斯·巴歇利埃（Louis Bachelier, 1900）提出的随机游走模型。在50年后，莫里斯·肯德尔、罗伯茨（1967）和奥斯本（Osborne, 1959）等分别从不同视角再次提出股票价格遵循随机游走，价格的变化只能来自没有预期到的新信息。默顿（Merton, 1980）提出股票收益的方差可以预测，股票价格变动并不严格遵循随机游走，股票价格的分布可能是半鞅，而非随机游走，但这并不违反弱势有效。简森（Jensen, 1978）将市场的有效性集中在证券价格的表现上，认为在一个有效的证券市场上，价格在任何时点上都是证券内在价值的最佳评估，可用证券的预期报酬来推断市场的有效性。国内对市场效率的研究分为两派，一派反对中国股市满足弱势有效，一派支持。反对弱势有效的研究主要有俞乔（1994）、吴世农（1994, 1995, 1996）、张思奇等（2000）、王开国（2000）、张亦春、周颖刚（2001）、史永东等（2000）、徐龙炳和陆蓉（1999）、王明涛（2002）等，他们运用不同的方法进行研究，结论都不支持中国股市达到弱势有效。支持弱势有效的研究主要包括宋颂兴和金伟根（1995）、高鸿桢（1996）、陈小悦等（1997）、范龙振、张子刚（1998）、钟蓉萨、顾岚（1999）等，他们认为中国市场已经达到弱势有效。

② 半强势有效的研究通常检验市场价格对新信息的调整速度。研究结论支持半强势有效假设的主要有法玛等（1969）研究市场对拆细信息，克劳斯和斯托尔（1972）研究日内的价格套利行为，贝尔和布朗（1968）研究公布会计报表的盈利对股票价格的影响，比弗、克拉克和赖特（1968）研究未预期年度盈利变化幅度与年度非正常报酬率之间的相关性，佩蒂特等（Pettit, 1972；Dodd, 1980；Ball, 1978；Rendleman, 1982；Asquith, 1983；Roll, 1986）甚至法玛等分别从不同视角研究都发现了与市场有效不符的证据。国内对此进行研究的有沈艺峰（1996）、吴世农、黄志功（1997）以及陈晓、陈晓悦、刘钊（1999）、吴世农、李常青、陈碧华（2001）等，但几乎所有的研究都认为我国股市没有达到半强势有效。

强势有效（Strong－Form Efficiency）认为市场参与者知道的有关公司所有的信息都已充分反映在股价当中，即使那些拥有优越信息的人也无法获得超常收益[①]。强势有效是市场效率的最高程度。

根据EMH发展起来的金融理论包括资产组合理论（MPT），资本资产定价模型（CAPM），套利定价模型（APT）以及期权定价模型等，共同构成了现代金融理论的基础，也是现代证券投资基金投资策略的理论基础。

有效市场理论认为信息无成本是价格充分反映所有可得信息的充分条件（Grossman and Stiglitz，1980）是难以实现的，在真实的市场中，信息是有成本的。格罗斯曼（Grossman，1976）认为，只要信息是有成本的，市场价格便不可能充分反映所有可得信息，因为此时市场在传递信息的有效性及对信息发掘的激励之间存在根本的矛盾，因而市场必定存在噪音（noise），即市场价格必定不能充分反映所有可得的信息[②]，这就是著名的格罗斯曼—斯蒂格利茨悖论，可以简单描述为：倘若市场价格可以充分反映所有可得信息且同时信息获取是有成本的，那么参与者便没有激励去发掘或收集信息——因为他不能从中获得补偿——因而市场上将无人收集信息。

---

① 对强势有效假设的研究方法主要从两个视角进行：一是研究基金的收益是否超越大盘而获得超常收益；二是研究知情人在内幕交易中是否获得高于平均收益的利润。简森等对美国基金的研究发现尽管其有超常收益，但在扣除管理费用之后并没有优势，并不比简单的投资策略购买并持有策略更好，而且过去的投资成功并不能预测未来有同样的成功，从而支持了强势有效假设。杰福、普瑞特等从知情人视角研究发现，知情人在内幕交易中可以获得高于平均收益的利润，从而对强势有效市场的假设提出了实证分析上的反驳。总之，国外的研究很少支持强势有效假设。国内的实证研究不管是从哪个视角（吴世农、李培标，2002；陈信元等，2002），结果都显示中国证券市场远未达到强势有效。

② 按照威廉·夏普的说法，则是“只有当足够的投资者相信市场并非有效的时候，市场才能有效”，“在一个分析证券需要支付成本的世界里，分析家们将能够识别不当定价的证券。” William Sharpe，2001，*Investments*，pp. 96—97.

证券组合理论（Portfolio Theory）是1952年由美国著名经济学家亨利·马克维茨（H. M. Markowitz）创立的，这是现代投资组合理论的开端。投资组合理论认为，投资者能够在一定风险水平下通过投资组合取得最大的预期收益率。该理论认为，无论是技术分析还是基本分析都不能产生持久的稳定收益，投资者获得较高的长期收益的唯一方法是承担较大的风险。投资者关心的是各种证券的预期收益率和风险水平，这些可以用各种证券可能的收益率的均值和均方差来衡量。证券组合理论把风险分为系统风险和非系统风险[①]，主张投资者应通过选择有效组合证券投资来消除非系统风险。马克维茨把数量化研究引入证券收益和风险研究领域，其模型计算相当复杂，方差和协方差是否稳定及是否衡量风险的最好尺度尚待实证检验，模型也没有考虑风险资产借入情况，其缺陷也是明显的。

资本资产定价模型是由美国斯坦福大学教授威廉·夏普（W. F. Sharp）以及哈佛大学教授约翰·林德奈尔（Lintner J.）等人在马克维茨的证券组合理论基础上提出的一种证券投资理论。威廉·夏普提出的单指数模型是对证券组合理论的简化，此后出现的其他投资组合模型和理论，大都是基于马克维茨和夏普的理论而建立的。该模型在一系列假设下，考虑投资者不受限制地借入无风险资产，推导出反映有效投资组合预期收益率与均方差之间均衡关系的证券市场线，使马克维茨的有效集边界变成一条直线方程[②]。这一简化使投资组合理论得到了更为广泛的应用。由于证券市场线实

---

① 系统风险是只由于全局性事件引起的投资收益率的不确定性，是不会因为多元化投资而消失或分散的，故又称为不可分散风险。非系统风险是指由于个股因素造成的投资收益率的不确定性，是可以通过多元化投资来分散或消除的风险，也叫可分散风险。

② 该方程即为资本资产定价模型CAPM，表达式为：E(rp) = R + [E(rm) − R] ÷ σm) × σp，R为无风险资产的收益率，E(rm)是市场组合的期望收益率，σm是市场组合的标准差，σp是投资组合的标准差。

际给出了各种金融资产的均衡价格，故夏普的理论被称为资本资产定价模型。该模型把马克维茨的研究向前推进了一大步，但也存在若干缺陷：（1）依据假设过多且远离实际；（2）只研究市场均衡资产定价，而股票市场影响因素太多，常常处于不均衡状态，故该模型难以给出准确的买卖时机；（3）把股票的系统性风险当作影响股价的唯一因素有所片面，投资心理和偏好、投资规模等都对股价有影响；（4）β 系数是否是衡量股票系统性风险的最好指标也值得探讨。

套利定价理论（Arbitration Pricing Theory）是由斯蒂芬·罗斯博士（Stephen Ross）于 1976 年提出，简称 APT 模型。APT 模型认为，多因素模型是决定证券价格的基础，而套利行为则是使证券价格达到均衡的推动力，任何一种由多因素模型决定的证券或组合的期望收益率都可以用无风险资产以及相应的多风险因素的单位组合所组成的组合证券的收益率来表示[①]。APT 与 CAPM 从不同角度讨论了均衡条件下金融资产的价格模型，都假定资本市场是完全竞争的市场，投资者的期望一致，但是 APT 不要求证券价格的波动服从正态分布，没有假定市场组合是唯一最合适的投资选择，也不将无风险借贷作为建立模型的基本条件，并且能够容纳更多的经济变量和风险因素，从而比 CAPM 模型更加接近实际。但是，对 APT 的验证仍然是个难题。

布莱克—斯科尔斯期权定价模型属于动态资产定价模型，是由斯坦福大学教授迈伦·斯科尔斯（Myron Scholes）与他的同事、已故数学家费雪·布莱克（Fisher Black）于20世纪70年代初提

---

① 模型公式为：$E(ri) = Rf + \Sigma\beta_{ij}(E(Ij) - Rf)$，$\beta_{ij}$是证券 i 的收益率对第 j 个指数的敏感度，$E(Ij) - Rf$ 是指数 j 的单位风险代价。模型的局限性表现为：（1）该理论基于平稳的完备的市场假设，即 r，b，σ 均为常数，且 $\sigma > 0$，但在实际的市场中它们都不一定是常数，而且很可能会有跳跃；（2）该理论假定所有投资者都是散户，实际上，市场中大户的影响不容忽视。

出[①]。布莱克—斯科尔斯公式可以认为是一种在具有不确定性的债券市场中寻求无风险套利投资组合的理论。欧式期权定价的经典布莱克—斯科尔斯公式，关于无风险债券价格的方程，只和利率 r 有关；而关于原生股票价格的方程，则除了与平均回报率 b 有关以外，还含有一个系数为 σ 的标准布朗运动的“微分”。当 r，b，σ 均为常数时，欧式买入期权的价格 θ 就可以用精确的公式写出来，这就是著名的布莱克—斯科尔斯公式。该模型自 1973 年发表以来，被投资者广泛应用，成为期权投资理论的经典。布莱克—斯科尔斯模型既考虑了股票的特征方差，又考虑了股票当前价格，是股票价格理论的突破。该模型不仅在期权定价上，而且在预测股票未来价格变化风险上也具有较强的指导意义。但实证研究表明，用布莱克—斯科尔斯模型计算出来的期权价格与实际价格往往有一定的偏差，进一步研究发现这种偏差主要来自于对数正态分布的假设，事实上，很少有一个股票市场能够符合对数正态分布模型。

行为资产定价模型（BAPM）是行为金融学的重要组成部分。行为金融学源起于近 20 年来实证研究揭示出证券市场中大量与有效市场假说（EMH）相悖的异象[②]（Anomaly）。异象表明，投资者以一种非线性方式对信息作出反应，一旦信息水平达到某个临界值，投资者才对所有他们曾忽视的信息作出反应，并直接达到临界值，这意味着当前的价格受过去的影响，基于理性投资者假设的有效市场理论受到怀疑。因此，研究方法就被推广到心理学、社会学、人类学等其他社会科学的行为研究领域，行为金融学应运而生，并提出了人类行为的三点预设，即有限理性、有限控制力和有

---

① 与此同时，哈佛大学商学院教授罗伯特·默顿（Robert Merton）也发现了同样的公式，并且两篇论文几乎同时在不同刊物上发表。所以布莱克—斯科尔斯期权定价模型亦可称为布莱克—斯科尔斯—默顿期权定价模型。

② 在股票市场上，这些异象包括股票长期投资收益率溢价，股票价格的异常波动与股价泡沫，股价对市场信息的过度反应或反应不足等等。

限自利，并以此为根据分析了证券市场投资者的集群效应（羊群行为）、非理性行为、反应过度和反应不足现象，提出了影响广泛的预期理论、套利限制①和行为资产定价模型。BAPM 是行为金融学家施莱弗和斯塔特曼针对资本资产定价模型提出的，模型描述了理性交易者和非理性交易者互动情况下的资产定价方式。在该模型中，理性交易者遵循 CAPM 模型，是传统理论中预设的具有专业技术和均值方差偏好的市场行为者；非理性交易者或噪声交易者，则不具备理想状态下的投资者所应有的知识储备和行为方式，没有均值方差偏好，往往背离 CAPM 思想。BAPM 把决定证券预期回报的 β 系数与行为相联系，这样的行为 β 与均值方差有效组合的切线有关，而不是与市场组合有关。可以看出，BAPM 既有限度地接受了市场有效性，也秉承了行为金融学所奉行的有限理性、有限控制力和有限自利。

2.5 评 述

综合分析已有研究文献，可以发现以下不足：

（1）行为金融学之前的传统财务、金融理论研究的基点是沿

① 预期理论是一种研究人们在不确定的条件下如何作出决策的理论，主要解释传统理论中的理性选择和现实情况相背离的现象，它是由卡尼曼和特维尔斯基共同在 1979 年提出来的，并在其后得到了不断的补充和修正。该理论提出，由于有限理性、有限自制力和有限自利的存在，人们不完全像主流理论所假设的那样，在每一种情境下都清楚地计算得失和风险概率，人们的选择往往受到个人偏好、社会规范、观念习惯的影响，因而未来的决策存在着不确定性。具体地讲，预期理论包含一些颇具信服力的论断有：（1）决策参考点（reference point）决定行为者对风险的态度；（2）损失规避（loss aversion）；（3）非贝叶斯法则的预期；（4）框架效应（framing）。套利限制是行为金融学对传统金融理论提出质疑和修正的重要工具。行为金融学认为，套利的力量受条件限制，在各种客观约束下，套利无法剔除非理性行为对理性行为的长期并且是实质性的影响，所以有效市场假说不成立。施莱弗和威斯尼把此称为“套利限制”。

用新古典经济学理论假设，假设的核心是信息完全的理性人，有效市场理论的形成与发展亦缘于此。在有效市场假设中，信息完全的理性人的决策一致性特征决定了，只要确定信息披露的及时、完整性特征，就可以作出无风险决策，证券市场价格的决定便水到渠成。

对信息共享者或投资决策者之间存在的信息共享差异以及决策预期差异的剔除既是传统财务、金融理论体系得到完整建设的基石，又是其存在重大理论缺陷的关键。本书认为，证券市场会计信息是其他各种信息的汇集点①，是直接影响证券价格的信息，其他信息是通过影响会计信息间接影响证券价格的信息②。因此，会计信息共享质量是影响证券市场价格运行质量的关键变量，把这一关键变量引入证券市场价格机制是完善传统证券市场价格决定质量的必要一环。这种差异可以通过图2-2、图2-3反映。

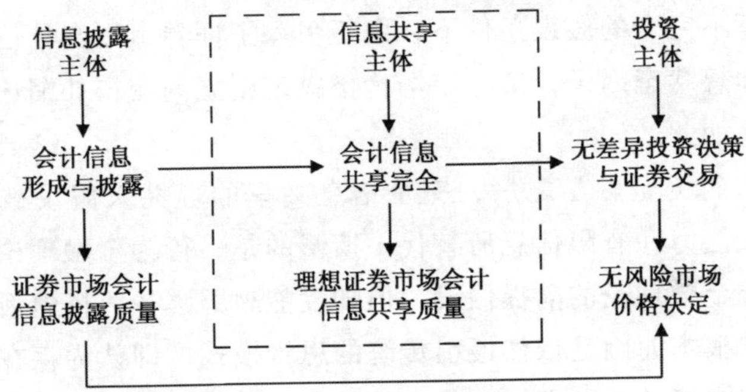

图2-2　信息完全的理性人的价格预决策模式

① 笔者认为，任何信息发布对投资者投资决策的影响力都来源于这些信息最终对上市公司预期利益竞争力的长期或短期的影响程度预期，预期会计信息是这种信息预期的经典表达形式。

② 比如领导人变更、兼并重组等非会计信息的披露也会影响证券价格。笔者认为，这种影响的基点依然是投资者由此预期到了与之相关的收益性信息——会计信息变化，如果与上市公司预期收益无关，则不会改变价格。

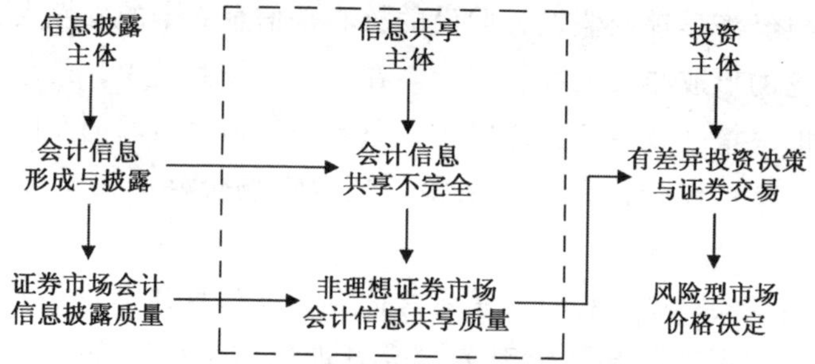

图 2－3　信息不完全的有限理性人的价格预决策模式

图 2－2、图 2－3 之间的差异主要体现在虚框之内，一个是完全信息共享假设，一个是非完全信息共享假设。在完全信息共享假设条件下，虚框环节分析可以剔除，证券市场价格决定仅受制于证券市场会计信息披露质量，即如图 2－2、图 2－3 中的实线箭头所示，投资者的价格预期一致，价格决定是无风险或无差异的。而在信息共享不完全的假设条件下，由于引入了证券市场会计信息共享质量非理想状态因子，证券市场价格决定则立刻变得扑朔迷离，现实也正是如此。

（2）行为金融学之后，完全信息共享的理性人假设被有限理性、有限能力和有限信息所替代。遗憾的是，行为金融理论虽然否定了传统金融理论的前提假设，但却没能独辟蹊径，搭建新的理论框架，其根本原因是依然援引传统的思维模式，即认为存在严密的数理模型支撑的金融理论才是完整的金融理论，结果成为传统金融体系的附庸，只不过为传统金融理论提供了新的研究视角而已。例如，行为金融学提出的投资策略模型如 BAPM，认为只有理性人才能战胜市场，结果又掉入了理性人假设的陷阱。

事实上，行为金融学提出的信息不完全的有限理性人假设只是把信息不对称思想引入金融研究领域，其策略模型（如 BAPM 等）依然隐含着这样一个预设：未披露的信息属于不对称信息，披露的信息可以在市场主体之间完全共享。这样一来，信息共享质量研究只要从信息披露视角分析即可，只要信息完全披露了，市场就会自动实现信息完全共享。而实际情况并非如此，信息共享质量不仅包括信息披露质量，而且包括信息披露后的共享质量内容，这正是本书拟研究的核心内容。

（3）现行信息共享研究主要集中于解决基于互联网的信息不对称问题对市场交易、合作效率等的影响，对于信息共享质量研究主要是基于技术和制度视角对互联网信息共享效率进行分析，尚无专门研究证券市场会计信息共享质量决定机制及其对证券市场价格运行机制、效率影响方面的经典文献。

（4）格罗斯曼—斯蒂格利茨悖论提出了市场机制条件下不可避免的矛盾，即以投资者个体利益为主要依据的市场决策行为的焦点必然是以其自身的预期收益与风险为决策基础，他利思想或行为派生于自利思想或行为。证券市场价格机制运行的有效性受制于信息共享成本的客观存在，根本上决定于投资者以自利为主的决策思想。因此，悖论的存在，一方面表明有效市场理论只是理论研究假设，另一方面则为本书的研究提供了必要的思路，即研究必须正视信息成本的客观性，证券市场信息共享质量的提高必须受制于既有信息成本对投资决策的制约基础上，证券市场会计信息共享质量对证券价格的决定是有条件的制约过程，而不是有效市场理论环境下的理想决定过程。解决这一矛盾必须解决市场机制问题，即如果市场迅速趋向出现投资者无激励搜寻信息的局面，则意味着市场的消亡之日到来，计划经济将取而代之。但不管如何，悖论依然没有论及证券市场会计信息共享质量究竟是如何影响或决定证券市场价格运行机制的。

结论：除了笔者在本书研究过程中发表的部分论文提出的观点之外，至今为止的研究文献主要分散于证券市场会计信息共享质量的边缘区域或在局部环节展开，经典研究主要集中于证券市场价格机制的两端——信息披露和证券价格决定，中间过渡变量——会计信息共享质量被理想化的假设掩盖，已有研究尚未能从整体上揭示证券市场会计信息共享质量决定机制，以及会计信息共享质量对市场价格形成及其运行效率的制约机制。这就为本书的研究提供了理论空间。

第3章

信息共享边界理论：框架及应用

证券市场会计信息共享质量揭示的是证券市场信息主体之间的信息共享状态、效率及效果，最终体现在证券市场价格形成及其运行效率之上。从证券市场会计信息披露到会计信息共享，再到证券市场价格决定，融合了所有证券市场利益相关主体的信息共享行为特征。阐释市场主体之间的利益及其信息共享关系模式，是充分解释证券市场会计信息共享机制的必要前提。

本章基于对不同利益主体之间的利益关系演化的比较分析和评述，试图从利益关系与信息关系之间的制约和反制约视角，推演利益共享边界与信息共享边界之间的决定关系，建立利益主体之间的利益共享模式之理论框架——信息共享边界理论，并把它应用到证券市场会计信息共享质量研究中去。

在此基础上，本章探讨了证券市场会计信息共享质量决定及评价指标体系的总体框架构建。

3.1 信息共享边界理论框架构建

在此主要通过四个个基本命题构建信息共享边界理论的基本框架，这四个命题分别是：（1）利益关系决定利益共享边界；（2）利益共享边界决定信息共享边界；（3）信息共享边界决定信息共享质量；（4）信息共享质量决定市场价格机制运行效率。

3.1.1 命题1：利益关系决定利益共享边界

马克思认为，人的利益首先来源于人的需要，需要的满足要通过物质生产，人在生产过程中必然要结成各种社会关系。因此，利益形成于社会关系之中，反映不同主体之间的分配关系。可见，利益的形成必须具有三个基本要素基础：一是人的需要；二是社会生产力的发展水平；三是特定的生产关系。这表明，利益作为一种分配关系，本身就包含了利益关系，利益在社会发展中的基础地位决定了利益关系是人类社会发展过程中的基本关系，是其他关系的派生基础，利益共享边界的建立是利益关系的延伸和具体化过程。

3.1.1.1 利益关系、利益共享边界的内涵

（1）利益关系。社会的存在与发展是以具有利益共享关系的个人和组织为基础，人和组织表现为特定的利益主体，人是最小的利益单位。主体和制度构成利益关系形成的基本要素，利益关系就是不同主体利益之间的社会联系[①]，包括利益主体之间纵横两个方

---

① 北大在线：http：//edu. beida - online. com/files/20040607/exam200413. htm

向的利益关系。纵向利益关系包括个人利益与群体利益的关系、不同层次群体利益之间的关系、个人利益——群体利益——社会利益之间的关系；横向利益关系包括个人与个人之间的利益关系和同一层次社会群体之间的利益关系。

（2）利益共享边界。利益主体在分配中的利益关系决定了相关利益主体之间的利益分享关系，即利益共享关系。利益共享关系具体表现为利益相关者在利益分配过程中可以分享的范围及份额，范围表现为利益主体可以共享的利益空间，份额表现为在既定的空间内利益主体可以获得的利益大小。这就是本书所指的利益共享边界，具体包括利益共享主体边界（范围）和利益共享客体边界（利益份额）。

由此可见，人、组织、制度是利益关系分析中的核心概念，只有对人、组织和制度在利益关系决定机制的地位、特征作出清晰阐释，才能弄清楚社会利益关系及其对利益共享边界的决定机理。

3.1.1.2 利益共享边界决定的基本命题1：人性假设——社会人利益观

对人的定义是主流经济学和马克思经济学的研究起点，主流经

济学以"经济人"假设建立起其"经济学帝国大厦"① 马克思经

---

① 西方经济学自近代英国亚当·斯密、西尼尔和约翰·穆勒始，到当代美国哈耶克、弗里德曼和布坎南，一直把"经济人"作为探究人类经济行为和市场经济的基点，并由此推演整个经济学框架体系和经济进化史。传统"经济人"假设的演绎包含三个基本命题：（1）自利—利他假设；（2）完全理性—有限理性假设；（3）完全信息—有限信息假设。这种经典的"经济人"假设模式蕴含经典的方法论问题：（1）公理化方法；（2）个体主义方法；（3）抽象分析方法。在古典—新古典经济学研究范式中，价格可以传递市场交易中的一切信息，"经济人"不存在获取信息的激励，理性完全，都是价格的接受者，资源进出市场无障碍，经济行为人被抽象成为无差异的同质人（管毅平，2003）。此时市场交易的一般均衡必然达成，帕累托最优必然自动实现，市场机制的自发作用最有效率，不会失灵，政府干预没有必要，制度是外生变量。在对新古典经济学理论修正的基础上，新制度经济学把制度内生化到经济学大厦之中，确立了自己的假设：有限理性；获取信息的交易费用为正。新制度经济学代表人物诺斯（1994）提出，"制度是一个社会的游戏规则"，包括"正规约束"（例如规章和法律）和"非正规约束"（例如习惯、行为准则、伦理规范）以及这些约束的"实施特性"，制度的主要功能就在于通过内部和外部两种强制力来约束人的行为，防止交易中的机会主义行为，以减少交易后果的不确定性，帮助交易主体形成稳定的预期，从而减少交易费用。可见，主流经济学的信息共享范式经历了从信息完全到信息不对称的进化过程，但这种进化只是缩小了信息对称的范围条件，没有垄断的信息依然被认为是对称的，至少在利益相关者之间是这样。在这种信息范式下，市场主体及其管理者面对的是主观上的信息垄断，市场机制运行中未垄断的信息能够在利益相关者之间完全共享，价格机制的低效率主要起因于信息垄断和有限理性。杨小凯（2002）认为，传统经济学，包括信息经济学和博弈论中关于经济人有限理性的假设，在许多情况下根本不是有限理性，而是完全理性，甚至超理性。黄有光、姚顺田、杨小凯、赵一民等经济学家用瓦尔拉斯均衡模型研究有限理性理论，认为（杨小凯，2002）个人决策面临的不是不完全信息，而是"根本的不确定性"。每个决策者不但不知道他人的生产函数和效用函数，而且对不确定性的参数个数、取值范围及其概率分布一无所知。如果他们要完全获得这些信息，收集信息的费用大得不可行，即使收集到了，以此为基础计算最优决策的费用也大得不可行。因此每个人只能按照看得见的市价做决策，而不理他人的决策及他人的私人信息。

为在复杂的情况下分析经济现象，西方主流经济学采取了物理学中最常用的分析方法——隔离法，把个人从社会中抽象出来。个体主义方法的本质在于以个人经济行为为基本分析单位，并把全社会的经济和谐视为个人经济行为的社会加总的结果。如哈耶克指出的，"我们在理解社会现象时没有任何其他方法，只有通过对那些作用于其他人并且由其预期行为所引导的个人活动的理解来理解社会现象"（哈耶克，1989）。斯密第一个把实证科学的逻辑理性方法完整地运用到经济学理论体系的建构中，效仿牛顿自然哲学的实证方法，建立了"原子"社会经济观（张雄，2002）。

"经济人"假定中包含了抽象的个人的概念，必须把现实生活中的人抽象为最大化地追求和实现个人利益的人，西方经济学大厦才能得以建立。这种抽象分析方法起源于中世纪唯实论与唯名论的争论，后来抽象分析方法在近代物理学（特别是牛顿力学）得到最淋漓尽致的发挥，这种传统也被运用到经济学分析上。

济学则以“社会人”思想构筑其经济学框架①。本书借用“社会人”② 的分析思想，认为“社会人”的存在和发展自始至终必须以利益共享为前提，共享是“社会人”的本质特征，这一点与马克思的“人是一切社会关系的总和”的思想一脉相承，因为社会关系的构建本身必须以具有共同利益的人群为基础，社会关系的发展变革也始终是人的发展的结果。因此，本书研究中的人是实实在在的社会中的人，总体上表现为具有自利—他利、有限能力和有限信息等特征。

人性之中，自然属性是基础，社会属性是本质，自然属性决定了其自利倾向，社会属性决定了“社会人”的分工合作属性，即利益共享属性。在社会人背景下，个体之间的利益关系既对立又统一，对立性表现在生存资源（机会）的稀缺性、竞争性，统一性体现在分工合作产生的公共品的必要性、不可分性。任何完全的自私自利人性或大公无私人性的普遍化都是不可能的，这类人性的出现是小概率事件。“社会人”分布于这二者之间，且应符合统计学

① 马克思主义经济学同样肯定了利己主义是人类社会发展的动力，在具体针对资本主义社会经济形态时，认为无止境地追求利益是经济主体的共同特征。但由于马克思经济学的本质和精髓是历史唯物主义的世界观和方法论，这决定了马克思对人的认识与西方经济学家对人的认识存在实质性差异。马克思经济学对人的本质的研究可以概括为人的“社会人”本质属性，“社会人”本质体现在以下几个方面：（1）社会属性是人的最本质属性；（2）“社会人”具有历史属性；（3）“社会人”具有阶级性。马克思在对经济学方法论个人主义的批判时指出，自斯密以来经济学信奉的“理性经济人”理论的错误在于将之视为历史的起点，而不是看成历史的结果。“以物的依赖性为基础的人的独立性”是“人对人的依赖关系”解体后的产物，它不是永恒的，必将被更高的发展阶段所代替。

② 西方经济学家把具有不同利益的承担者——资本家、大土地所有者、雇佣劳动者——以其共同性归纳为单一的“经济人”。与此不同，马克思（1884）把人放在经济关系中加以研究。“社会人”是抽象性与具体性的统一，作为一般规定性的社会性本质总是通过具体的、现实的社会关系而表现出来，抽象的人性也只有在一定的社会关系中才有其真正的现实性含义，才会显示出人性的深刻和全面，也才能去说明和评价人的行为，从而有效地解决人和社会中的实际问题。

的正态分布特征，不然就难以解释“社会人”一方面极端鄙视夏洛克、葛朗台之流，一方面又万分敬仰包青天大人。中国文化思想中的“中庸之道”、“物极必反”可以说是对“社会人”本质属性的最佳概括，反映了个体之间、个体与集体之间利益关系上的辩证发展性质。

3.1.1.3 利益共享边界决定的基本命题2：组织是有控制的利益共享机制

人的社会属性意味着人不能游离于社会关系之外，必须活动于具体的组织[①]之中，以实现一定的目的，并依此与外部环境保持密切联系。组织是目标明确的人的集合体，这些人在特定的组织结构和社会环境下实现其利益目标。可见，组织是一种利益共享机制，主体参与组织合作的目的是在既定的环境下实现资源共享，达到利益创造预期最大化或风险预期最小化目的。一般情况下，主体之间的合作前提是合作利益预期或风险预期纵向或横向趋优，纵向趋优是指主体自身利益预期或风险预期趋优，横向趋优是指主体利益或风险预期相对于其他利益主体（特别是竞争者）的利益或风险预期趋优。组织形成后的主体利益预期主要表现为信息、非信息资源共享的增益和不确定性预期下降的增益。

在组织利益共享原则的基础上，不同利益主体由于其地位不同而拥有不同的利益共享关系。按照既定的利益共享关系，可以把组织利益主体划分为利益控制者和利益相关者。利益控制者为组织要素控制者，既可能是核心要素所有者（如大股东），也可能是核心要素管理者（如管理层），最终表现为拥有组织要素控制权及分配权（即剩余索取权）。组织要素控制者由于控制了生产要素联合的

---

① “所谓组织（Organization）是指这样一个社会实体，它具有明确的目标导向和精心设计的结构与有意识协调的活动系统，同时又同外部环境保持密切的联系。”（［美］理查德·L. 达夫特，2003）。

公共平台（如企业、俱乐部产品等），这一公共领域（或权限）在一定条件下的不可分性决定了要素控制者在要素交易中的优势谈判地位，从而成为组织利益控制者。如果企业经营成功，则利益控制者和利益相关者共享利益，但超额利益主要为利益控制者获取；如果经营失败，则利益相关者和利益控制者共担风险。

因此，社会人的个人利益追求，要以共同利益的形成和创造为前提，以共同利益的维护为保障，以共同利益的发展为分享基础。故对共同利益的追求和需要，实质上也就是对个人利益的追求和需要，两者是辩证的统一，不同利益主体在对共同利益和个体利益的追求过程中，形成了不同的利益共享边界。但是，组织又是有控制的利益共享机制，是利益控制者和利益相关者基于个体利益最大化动机形成的利益合作关系，是主要为其利益控制者服务的利益共享关系，由此形成的是有控制的利益共享边界。下面将对经典组织的利益共享机制深入分析。

鉴于组织的分类很多①，为分析方便本书按照组织的社会职能把组织划分为政治性组织、创利组织和非创利组织。政治性组织是一种为了某个阶级的政治利益而服务的社会组织，国家的立法机关、司法机关、行政机关、政党、监狱、军队等都属于政治性组织。创利性组织是以追求组织盈利和为社会增加经济利益为目的的社会组织，它存在于生产、交换、分配、消费等不同领域，包括直

① 西方学者对社会组织类型划分主要有：(1) 帕森斯依据组织的功能和目标，将社会组织划分为生产组织、整合性组织（法院及与法律有关的组织）、政治组织（以政治目标为取向的组织）、文化组织（如学校、宗教组织）；(2) 彼德·布劳依据受益者的类型将组织划分互利组织（如各种职业协会）、营利组织、公益组织（政府机构）、服务性组织（如医院、学校等）。我国社会学界对于社会组织类型划分主要有：(1) 一般性的社会组织：经济组织、政治组织、文化组织、综合组织；(2) 中介组织（分为社会中介组织和市场中介组织。社会中介组织主要是沟通政府与经济主体之间的关系，如行业协会、商会、同业公会等；市场中介组织主要是在经济主体之间起联结作用，如律师事务所、资产评估事务所等。转自 www. gxtvu. com. cn/。

接创利性组织（如企业[①]）和间接创利性组织（如行业协会），市场是最大的创利性组织。创利性组织受制于政治性组织利益控制目的、政策等制度安排。非创利组织类似于非营利组织，该类组织不以追求组织自身利益为目的，如一些文化组织。由于本书旨在分析证券市场会计信息共享质量，分析主体主要是创利性组织，因此，下面从政治性组织、创利性组织两个维度揭示组织利益共享机制。

国家是一种典型的利益共享机制，是其所有构成主体的利益共同体，利益主体在国家组织利益共享机制框架内实现其个体利益。国家利益是统治阶级和相关者共享利益领域的集合，强化和控制国家利益是维护统治阶级利益的前提。按照马克思的观点，经济基础决定上层建筑，经济利益关系是制度的本质（顾钰民，2005），统治阶级对国家利益控制的途径是建立有利于统治阶级利益的国家制度和经济运行模式，以实现其阶级利益最大化目的。但是，统治阶级是个集合概念，他需要通过建立具体代理人组织来控制国家利益，维护统治阶级整体利益。国家利益控制者的代理人组织主要有：权力机构、行政机构、监督机构、安全机构等，这些组织成为

① 企业组织理论一直是国内外经久不衰的热门研究课题。自斯密以来，理论家们对企业理论的认识停留在市场限制劳动分工从而导致企业规模确定的假说上，经过新古典经济学的演绎，企业作为一个技术上的选择而存在。科斯的宏论“市场制度的交易成本存在决定了企业这种组织形式的流行，企业是对市场替代”的假说，开创了以交易成本为前提研究企业理论的道路。自科斯以后，关于企业的界线与规模问题大约沿着两条线索发展：一条是以威廉姆森为代表的交易成本理论，另一条是以阿尔钦与德穆塞茨为代表的产权理论。斯蒂格勒从经验出发，用一种生存技术法来检验事实上有效率的企业规模，但没有从技术上给出企业的最适生产规模界限，也没有指出为什么厂商会使用种类不同、质量不同的资源。近10年来，经济学界有用演绎理论来解释企业的存在的，他们多用生物学进化论的方法，解释企业存在的原因。同样是沿袭斯密的思想，马克思（1867）则认为，企业作为一种专业化的合作组织，通过协作能够产生超过个人生产力加总的集体力。他分析了企业内资本家与工人在权利交换中的对立现象，认为形成资本家与工人力量差异的根本原因是因为前者掌握了生产资料而后者没有。按照马克思分析思想，由于企业之间和部门之间的竞争，企业的规模最终受制于行业平均利润率。

统治阶级利益及国家利益的监护人。监护人通过强制性的制度安排决定了创利组织的利益创造及其分配（税费等），控制着创利组织的平均收益率水平，并由此控制国家利益基础和统治阶级利益基础的稳定性，成为国家利益、统治阶级利益的实际控制者。

经济利益产生于创利组织，创利组织是国民经济发展的源动力[①]。市场经济模式下的创利组织集中于市场，受制于监护人的规制。监护人利益、创利者利益建立于共同的国家利益基础之上，监护人控制着整体利益的分配规则建设和分配过程。国家利益是公共利益，但由于监护人的优势控制地位，国家利益的维护主要受制于监护人的利益控制目的、控制能力和控制方法。创利者虽然对国家利益具有根本性的影响作用，例如更多的利益创造是国家利益强大的基础，而以破坏环境等公共利益为手段的利益创造往往具有危险的公共利益破坏性，但这种影响在很大程度上是受制于监护人的监护目的、监护效率等因素影响的。如果监护人贪赃枉法、急功近利，无视国家利益，则创利者在利益最大化原则及激烈的市场利益

① 创利组织也包含其利益控制者和利益共享者。创利性组织的发起者、合作者形成组织利益控制的主体空间，其中拥有实质性控制权的为组织利益控制者，如控股股东，合作者形成创利性组织的要素交换环境，如银行、中小股东、员工等。不同利益主体之间的利益关系是创利性组织利益控制关系的形成基础，利益控制者拥有对组织内部不同利益主体之间利益共享关系的控制权，保证了其在创利性组织的建立和发展中的利益核心地位。在国家组织内，创利组织的经典形式是市场和企业，劳动者和资本所有者是创利组织产生与发展的必要条件。对此，马歇尔（1965）认为，“一般资本和一般劳动，在创造国民收益上是相互合作的，并按照它们各自的（边际）效率从国民收益中抽取报酬。它们的相互依存是极其密切的；没有劳动的资本，是僵死的资本；不借助于他自己或别人的资本，则劳动者势必不能久存”。劳动者权益与资本者权益的统一，成为利益共享机制的形成基础。企业经营过程必须借助各类要素贡献相互作用、相互依存的性质，为合作者共享经营成果提供了客观依据。劳动者权益与资本者权益的统一集中表现为“利益共享、风险共担”特征。“利益共享”是指，企业劳动力所有者与资本所有者共享企业新创造的利益，“利益共享”原则有利于调动各类要素参与者的积极性，从而为企业创造更大的利益。“风险共担”是指，企业在运行过程中遇到的各种经营风险应该由拥有企业所有权的各类要素所有者共同承担。

竞争环境下，很容易通过寻租、冒险等途径侵占公共利益。

监护组织与创利组织之间的利益共享关系由于受到制度安排的强制性制约（如税法等），创利组织在利益共享机制中处于明显的弱势地位。因此，在既定的利益共享机制下，创利组织与监护组织进行利益共享份额竞争的途径主要有整体性的倒逼机制、个体性的偷漏税等。监护人在代理利益控制权时，要受到彼此的权力制衡和利益相关者监督（社会监督），他们既要在控制者利益、创利组织利益之间建立有效的权衡机制（如税收优惠），又要在监护组织利益、国家利益和具体监护人利益之间进行必要的制度安排，保证整体利益与个体利益相结合，例如美国的所谓“高薪养廉”政策。

在既定的利益共享机制下，从短期来看，利益控制者拥有绝对的利益控制权，可以在不违法的范围内为所欲为；从长期来看，利益控制者必须考虑竞争机制和外部治理机制的影响，认识到利益最大化的社会属性，组织利益最大化和个体利益最大化之间存在既对立又统一的发展关系。有效的组织利益控制机制必然是利益控制者、利益相关者共同利益最大化的利益共享机制，任何偏激的控制方案都将引起合作的低效率。长期低效的合作模式必将在利益竞争中消亡，企业如此，国家亦如此。现实的利益控制机制往往呈现出正态分布特征（图 3 -1）。

图 3 -1 中的中心点并不一定是利益相关者与利益控制者平分利益之点，而是能够体现在既定制度安排下总体上的最大可能性利益关系均衡点，中心区域反映了大多数组织的有效利益控制域，或者说是被广泛接受的利益共享关系。由于不同的历史、文化、经济、制度环境等因素影响，这种利益共享关系的特征分布在不同的

国家之间可能存在巨大差异①，但不会改变问题的实质，即组织是有控制的利益共享机制。

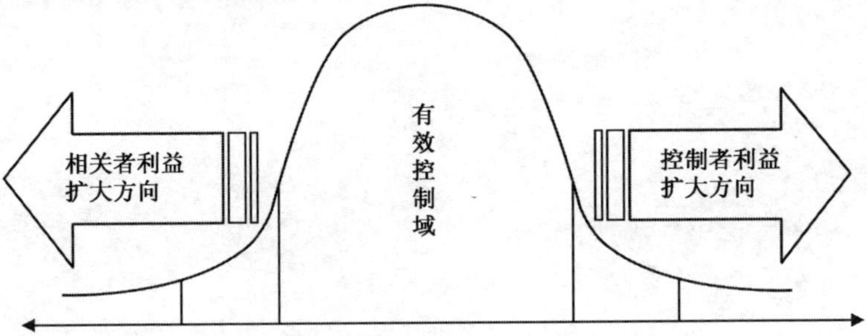

图 3－1　利益控制者及其相关者利益关系控制图

3.1.1.4　利益共享边界决定的基本命题 3：制度是利益共享关系构建的逻辑起点

人、组织既是制度的起点，又是制度的逻辑产物。没有规矩，不成方圆。制度为社会规矩，人是规矩的制订者、使用者和被规矩者。制度的研究较晚，但制度与人类同在，制度的发展与完善即是人类社会发展与完善的结果，又是人类社会发展与完善的逻辑基

① 例如以权威决策为中心的奴隶社会的人身依附关系模式、封建社会的土地依附关系模式，利益控制者具有绝对的权威，利益相关者缺乏自由选择权，有效控制区域必然是绝对地偏向奴隶主、地主等利益控制者。再如前苏联模式，采用非常高的积累率加强利益控制者利益或国家利益，有效控制区域也是严重倾向利益控制者的。而对相关者利益的强化，至少到目前为止的经济发展史似乎从未大范围出现过，即使有个别现象出现，即利益控制者建立组织的核心是完全或主要为利益相关者服务的，也必然难以持久或成为主流，因为这与“社会人”以经济利益为核心共建利益共享机制的自利动机不符，完全自利者和完全他利者总体上属于小概率事件。

础。在人类社会制度如何形成这个问题上，主流经济学家诺斯等①

① 长期以来，制度（institution）现象一直是多个社会科学学科研究关注的重点。以19世纪德国历史学派作为思想渊源的制度经济学，作为一个学派产生于19世纪20年代初。之后的发展主要分为三个阶段：19世纪末到20世纪30年代，以凡勃伦、康芒斯和米切尔等为代表的旧制度经济学时期；20世纪40年代，以伯利、米恩斯和加尔布雷斯等为代表的从旧制度经济学向新制度经济学过渡的时期；20世纪50年代至今，以科斯、诺斯和威廉姆森等为代表的新制度经济学时期。20世纪90年代初，这一流派的两位代表人物科斯和诺斯（North）相继获得诺贝尔经济学奖，使这一流派的影响达到了顶峰。“在西方，有人甚至把新制度经济学与微观经济学、宏观经济学相提并论，认为它们构成了当代经济学的完整体系。”（埃格特森、思拉恩，1996）。在诺斯之新制度主义者看来，由于人追求自身效用的最大化，认知能力有限以及信息不完全的环境制约，在交易中往往会发生机会主义行为，发生利益冲突和磨擦，增加交易费用和交易后果的不确定性，最终损害福利，制度就是人们为防止机会主义而缔结的契约。诺斯的制度分析存在难以解决的逻辑悖论。首先是循环论证问题，如利用制度范畴的市场交易、产权、国家理论、意识形态逐层分析制度的起源与变迁，特别是关于最基础层的国家制度现象的起源，诺斯不能提出令人信服的解说，直接导致“诺斯悖论”出现；其次，诺斯的制度博弈过程存在逻辑悖论，这一悖论源于他在制度分析中遵循个人主义方法论原则，将制度的形成归结为个人的选择和行动，而社会既不选择也不行动，作为制度形成过程的博弈，是由个人的成本—收益计算推动的。问题是，作为这种计算根据的个人效用函数，难以加总为社会效用函数，社会的成本和收益也就不存在或不真实。哈耶克根据自己的进化论得出的结论是，群体中的整个行为秩序“大于个人行为中可以观察到的规律性的总和，前者不可能全部归结为后者”；“作为整体的秩序”，“不可能完全从部分的相互作用中得到说明”（F. A. Hayek，1976）。克拉夫茨在为《新帕尔格雷夫经济学大辞典》写的“经济史”词条中，谈到诺斯的新经济史时也指出，作为“公共产品”的制度无法通过个人的功利主义计算得到充分的供给，而诺斯和他的合作者托马斯的理论恰恰缺少制度这种“公共产品”的供给函数，因而是不成功的。

与马克思主义经济学者[1]之间的主要分歧集中在两点上。一是制度形成的基础假设。诺斯等的出发点是自利和机会主义等先验的人类行为特征，而马克思的出发点是人类为满足自身生存和发展的需要而进行的必要的实践活动——发展生产力。二是制度的本质。诺斯等新制度主义者认为制度是通过孤立个人之间的平等交易形成的，其本质是自由契约。而马克思则从生产这一人类最基本的实践活动出发，将一定制度的形成，归结为一定生产关系以及与这种生产关系相适应，并维护这种生产关系的社会机构和规则确立的过程，认为制度的本质就是在社会分工协作体系中不同集团、阶层和阶级之间的利益关系。

本书坚持马克思的制度起源及其本质的观点，认为制度的产生与发展自始至终地是为发展社会生产力服务的，既反映既有的利益关系，又为新的利益共享关系构建提供逻辑起点，并为社会生产过程中的利益控制者提供控制利益共享关系的工具。“社会人”之间利益关系的核心是经济利益共享关系，制度是经济利益共享关系的外围保护带。“社会人”必须在整体与个体、长期与短期之间进行比较对照，在试错中选择恰当的制度保护其核心利益共享关系。

---

① 在马克思的理论体系中，完整的社会制度是由经济基础和上层建筑这两个相互联系的层次组成的。经济基础和上层建筑这两个层次之间，既具有原生和派生的关系，又具有互动的关系，即经济基础决定上层建筑、上层建筑反作用于经济基础。制度最初来自物质生产条件，过了很久以后才上升为法律，制度不能仅仅归结为表现为社会普遍意志的法律和伦理范畴。按照马克思主义的理论规范，霍布斯的“自然状态”、卢梭的“社会契约论”与历史事实不符，诺斯所说的制度，只是作为全部社会制度一个层次的上层建筑中的法定权利、政治秩序和道德准则。马克思在解释制度的起源时，是从人类与自然界的矛盾出发，从生产力的发展导出了第一个层次的制度的起源，即社会生产关系的形成过程；进而又从社会生产关系中不同集团和阶级的利益矛盾和冲突出发，从社会生产关系中导出第二个层次的制度的起源，即包括政治、法律、道德规范等在内的上层建筑。在社会分工体系中处于支配地位的集团或阶级，为了在与其他集团和阶级的矛盾和冲突中，维护有利于自身的既定利益分配格局，依靠自己在资源占有上的优势，建立起了被称为政府或国家的强力组织和法律制度，同时通过各种形式的资源投入巩固和发展相应的意识形态。

3.1.2 命题2：利益共享边界决定信息共享边界

马克思主义经济学中虽然没有对“社会人”之间的信息共享属性作明确阐释，但是他提出的“人是一切社会关系的总和”的判断表明，每个人具有特殊的社会关系，不同的社会关系决定了不同人的社会利益关系，具有不同的社会属性，这决定了其特殊的信息共享需求和范围，从而形成不同的信息共享边界，并随着其社会关系的变化而变化。

同时，“社会关系”作为一种利益关系本身对应的信息关系基础，不存在毫无信息关系的利益关系或社会关系，“社会人”就是依靠信息关系联系彼此的社会关系，控制彼此的利益共享关系。

结合命题1的分析结论可以推知，“社会人”往往在可控制的范围内决策和行动以稳定获取控制权价值，从而成为特定条件下的利益控制者。利益控制者行使控制权的必要条件是控制必要的信息，信息控制派生于既定的制度安排、利益控制的目的以及由此决定的方式方法和内容，信息控制的效率效果又反制约利益控制目的的实现。组织是普遍的利益控制形式，同时也是普遍的信息控制机制。

“社会人”的他利性决定利益共享，自利性产生利益垄断，二者都必须以信息垄断和信息共享为基础，只是各有侧重而已。对于创利性组织利益控制者来说，不管是扩大利益控制空间还是增强利益控制力，信息控制是必要的控制手段。只有有效控制（垄断或共享）与预期分配利益直接相关的信息，利益控制者才能有效控制预期利益控制目的，因此，信息控制的过程内生于利益控制的过程。

3.1.2.1 信息共享边界概念

信息共享边界是指利益主体信息共享波及的最大范围，包括信息共享的广度和深度两个维度。信息共享的广度是指信息共享主体的范围，为信息共享主体边界，是针对确定信息的共享权力在主体范围上的分布，范围越广，信息的影响面越大。信息共享的深度是指信息共享的内容范围，为信息共享客体边界，是针对确定的共享主体的共享权力在信息内容上的分布，权力越大，可共享的信息范围越广，说明信息控制者与信息共享者之间的利益关系越密切。

信息共享主体包括信息披露者、信息监管者、信息共享者等，是直接或间接利益相关者；客体是指信息共享的对象，即共享的信息。按照不同主体在信息共享过程中的地位和作用把信息共享主体划分为信息控制者、信息相关者，信息相关者包括普通的信息共享者和信息监督者，信息合谋者往往产生于二者之中。

基于利益垄断的目的，信息控制者必须垄断一定的信息，而基于合作的目的，信息控制者又必须披露适当的信息。信息共享的基础是信息披露，信息披露的前提是存在信息垄断。信息披露包括强制性信息披露和自愿性信息披露，从而形成强制性信息披露边界和自愿性信息披露边界，这是信息共享边界形成的必要条件。

强制性信息披露边界，是指基于强制性的信息披露规则必须披露的最大信息范围，强制性信息披露边界确定的信息内容，是所有信息需求者都可以公开收集、处理分析以作为决策依据的公共信息集合。未作要求公开的信息，信息控制者可以合法垄断，也可以按自愿原则公开，自由公开的信息构成信息需求者的自愿性信息披露集合，集合最大外围构成自愿性信息披露边界。

信息控制者控制尚未披露的信息范围构成信息控制者的信息垄断边界，信息垄断边界建立垄断信息集合。信息垄断边界的存在，对利益控制者的利益垄断能力具有重要意义。对于既定的利益来说，相关信息共享越多，利益竞争者范围越容易扩大，或者利益竞争者的利益竞争能力越容易增强，对利益控制者来说，利益垄断的难度增大，成本增加。但是，过度垄断信息，又会导致合作的难度增大，成本增加。

由此可见，信息共享边界确定了信息共享的最大集合，信息共享集合的形成与变化影响信息共享边界的变化。

按照研究的层次，可以把信息共享边界首先分为信息共享主体边界和信息共享客体边界。按照研究对象不同，可以把信息共享主体边界分为披露者视角的信息共享主体边界和信息共享者视角的信息共享主体边界。信息共享客体边界分类相对复杂，本书从信息共享的口径，把信息共享客体边界初步分为潜在信息共享边界、名义信息共享边界和实质信息共享边界，下面逐一阐释之。

（1）潜在信息共享边界。自愿性信息披露边界与强制性信息披露边界共同构成潜在信息共享边界，是信息共享者可以共享的潜在最大信息集。潜在信息共享边界的预设是：信息共享主体是同质的，全部的信息共享主体共享全部的可共享信息。潜在信息共享边界、信息垄断边界构成利益控制者的信息控制边界。

潜在信息共享边界、信息垄断边界、强制性信息披露边界、自愿性信息披露边界和信息控制边界之间的关系可以用图 3 -2 表示。

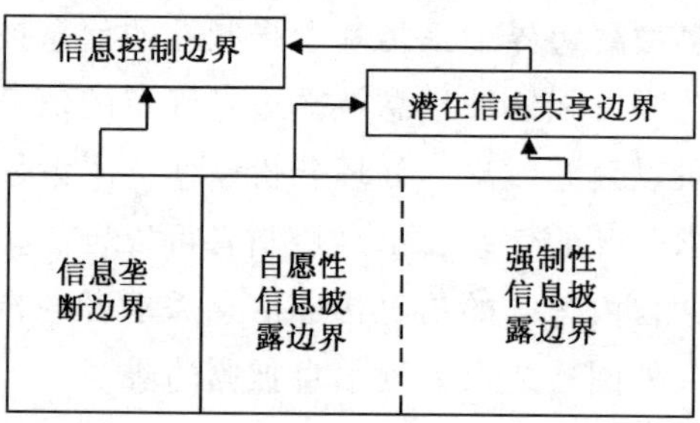

图 3 -2　潜在信息共享边界—信息控制边界关系图

（2）名义信息共享边界。与潜在信息共享边界相对应的一个概念是名义信息共享边界，是指在现实信息共享条件下，信息需求者对公开信息的共享范围。由于信息共享过程存在普遍的技术限制、能力限制等现象，实际信息共享边界与潜在信息共享边界之间往往存在巨大的差异。差异主要体现在技术限制导致的信息传递范围有限，以及信息共享能力限制导致的信息收集范围有限、信息处理能力有限和信息理解能力有限等导致的信息共享不足。

需要注意的是，名义信息共享边界的定义是基于平均数法则，潜在信息共享边界与名义信息共享边界的差异的存在，并不是说一定存在某些可共享信息无人共享，而是指有些信息只有某些人共享，或者有些人只共享某些信息。所以图 3 – 2 中潜在信息共享边界与名义信息共享边界的差异，表示的并不是具体的信息，而是平均的名义信息共享边界与潜在信息共享边界之间的差异①。为下文分析方便，本书把这一部分信息定义为潜在信息未共享边界，如图 3 – 3 潜在信息共享边界中的横虚线以上区域。

---

① 例如：设市场存在 5 个潜在可共享信息点 I1—I5，五个信息共享者 E1—E5，如果 Ei 共享信息 Ii，则用 1 表示，如果没有则用 0 表示，总体共享状况如下表所示：

信息共享状况	I1	I2	I3	I4	I5	名义信息共享集合 NSHEIi	名义信息共享率 NSHREIi
E1	1	0	0	1	0	2	40%
E2	0	1	1	1	1	4	80%
E3	1	1	0	0	0	2	40%
E4	1	1	1	0	1	4	80%
E5	0	0	0	1	0	1	20%
名义信息共享集合 NSHEIj	3	3	2	3	2	13	
名义信息共享率 NSHREIj	60%	60%	40%	60%	40%		52%

NSHEIi 表示不同信息共享者 i 的绝对信息共享状态，NSHREIi 表示不同信息共享者 i 的相对信息共享状态，NSHEIj 表示所有信息共享者对信息点 j 的绝对信息共享状态，NSHRIEj 表示所有信息共享者对信息点 j 的相对信息共享状态。表中的总计数 13 和比率 52% 分别表示了市场信息的绝对共享水平和相对共享水平，与潜在信息共享边界对应的潜在信息集合 25 和 100% 的潜在信息共享率相去甚远。

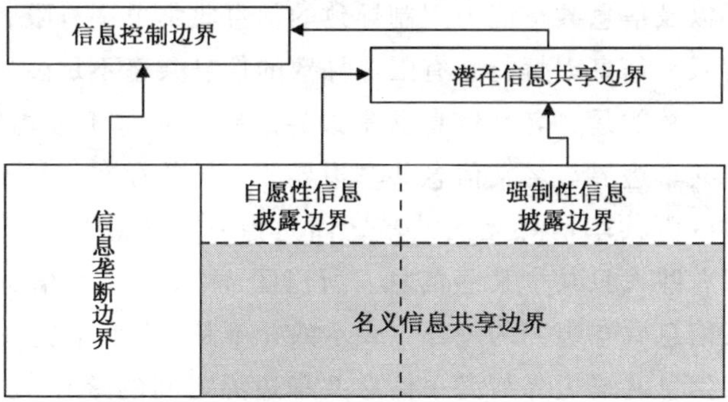

图 3－3　名义信息共享边界—潜在信息共享边界关系图

（3）实质信息共享边界。实质信息共享边界是指在名义信息共享边界基础上的真实信息共享范围。这里的真实性仅仅是从单位信息本身是否与原始信息——信息控制者控制的真实信息相同来定性的，事实上由于信息的整体性特征，同时共享的信息集合中只要有失真信息存在，则其他信息的真实性将大打折扣，这种负面影响程度取决于整体信息合成谬误程度或者信息共享者的使用信息范围。

名义信息共享边界与实质信息共享边界之间的信息差形成失真性信息共享边界或虚假信息共享边界，即图3－4中两条水平虚线

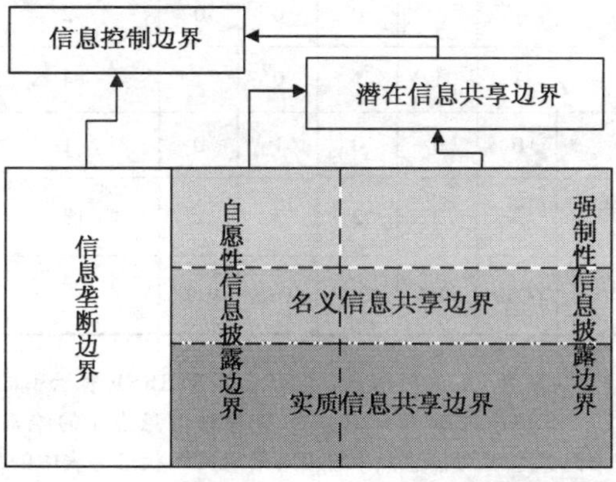

图 3－4　实质信息共享边界—名义信息共享边界关系图

之间的区域。虽然潜在信息未共享边界之中也存在真实信息和虚假信息，但由于该区域属于“共享盲区”，故可以列入事实上的信息垄断范畴。因此可以认为，信息控制边界与实质信息共享边界之差形成非实质性信息共享边界，也即信息控制者的实质性信息垄断边界。

3.1.2.2　利益共享边界决定信息共享边界

利益共享边界反映利益主体之间的利益共享关系，具体表现为利益相关者之间的利益共享的广度和深度，广度反映利益关系的普遍程度（利益共享主体边界），深度揭示利益共享的份额。利益关系形成于既定的制度安排，体现既定组织机制内不同利益主体之间的利益共享关系。这种基本的利益共享关系构建是其他关系形成和发展的必要基础，信息共享关系由此产生。

首先，利益关系以一定的信息形式存在，利益共享关系的建立和发展需要有控制的信息共享边界支持。任何组织都存在实质性的利益控制者和利益相关者，利益控制者及其利益相关者之间的利益共享关系实现的基础是利益主体必须共享相关利益信息，如果双方共享全部利益信息，则既定利益共享关系实现的可能性最大，如果利益控制者垄断所有利益信息，则既定利益共享关系的实现程度被利益控制者完全控制的可能性最大，此时基于个体利益最大化思想，利益控制者攫取最大利益的可能性最大。

基于共同利益发展需要，利益控制者必须让利益相关者共享与利益共享直接相关的利益信息，以强化合作关系，实现组织利益最大化，这是利益主体实现其个体利益最大化的基础；基于个体利益最大化需要，利益控制者具有垄断与利益共享相关利益信息的激励，在实现组织利益最大化基础上达到个体利益最大化目的；而基于个人利益最大化需要，利益相关者会想方设法给利益控制者施加压力，以共享尽可能多的与利益共享相关的信息，以争取实现既定利益共享关系确定的利益，甚至争取更优的利益共享关系目标。

利益控制者需要在完全垄断信息和完全共享信息之间抉择，保证组织利益最大化和个体利益最大化的目标实现。为此，利益控制者必须考虑其与利益相关者之间的利益共享关系，根据既定的利益共享关系确定信息共享边界大小。如果利益控制者与利益相关者之间具有完全利益共享关系，则利益控制者按规定需要披露全部利益信息；如果利益控制者与利益相关者之间不具有完全利益共享关系，则利益控制者按规定披露与该利益共享关系相对应的全部利益信息即可；如果利益控制者没有按照既定利益关系披露足够的信息，或者披露不真实信息，则属于违约行为，一旦被发现，则会危及既有的利益共享关系，影响组织利益最大化目标的实现，利益控制者的个体利益最大化目标也会化为乌有。利益控制者与利益相关者之间的信息共享边界由此决定。

其次，信息共享边界对利益共享边界具有反作用。在利益共享边界基础上形成的信息共享边界，会在一定程度上驱动利益主体对既定的利益共享关系进行再思考。由于地位、能力及知识等差异，不同的利益主体基于信息共享边界的利益预期之间可能存在巨大差别，这种预期会驱策利益主体采取不同的利益共享策略，以实现有利的利益预期目标，或避免不利的利益预期出现。这又会在新的逻辑起点上影响既有利益共享关系的变革。

组织作为一种制度装置，是具有共同利益的个人在一定制度安排下的集合体，利益主体之间的信息共享边界的决定必须放到既定的组织环境中进行分析才有意义。人、组织和制度之间的依存关系可以用图 3－5 表示。

图 3－5 中的每一个角点既是某一组织中的一个利益主体①，又是一个信息主体，角点之间的连线不仅反映不同利益主体之间的

① 该主体可能是人，也可能是组织，具体是什么决定于研究对象和研究目的。如右侧组织图的主体构成为相对较小的组织，而左侧组织图的主体构成为具体的人。

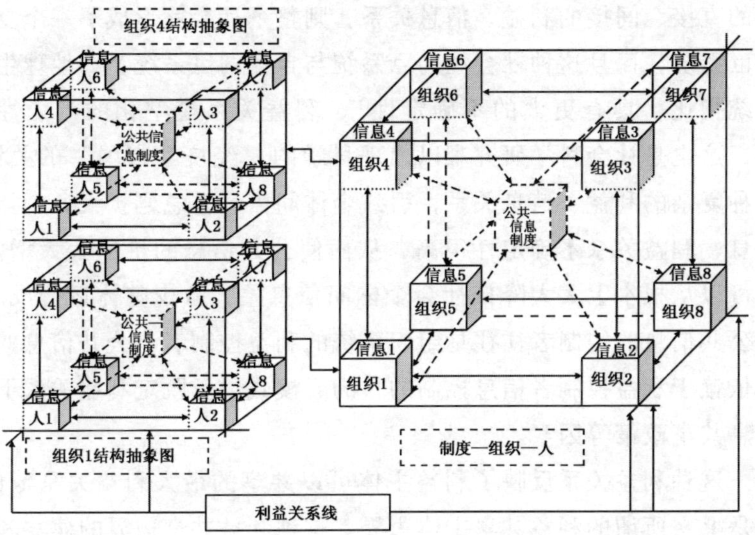

图 3－5　人—组织—制度关系图

利益关系，而且反映其间的信息关系，每一个角点最多可能延伸出（N－1）个连线，N 表示利益相关者个数。如果不考虑间接利益关系的联系方向，任意组织之中的利益关系或信息关系数量最多可以表示为

$$\sum_{m=2}^{N} C_N^m，2 \leqslant m \leqslant N，m，N \text{为自然数}；$$

如果考虑关系发生的方向，任意组织之中的利益关系最多可以表示为

$$\sum_{m=2}^{N} P_N^m$$

在现实生活中，更多利益关系的发生、发展特性表现为后者。假如有 ABC 三个利益相关主体，A⇒B⇒C 和 A⇒C⇒B 或 B⇒C⇒A 表达的利益关系往往存在差异，差异程度与信息共享状况直接相关。

如果再考虑到不同组织之间以及不同组织的内部组织、个人之间的直接、间接的利益、信息关系，则整个社会就形成了一个复杂的巨系统，而且这种社会性的巨系统与自然的巨系统，如地球生态系统相比，具有更大的不确定性①，利益关系模型化的可能性很小，这也是社会科学研究难以出现科学的“经济学帝国”的关键。这种复杂的利益、信息关系，引致个体间信息差急剧扩大，个体间信息、利益关系不确定性很高，从而使公共信息的价值大大增强，它可以从根本上大大降低社会个体间信息差，减少整体运行成本。对公共信息的控制者往往是组织系统的利益控制者，公共信息的形成依赖于利益控制者信息控制的目的、模式以及既定利益关系下的信息共享政策等因素。

这种利益关系反映了利益主体可以共享的最大利益关系范围，就是上文所谓的利益共享主体边界。这种利益共享边界的建立和发展，一般表现为一定的信息共享模式，从而形成相应的信息共享主体边界。而不同利益主体之间的利益共享份额的大小，则从根本上决定了主体间的信息共享的深度（即信息共享客体边界）。一般而言，主体间的共同利益越大，则需要越多的共同信息支持，或者说可以共享的信息量越多。反之，则主体之间的信息共享量越少。下面将对此作深入分析。

3.1.2.3 利益共享边界决定信息共享边界的机理

（1）信息共享主体边界决定。组织的利益主体包括利益控制者、利益共享者②。利益共享者是指与利益控制者具有直接的利益合作关系的经济主体，如某一上市公司的中小股东、债权债务人、监管机构等。与组织不具有利益关系的信息共享者，只是潜在的利益相关者。潜在利益相关者在条件成熟时会转化为利益共享者，转

① 这种不确定性与自然系统之不确定性相比，最大的特征是行为主体的主观能动性，特别是毫无规律的欺骗性。

② 即利益相关者。

化的基本条件是预期转化利益大于 0，该基本条件可以表达为：

（预期利益共享者利益 - 预期潜在利益）> 转化成本

如果利益共享者计划退出，则预期退出的基本条件为：

（预期潜在利益 - 预期利益共享者利益）> 转化成本

这种转化直接导致组织的利益共享主体边界的变化，从而改变其信息共享主体范围或数量，而信息共享主体范围及其内部结构变化又直接影响组织的预期利益共享空间。

对于具体的市场组织利益控制者来说，其利益共享者还可以进一步划分为利益合谋者和利益合作者。利益合谋者与利益控制者之间往往利益攸关，利益合谋是利益共享的不当形式。利益合谋的基础是既定制度安排下的利益关系，通过信息合谋实现。合谋型信息控制的主要对象是问题信息或虚假信息，成为合谋者的必要条件是相互间存在利益制约关系，如 CPA 的信息监督权制约上市公司利益控制者的信息控制权，而上市公司利益控制者的委托代理权又制约 CPA 的信息监督利益—信息监督费，二者之间这种利益制肘关系是形成合谋性信息共享主体边界的必要条件。利益合作是利益共享的主体模式，是组织利益创造的必要基础，利益合作者则主要是指生产要素性合作者，如资金提供者、技术合作者、知识合作者等。

产生信息共享的利益预期是预期性信息租金，基本上都与广大投资者利益或证券价格密切相关。由于信息溢出的可能性影响，信息控制者对特殊信息的信息共享主体的范围控制严格，往往限制于特定的合作联盟主体之间。下面本书从信息联盟体视角对信息共享主体边界作必要的数量分析，其他信息共享模式的主体边界决定可以参考该分析模型。

假设信息共享联盟体的预期利益增量可以确定为 π_t，联盟者利益预期增量为 π_h，利益控制者利益预期增量为 π_k，联盟体外的利益相关者的总体利益预期增量 $\pi_s \leqslant \pi_t - \pi_h - \pi_k$。如果联盟型信息共享者完全合作，而不是仅以各自独立的利益最大化为决策变量进行合作，则理论上可以共享所有的信息租金（即 π_t），共同获得最大利益（符合纳什均衡最优解），致使外围信息相关者的利益总量 $\pi_s=0$，至少从长期来看是这样。如果联盟型信息共享者之间的利益关系不紧密，完全以各自的利益最大化为独立决策基础进行合作，则要么导致合作失败，要么导致非最优合作，双方陷入囚徒困境。此时，外围信息共享者可以获取最大利益。

为了对这一信息共享模式的信息共享主体边界决定作出清晰阐述，本书假设合谋者至少从功能上讲性质相同，设联盟型主体数量为 n，信息共享的主体边界在如下条件得到满足时均衡：

（ⅰ）$[\pi_t(n)>\pi_t(n-i)]\cap[\pi_t(n)>\pi_t(n+i)]$且

（ⅱ）$[\pi_h(n)>\pi_h(n-i)]\cap[\pi_h(n)>\pi_h(n+i)]$且

（ⅲ）$[\pi_k(n)>\pi_k(n-i)]\cap[\pi_k(n)>\pi_k(n+i)]$且

（ⅳ）$[\pi_h(n)>\pi_s(n+j)]\cap[\pi_h(n)>\pi_s(n-j)]$且

$i=1, 2, \cdots, i<<n, j=0, 1, 2, \cdots, j<<n$

条件（ⅰ）表示联盟体利益的最大值出现在合谋型信息共享者为 n 时；

条件（ⅱ）表示联盟者利益的最大值出现在合谋型信息共享者为 n 时；

条件（ⅲ）表示利益控制者利益的最大值出现在联盟型信息共享者为 n 时；

条件（ⅳ）表示信息共享者利益在联盟型信息共享者为 n 时，选择联盟的利益总是大于普通信息共享者利益。

当这些条件满足时，联盟总体利益和个体利益同时达到了最大值，信息共享处于均衡状态，信息共享主体边界由此决定[①]。

(2) 信息共享客体边界决定。不管是信息控制者还是信息共享者，其信息共享策略函数的重要制约变量都包括预期利益和预期风险，一是决策者自身利益预期增量与风险预期增量，二是利益共享者利益预期增量与风险预期增量。从理论上讲，利益主体的信息共享策略的预期利益和风险与其利益共享者预期利益和风险正相关。这种信息共享策略利益预期关系可以用公式表示如下：

$$\begin{aligned} E_d &= \frac{\Delta P_1/P_1}{\Delta Q/Q} \times \left(1 + \frac{\Delta R_1/R_1}{\Delta Q/Q}\right)^{-1} \pm \frac{\Delta P_1/P_1}{\Delta Q/Q} \times \left(1 + \frac{\Delta R_2/R_2}{\Delta Q/Q}\right)^{-1} \\ &= \frac{\Delta P_1/P_1}{\Delta Q/Q + \Delta R_1/R_1} \pm \frac{\Delta P_1/P_1}{\Delta Q/Q + \Delta R_2/R_2} \end{aligned} \tag{3-1}$$

E_d——信息控制综合预期收益弹性系数，P——单位信息共享收益，Q——信息共享数量，R——信息共享风险；

---

① 信息合谋是信息联盟的特殊情况，合谋者之间存在特殊的利益共享关系。要素合作型信息共享者可能具有强烈的信息合谋愿望，以获取部分信息租金或减少损失预期，但鉴于以下因素制约，他们往往保持现状：

(1) 合谋成本：对于利益控制者来说，信息合谋是信息控制的重要环节，信息合谋者必须是具有特殊权力或资格的人或组织，如证券市场信息审计者、做市商等。而一般的要素合作者往往只是普通的要素合作者，例如证券市场众多的的中小股东，只是证券市场价格的追随者，不具有信息合谋的资格，不仅不能成为信息合谋者，而且只能成为租金贡献者，被严格地排除在合谋型信息共享者边界之外。一方面，对于利益控制者来说，选择他们中的部分作为信息合谋者边际成本太高，而边际收益很小，甚至为负；另一方面，普通信息共享者要成为信息合谋者，必须首先具备合谋资格所必需的高成本投入，这不是普通的信息共享者所能承受的。

(2) 合谋风险：普通的信息共享者虽然成为信息合谋者的成本很高，但是如果预期利益的实现是确定的，则任何理性的投资者都知道如何选择。事实上对于决策者来说，信息共享成本是确定的，但是能否成为信息合谋者的不确定性很大，预期利益的实现也具有很高的风险，且只有在信息共享之后才可能实现。在这种情况下，除非预期利益远远高于投入成本，而且投入成本是信息共享者能够承受的，信息共享者才可能选择投资信息合谋。

因此，普通的信息共享者或许可能通过特殊的关系获取一定的内部信息而获益，但是不能成为信息合谋者。信息合谋型主体边界的稳定性在很大程度上受益于此。

下标内涵：1——决策者；2——利益共享者。

该公式也可以表示为：

E_d = 决策者预期风险贴现型收益弹性系数 + 利益共享者预期风险贴现型收益弹性系数 = $E_{d1} + E_{d2}$

E_d 表示决策者及其利益相关者之间的综合预期风险贴现型收益弹性系数；$\frac{\Delta P/P}{\Delta Q/Q} \times \left(1 + \frac{\Delta R/R}{\Delta Q/Q}\right)^{-1}$ 表示对信息共享边界增量敏感程度的风险贴现型收益弹性系数。$\frac{\Delta P/P}{\Delta Q/Q}$表示收益弹性系数，绝对值越大表明预期收益对信息变化量越敏感，平均单位信息引起预期收益变化越大；$\left(\frac{\Delta P/P}{\Delta Q/Q}\right)$表示风险弹性系数，绝对值越高，信息敏感度越大，在公式中使用倒数表示对信息收益贡献包含风险的贴现。

如果 $|E_d| > 1$，说明信息共享客体边界处于高度敏感区域，决策者通过控制信息共享边界可以获取高收益，同时也面临高风险。此时，信息共享者对信息共享边界高度敏感，抱有很高的期望，密切关注信息共享边界的波动方向及其幅度。

如果 $|E_d| = 1$，说明信息共享客体边界处于单位敏感区域，决策者通过控制信息共享边界可以获取较高收益，同时也面临较高的风险。此时，信息共享者对信息依然保持警惕，对信息共享边界及其政策变化予以关注。

如果 $0 < |E_d| < 1$，说明信息共享客体边界处于弱敏感区域，决策者通过控制信息共享边界可以获取较低收益，信息共享者开始淡化信息共享边界控制在决策中的价值。

如果 $|E_d|$ 接近于 0，说明信息共享客体边界处于不敏感区域，决策者通过控制信息共享边界难以获取收益。

公式中还隐含了监督机制的运行效率，这一点主要体现于风险系数 R 的计量之中。在信息自由披露机制下，监管机制的作用体现在对披露信息的及时性、可靠性定位，在强制性信息披露机制下，监督机制将对信息披露的及时性、完整性和可靠性进行定位。如果信息披露者违反信息披露规则，则其信息控制风险大增，增量决定于市场监督效率。信息共享者的风险系数则集中体现在监督者是否为其信息共享策略提供了公平、有效和透明的信息共享环境，特别是信息失真的司法监督和民事赔偿机制是否到位。

E_d 从利益和风险预期的角度探讨了信息共享客体边界的定位，即 Q 的范围或大小的确定，从计量结果上看，Q 直接受到信息共享主体边界完整性、客体边界完整性、可靠性以及监督的效率制约。

该指标的使用范围必须受到严格限制，即不能把在某一信息共享客体边界计算的综合敏感系数 Ec 的使用，扩大到任意信息共享客体边界增幅，而应控制在较小的幅度范围内。具体控制幅度主要由控制精度要求和敏感系数 E 决定，精度要求越高，敏感系数越大，要求外推范围、幅度越小。

3.1.3　命题 3：信息共享边界决定信息共享质量

信息共享质量是指信息在信息共享主体之间的分布状态及分布效率。分布状态揭示主体信息共享边界水平及水平之间的差异。信息共享边界水平差异主要体现为信息共享主体边界差异和信息共享客体边界差异，前者表现为不同信息共享主体所共享的信息主体范围差异和不同信息主体在所有共享者中的分布范围差异，后者表现为不同信息共享主体所共享的信息量差异和不同主体信息在所有共享者中的分布数量差异。一般而言，信息共享差异越小，说明信息共享质量越高①。分布效率体现单位信息共享边界形成或变化所发生的时间和成本水平，平均时间越短、成本越低，表明信息共享效

① 信息共享量为 0 的除外。

率越高，信息共享质量水平越高。

在既定的信息共享制度安排之下，从过程来看，市场信息共享质量决定可以分为两阶段，一是信息主体披露信息与信息共享者之间的直接共享过程，二是信息共享者之间的间接信息共享过程①。信息在这两个阶段的共享状态及效率，决定了市场信息共享边界分布状态及分布效率。

信息质量是信息共享质量分析的必要基础，保持与传统的信息质量分析范式的联系，有利于展示研究上的承前启后特征。因此，借鉴传统信息质量研究中的及时性、可靠性、完整性等特征分析模式，本书从信息共享的及时性、可靠性和完整性角度揭示市场主体之间的信息共享质量特征②，证券市场会计信息共享质量指标体系构建即是依此展开。

3.1.4 命题4：信息共享质量决定市场价格机制运行效率

3.1.4.1 主流经济学中信息共享质量假设对价格机制的决定

传统价格机制体系包含了一个重要假设，即对外披露的信息是对称性信息，能够被所有市场主体完全共享，市场价格立刻对之产生相应的反应，反应性信息同样能够被市场主体共享，并进一步反映到价格体系之中，由此循环往复，形成市场均衡价格。

从新古典经济学到新制度经济学和信息经济学，信息共享假设从完全共享到有限共享，两种信息共享质量假设下的价格决定如图3－6所示。

可见，在传统的价格机制下，市场主体之间的信息共享质量处于非常理想的状态，价格可以充分反映市场中所有公开的相关信

---

① 包括投资决策影响市场价格形成过程。

② 信息质量分析指标旨在揭示信息本身的属性，信息共享质量反映的信息共享过程中的属性。

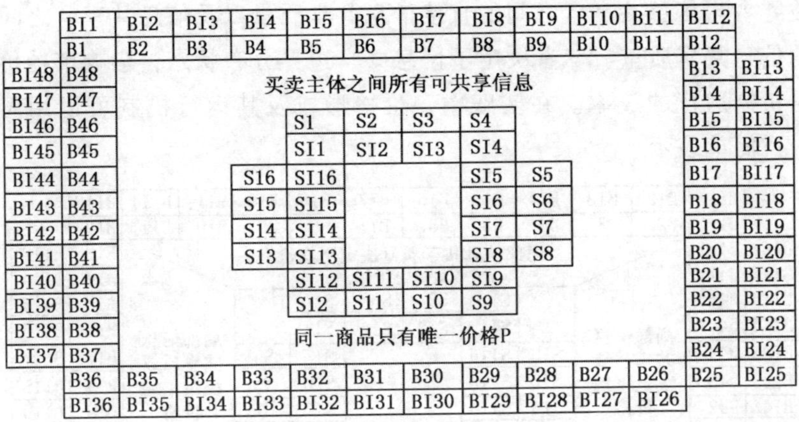

图 3－6　传统价格机制决定

图形解释：

图形反映的是某一特定时点的价格形成，Bi 表示交易中的购买主体，Sj 表示交易中的卖方主体，BIi 表示购买者 Bi 垄断的信息，SIj 表示卖出者 Sj 垄断的信息（i＝1，2，3，…，n；j＝1，2，3，…，m），买卖双方之间的区域为双方披露的与价格相关的信息。

如果 BIi＝0∩SIi＝0，则图形反映新古典完全信息共享模式下的价格决定思想，所有同质信息共享者针对价格 P 的共同信息等于任意信息共享者（Sj 或 Bi）共享信息，所有信息共享者之间的信息差为 0，价格预期同为价格 P；

如果 BIi、SIj 不都为 0，则图形反映新制度经济学之非完全信息共享模式下的价格决定思想，不同交易主体之间虽然存在垄断信息量 SIj 或 BIi，但是，所有交易主体针对价格 P 的共同信息依然相同，所有交易主体共享信息之间的信息差为 0，价格预期依然相同。

息，与价格相关的利益也就能够按照该公开信息在交易者之间实现均衡分配。事实上，受到信息共享能力和利益关系的制约，即使是公开的信息也难以实现在所有交易主体之间实现完全共享，如果再考虑到共享信息的虚假特征，不同交易主体一般只能共享不同的信息集合，对价格预期一致的可能性极小。在主流经济学视野中，价格机制被认为是市场利益分配的核心机制，关键是人为地剔除了价格机制运行对信息共享质量的依赖。

3.1.4.2　实践中信息共享质量对价格的决定

在既定的信息共享制度安排之下，信息共享质量分析包括信息披露者与信息共享者之间的直接信息共享质量以及信息共享者之间的信息共享质量。二者决定了信息共享边界分布状态，影响市场价格机制运行的效率。在实践中，价格形成及其运行机制可以用图3－7简单表示。

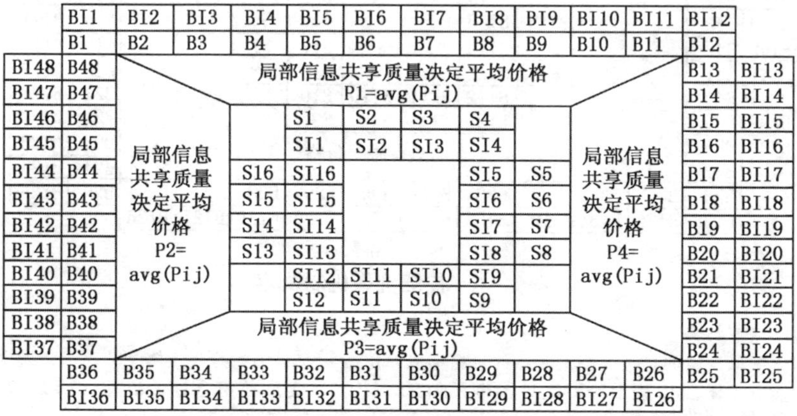

图3－7 信息共享—价格决定关系

注：Pij为交易主体i、j之间的交易价格。

与传统的价格机制决定不同，实践中的价格决定具有非常典型的信息共享质量决定特征。在市场交易信息共享质量较低的情况下，交易主体之间信息共享边界较小，所有交易者之间的共同信息较少，由于受各种交易风险预期限制，市场主体首先选择在其能够控制的信息共享边界内实现交易需求。在这一信息共享质量级别上，不同交易主体之间由于信息共享能力及信息共享关系差异，各自的价格预期往往不同，不同条件下的交易价格存在差异的概率较高，因此，市场价格往往表现为个体性交易价格Pij，即使针对同一商品，不同交易主体之间的交易价格Pij也千差万别。在这种情况下，由于信息共享质量非常低下，市场交易价格往往能够保持千差万别式的独立均衡态，即交易者只在多年的老朋友或老顾客之间进行，这是非常原始的市场交易状态。

随着交易主体信息共享边界的扩大，市场交易主体之间的信息共享质量逐步提高，不同交易主体之间共同信息增加，大多数交易者至少实现了局部性的交易信息完全共享，从而形成相对更为稳定的局部平均价格，即表现为局部性的围绕某一相对稳定的价格波动的价格。价格波动的原因主要源于不同交易主体之间的信息共享边界差异引致的价格预期差别，这种差异会随着交易信息在局部交易主体之间的信息共享边界的迅速扩大而减小甚至消失，至此则局部均衡价格体系基本形成。之所以说是局部均衡价格体系，是因为这种均衡往往表现为一种交易价格 Pij 能够紧紧围绕平均价格呈现小范围波动的价格集合，而不会是无差异均衡价格。此时，不同局部之间由于信息共享质量较差，往往存在明显的价格差异以及投机套利现象。这一状态的市场交易范围由于信息共享边界的有效扩大而迅速扩张，使市场资源可以在更为广泛的空间内配置，市场价格机制对资源的配置效率不断提高，市场进入一个适应社会化大生产对资源配置的要求。

随着信息共享质量的进一步提高，交易主体的信息共享边界突破局部之间的条件限制，实现不同局部交易主体之间的信息共享，局部之间的信息差逐渐减小，引致不同局部之间价格预期逐渐接近，价格趋势一致性程度增强，波动性相对减弱。从而实现不同局部之间的交易关系融合，价格逐渐趋同，投机出现概率减少。此时的市场价格形成及运行效率已经能够适应整体社会化大生产对市场资源配置的要求，资源可以通过统一大市场内的价格机制实现有利于整体利益共享要求的比较高效的配置。

当信息共享质量水平提高到一定程度以后，投机性价格存在的空间迅速减少，市场的优胜劣汰机制能够高效发挥作用，市场资源被配置到效率高的市场主体中，市场平均收益率在市场主体或行业之间的差异日趋减小，交易者进入市场交易的信息共享成本很低，决策效率很高，投资方案之间的收益风险较低。市场交易由此步入类似于信息不对称假设下的传统价格机制运行特征状态，但由于交易成本特别是信息成本的存在，实践中的价格机制无法趋同于传统价格理论描述的状态。

3.2 证券市场会计信息共享质量分析：理论应用

信息预期对证券市场价格的影响程度，不仅取决于信息本身性质，而且取决于该信息预期在所有证券市场交易主体中的共享质量。预期信息共享范围越广、时间越短、成本越低，越有利于更多的市场主体有机会参与价格决定过程，促进公平价格的形成。如果会计信息共享者仅使用技术分析决定投资对象的买入和卖出，则可以认为是对会计信息共享质量极不满意的表现，而不能认为是与会计信息共享无关。总体上，投资者具有风险厌恶特征，在投资必需的会计信息可以基本满足决策需求的情况下，一般不会使用相对前途未卜的决策模式。因此，分析证券市场会计信息共享质量状况，对于深入认识证券市场价格运行机制具有重要意义。

证券市场的交易对象是证券——典型的信息决定性商品。虽然证券市场价格受到众多信息因素影响，但深入分析可以发现，所有价格相关性信息，比如利率变化、税率变化、兼并重组、人事变动等，对证券价格发生作用的实质必然是通过对上市公司利益竞争力预期影响实现的，揭示该利益竞争力预期的主体信息是连续的会计信息流，如资产收益率、销售增长率等。投资者如果要对某一上市公司的预期盈利能力进行分析，就必须共享会计信息。在共享能力范围内，投资者的会计信息共享范围越大，越有利于作出正确的决策。在实际投资决策过程中，投资者共享的会计信息范围不完全相同，加上彼此间的知识、能力等差异，价格预期差异一般处于随机状态，价格预期的不一致性最终通过证券市场价格的随机波动性特征呈现出来。

将信息共享边界理论应用到证券市场会计信息共享边界的决定与计量过程，是进行证券市场会计信息共享质量评价的起点，下面沿用信息共享边界理论的基本思想对证券市场会计信息共享质量决定过程进行分析。

3.2.1　证券市场会计信息共享边界的价值决定

按照信息共享边界理论的基本观点，即利益关系决定利益共享边界，利益共享边界决定信息共享边界，证券市场会计信息共享边界决定必须从证券市场利益关系分析为基础。

3.2.1.1　证券市场会计信息共享主体边界控制的价值

证券市场会计信息共享主体包括上市公司利益控制者、投资者、监管者及中介组织，每一类主体往往有多个同质主体组成，会计信息共享一般首先发生于同质主体之间，然后溢出到不同性质主体[①]。因此，证券市场会计信息共享主体边界的变化包括同质主体边界变化和异质主体边界变化两方面。同质主体边界的延伸是信息共享效率的延伸，对利益共享边界及其体现的利益关系的影响相对较小，适合于边际分析。异质主体边界的延伸是信息共享战略的延伸，意味着利益共享关系的改变，对利益共享边界及其体现的利益关系影响相对较大，适合于作超边际分析。

一般而言，会计信息具有公益物品（Public Goods）特征，即一个投资者对会计信息的使用并不减少其他投资者对会计信息使用的效用。由于其他投资者可免费使用会计信息，企业难以从会计信

① 例如在正常情况下，上市公司会计信息首先形成于管理层内部，然后到达监管者，最后披露到证券市场中介组织及广大投资者。

息的提供中补偿所消耗的信息生产成本，因此企业最多只会提供边际收益等于边际成本的信息量（W. R. Scott，1997），这就导致了会计信息的私人价值和社会价值的分歧——满足了企业个体的价值期望，却有损于整个社会的总体价值，这将会给经济的发展带来诸多不利后果。因此，在既定的会计信息披露模式下，信息控制者对于会计信息共享主体在同质领域的变更控制力薄弱①，同质信息共享主体的空间变化主要取决于信息共享成本、收益、效率和风险。利益控制者作为信息控制者，可以通过控制信息披露的渠道、方式方法，特别是内容影响利益相关者的信息共享需求、成本和预期收益；利益相关者的信息共享能力、共享需求、经济实力、信息共享预期利益等决定是否参与共享以及参与共享的程度、时间。信息共享的价值越高，信息共享的主体边界扩大的激励越强；主体的边界越大，信息共享的潜在价值越高；反之，会计信息共享者参与会计信息共享的积极性趋弱②。这是一个强的正反馈效应。

上市公司利益控制者是会计信息披露内容的实质性控制者，在证券市场会计信息共享中具有重要地位，上市公司利益控制者对证券市场会计信息共享主体边界的控制价值预期直接影响证券市场会计信息披露策略，制约证券市场会计信息共享主体边界的变化特征。

上市公司视角的利益共享主体包括利益控制者、利益相关者。

① 按照会计信息披露规则披露后的会计信息在投资者之间的共享状态往往不受上市公司信息控制者左右。

② 例如中国证券市场是典型的政策市，加上会计信息披露严重失真现状，使广大投资者对会计信息的决策价值抱着不信任态度。根据2002年深圳证券交易所综合研究所主办的中国股市个人投资者状况调查报告数据，78.6%的个人投资者入市的主要激励是通过股票的买卖价差而获利，只有11.7%的个人投资者进入股市是为获取股利分红，约70%—80%的投资者在作投资决策时，很少做独立的基本分析，主要依据“股评推荐”、“亲友引荐”以及“小道消息”，其中两成以上的个人投资者决策时几乎不作分析，仅凭感觉随意投资。

利益控制者主要是上市公司控股者或实质性控制权力拥有者，利益相关者包括上市公司的中小股东、债权债务人、监管机构等，从利益关系上可以分为直接利益相关者和间接利益相关者。按照前文分析结论，间接利益相关者在条件成熟时会转化为直接利益相关者[①]，转化的基本条件是预期转化利益大于 0，即当以下条件得到满足时才能实现转化：

（预期利益相关者利益 - 预期潜在利益）＞转化成本

如果利益相关者退出证券市场，则预期退出的基本条件为：

（预期潜在利益 - 预期利益相关者利益）＞转化成本

上市公司信息共享主体边界及其内部结构变化直接影响其预期利益竞争的空间。

在证券市场既有的利益共享机制下，利益控制者将与利益相关者对可以共享的利益进行分配，以维护利益共享关系的稳定性，维持组织的稳定发展。但是，出于个体利益最大化动机，利益主体之间的利益竞争往往不可避免。鉴于注册会计师（CPAs）与上市公司的会计信息签证性合谋是国内外证券市场在解决会计信息披露质量问题时难以逾越的鸿沟，下面特对此作实证性分析。

按照目前的上市公司会计信息披露监督制度安排，CPAs 虽然拥有会计信息披露前的监督权力，但是具体的会计事务所却无权决定自己的具体监督对象——上市公司，CPAs 要获得具体上市公司的会计信息监督权，必须与其他 CPAs 竞争。这种监督模式决定了，上市公司“会计信息签证”[②] 市场具有典型的竞争性特征，引致利益控制者可以在合谋前期决定合谋者的进入规则，保证信息签证过程的可控制性。极端的情况是，不存在信息合谋者，即所有信息签证者能够完全服务于社会公众利益，为广大投资者服务，则利

① 如某一会计信息共享者通过投资成为股东。

② 信息审计过程，主要指 CPA 审计过程。

益控制者失去所有信息合谋的机会，此时，信息控制完全靠利益控制者自身，虚假型信息控制模式面临最大风险，信息监督达到高效率，利益控制者的信息控制租金趋向于0①。信息合谋的常见模式往往介于完全合谋与完全不合谋之间，但不会出现正态分布局面，这一点可以从中国证券市场历年的上市公司年度财务报告审计意见类型中窥其一斑。表3－1是中国证券市场1999—2002年上市公司年报审计意见类型统计结果。

表3－1　　中国证券市场1999—2002年上市公司年报审计意见类型统计

意见分组	1999年	2000年	2001年	2002年	合计	频率
无保留意见	770	934	1002	1065	3771	85.53%
解释性说明	115	91	90	94	390	8.85%
保留意见与解释性说明	31	27	17	22	97	2.20%
保留意见	23	29	23	18	93	2.11%
拒绝表示意见	12	11	16	17	56	1.27%
否定意见	1	1	0	0	2	0.05%

表3－1的统计表显示：与“标准无保留意见”年度财务报告处于绝对的垄断地位相比，“解释性说明”、“保留意见”、“拒绝表示意见”或“否定意见”② 财务报告频数分布及其总量是微不足道的。按照会计信息披露规则，“标准无保留意见”报告是最完美的年度报告类型，“拒绝表示意见”和“否定意见”报告是最不遵守信息披露规则的年度报告类型。按照常理，如此多的总体单位，其审计意见的统计特征应该呈现近标准正态分布，但实际数据令研究者大跌眼镜。这一结果不仅理论上与统计规律不符，而且实践上也

---

① 遗憾的是，现有的信息签证规则不支持这种模式。

② “拒绝表示意见”、“否定意见”现在已经改称为“无法表示意见”。

与有关监管部门的抽样调查结果相去甚远[①]。这一实证性数量规律的出现，可以说是对当前上市公司会计信息监督中利益控制者和信息监督者以合谋为主的有力证明。

目前，会计信息监督的社会化进程是主流，会计信息审计机构多而竞争激烈。在中国，地方保护主义使地方性社会审计机构称霸一方，会计信息监督权的竞争机制使社会审计机构审计行为的经济独立性很低。截至2005年底，中国上市公司总量不到1400家，而全国共有会计师事务所5350多家[②]，单位审计机构平均审计的上市公司数量较少，是否出具“无保留意见”审计报告成为社会审计机构市场竞争力的主要因素。更何况，据中国注册会计师协会2004年、2005年事务所百强榜，四大国际会计师事务所在中国审计市场的份额2003年为21亿元，占百强40%；2004年为33.1亿元，占百强47%（李松，2006），这对中国注册会计师事务所来说，可谓雪上加霜。利益竞争驱使他们与利益控制者合谋，合谋存在风险，不合谋只有死亡，最大可能性地提供“无保留意见”审计报告成为所有信息监督者获取信息监督权的首要条件。信息合谋的违法特性使不同社会审计机构之间在审计过程中进行横向合谋的可能性极小，当每一会计信息监督机构以自身利益最大化为核心参与信息监督权竞争时，“囚徒困境”特征出现，不同的会计信息审计机构为不同的审计对象最大可能地出具“最体面”的财务报告，结果自然也就是“无保留意见”审计报告出现的概率最大，越差类型的审计报告出现的概率越小。

---

① 根据国家审计署2001年组织的对上市公司财务报表抽查结果，即抽样32份上司公司年报，23份存在严重信息失真的数据，可以得出该年上市公司年报的初步失真率约为72%。而截至2001年底，我国共查处会计信息造假案例37例，由此可见我国证券市场会计信息签证的准确度。

② “中国注册会计师协会2005年工作总结和2006年工作要点”，2006年1月3日。

除了信息监督机构之外，上市公司利益控制者还必须与证券经营机构进行合谋，以保证公司证券价格预期特征，这是利益控制者实现其他利益目标的市场基础。同样，由于信息溢出的风险，券商型信息合谋主体范围必须很窄，不然，信息租金会由于信息溢出的可能性迅速耗散怠尽。

根据信息共享边界理论，合谋只是共享的特殊形式，CPAs 与上市公司利益控制者之间之所以存在合谋，是因为二者之间存在可以预期的诱人的利益共享关系。

3.2.1.2 证券市场会计信息共享客体边界控制的价值

如果说，信息共享主体边界反映的是利益共享的广度，那么信息共享的客体边界则反映利益共享的深度。价值预期及其风险是证券市场投资主体的行为基础及目的，证券市场会计信息共享客体边界的价值、风险特征，相对于主体边界来说，是向利益共享关系的纵深演化，相对更为复杂多变。证券市场会计信息共享主体改变会计信息共享边界的基础是预期利益空间及其风险的变化，即会计信息共享者是否扩大会计信息共享边界，取决于该行为预期利益和预期风险是否优于当前会计信息共享的现状，或是否优于其利益竞争者的价值和风险预期。

会计信息共享客体边界的变更，对不同证券市场主体来说，意义不同。通过会计信息共享客体边界的变化，利益控制者作为信息控制者的核心，借此实现其预期收益、风险的控制，会计信息共享客体边界变化的方向、幅度从根本上受制于利益控制者的信息控制力，并反作用于利益控制者的控制力；信息监督者，由于制度安排的固有缺陷，往往成为利益控制者的信息控制的附庸，难以发挥应有的作用，对会计信息共享客体边界的价值追求，集中于合谋式信息租金；投资者作为证券市场资金供给方，始终是会计信息披露服务的主要对象，对于上市公司会计信息共享客体边界的价值追求，在于提高其投资预决策的有效性，预期利益的竞争力，以及风险的有效预测与控制；信息中介存在于证券市场的主要功能是弥补投融资者之间的信息差，扩大会计信息共享客体边界的价值关键在于提高其信息服务竞争力。

对于上市公司利益控制者来说，选择恰当的会计信息控制政策至关重要。利益控制者在选择会计信息控制政策时，首先要把控制会计信息分为敏感型会计信息和不敏感型会计信息[①]。如果某一会计信息的部分或全部传递会显著地引起会计信息共享者的相对利益、风险变化，则该会计信息为敏感会计信息；反之，则为不敏感型会计信息。敏感型会计信息是利益控制者进行会计信息控制的主要对象，上市公司的会计信息主要为敏感型信息。根据会计信息共享对利益控制者和相关者的利益和风险影响程度，可以把会计信息控制边界内的会计信息在高度敏感型和不敏感型之间作连续划分，会计信息控制主要针对敏感型会计信息。利益控制者通过对敏感型会计信息共享边界的控制，达到对利益共享边界的控制。历史会计信息基本上是不敏感型会计信息[②]，新会计信息大多属于敏感性会计信息。新会计信息的价值在于该会计信息与已共享会计信息之间的关联程度及其与该会计信息预期之间的会计信息差大小，关联范围越广，程度越深，会计信息差越大，信息控制越有价值，反之，则信息控制价值越低。

对于证券市场利益控制者——监管者来说，证券市场的价值创造能力及其运行效率决定了其利益总量预期，从而制约其信息控制规则的制订和选择。作为证券市场总体利益控制者，必须制订有效的信息控制规则，保证证券市场会计信息在不同利益共享者之间的合理分配，提高会计信息共享的效率、效果，只有这样，才能提高证券市场的价值创造能力。而是否实施新信息控制政策，改变利益共享者之间的信息共享结构，则取决于以下模型是否成立：

---

① 敏感性是指单位信息实现共享对信息共享者利益、风险影响程度而言的。

② 但被发现失真而纠正的历史性会计信息属于新会计信息。

$(V1-C1)\div(1+R1)\geqslant(V0-C0)\div(1+R0)$ 或同时

$$(V1/C1)\div(1+R1)\geqslant(V0/C0)\div(1+R0) \quad (3-2)$$

V1——新信息控制政策下的预期价值创造总量

V0——现有信息控制政策下的预期价值创造总量

C1——新信息控制政策下的预期成本总量

C0——现有信息控制政策下的预期成本总量

R1——新信息控制政策下的预期风险贴现系数

R0——现有信息控制政策下的预期风险贴现系数

如果不等式成立，则证券市场监管者可以实施新政策，调整证券市场会计信息共享边界结构分布状态。如果不成立，说明新政策不可行，要么是预期价值创造力受损，要么是预期成本增量太大。要么是风险增量太大，不管是哪一种原因，监管者都必须谨慎行事。

这里需要注意的是，是不是信息垄断边界越小越好或实质性信息共享边界比率越高越好呢？笔者认为，这个问题必须与会计信息共享机制的制度环境结合起来分析才有答案。在市场经济制度环境之下，经济主体对个体利益最大化的不懈追求是市场充满活力和危机的根源，而一定程度的利益性信息垄断是个体利益垄断和控制的基础，任何一个利益控制者，不管是一个国家利益控制者，还是一个家庭利益控制者，在具有竞争性质的利益空间内，必须具有一定的信息优势或采取信息优势政策，才能维护和争取其利益最大化。至于这种个体性决策行为与整体价值最大化的利益冲突特征，在市场经济制度为主流的条件之下，是不可调和的。而实质性信息共享边界小于名义信息共享边界的现象，从某种意义上来讲，正是个体利益中心政策的延续，是针对强制性信息披露政策采取的核心信息保护行为，是典型的“上有政策，下有对策”的博弈行为。因此，这两个问题，从本质上看是一个问题，要么同时解决，要么允许其在一定范围内存在。有道是“水至清则无鱼”。在市场经济制度环境下，单纯过度追求证券市场会计信息共享的真实性和完整性、及时性，对于证券市场的发展并不都有促进作用。

证券市场的基本功能是融资和资源配置，存在的价值是为社会人提供了投融资的低成本中介，证券市场主体之间的利益性信息共享的及时性、可靠性及完整性，不仅影响该交易成本的高低，而且影响预期利益在信息共享者之间的分配关系。会计信息既是上市公司历史收益能力的计量和判断，又是投资者借以推断其预期收益能力的重要信息基础，是证券市场存在与发展的必要条件。证券市场管理者必须为投资者提供必要的会计信息共享边界保证，不仅是对既有投资者的利益负责，更是对证券市场的存在与发展负责。

3.2.2　证券市场信息共享边界计量

3.2.2.1　证券市场信息共享主体边界计量

证券市场会计信息共享主体与证券市场利益共享主体直接相关。证券市场利益共享主体是基于证券市场进行利益合作与竞争的市场主体，主要包括证券发行者、证券投资者、证券市场中介、自律性组织与证券监管机构①。本书研究的证券市场会计信息共享主体，主要是指与上市公司会计信息共享具有经济利益关系的经济单位，不包括尚处于研究性阶段的会计信息共享主体②，因此把证券市场会计信息共享主体概括为上市公司、投资者、中间组织和监管者③。单纯从会计信息供给与共享角度来看的话，证券市场会计信

① “证券市场基础知识”，http：//www. cer. net，2001年1月1日。

② 如仅以学术研究为目的且不投资于证券市场的会计信息共享主体。

③ 分别对应于证券发行者、证券投资者、证券市场中介和自律性组织、证券监管机构。证券发行者为政府及其机构、金融机构、公司和企业；投资者按大类分主要有机构投资者和个人投资者，机构投资者主要有政府部门、企事业单位、金融机构和公益基金等；证券市场中介包括证券经营机构和证券服务机构，证券经营机构是指证券承销商、证券经纪商和证券自营商，证券服务机构主要指证券登记结算公司、证券投资咨询公司、信用评级机构、会计师事务所、资产评估机构、律师事务所、证券信息公司等；自律性组织包括证券行业协会和证券交易所；证券监管机构可分为政府监管机构和自律性监管机构，政府监管机构按设置的不同有独立机构管理和政府机构兼管两类。

息共享主体可以简单地划分为上市公司（披露会计信息）和信息共享者（共享会计信息）。因此，从信息共享的视角分析，证券市场会计信息共享主体可以分为两个视角进行，一是以上市公司为信息披露中心的信息共享主体边界，分析任意上市公司会计信息的共享主体范围；一是以信息共享者为信息收集中心的信息共享主体边界，阐释任意信息共享者共享的会计信息主体范围。这种信息关系可以用图 3-8 表示。

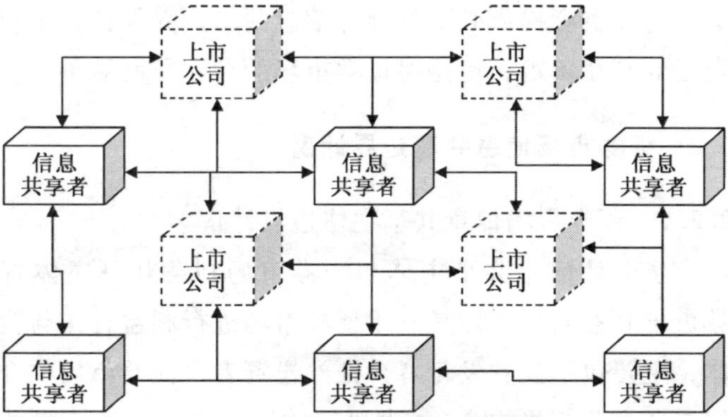

图 3-8　证券市场信息共享关系图

以上市公司为中心的会计信息共享主体边界，取决于其证券市场规模①、信息披露渠道、技术、成本、市场竞争力预期等因素，信息共享主体边界越大，市场竞争力越强，投融资机会越多，价值创造力越强。以信息共享者为中心的会计信息共享主体边界，取决于信息共享者经营规模、种类、信息共享渠道、技术、知识、成本等因素，比如机构投资者、证券市场中介和一般个人投资者之间就存在巨大信息共享主体边界差异。同等条件下，信息共享主体边界越大，参与证券市场利益竞争的机会越多。

---

① 可以用流通股总量反映。

证券市场会计信息共享主体边界的度量可以按照以下规则进行：

(1) 同一证券市场的会计信息共享主体是同质的，差异只有0—1差别，0 表示会计信息共享主体边界之外的经济主体，1 表示会计信息共享主体边界之内的经济主体。

(2) 会计信息共享主体边界是针对特定时间、特定对象的特定信息来讲的，对会计信息共享主体边界的计量要有一定的标准。

(3) 信息共享主体边界采用总量汇总模式进行合计，例如如果某上市公司会计信息共享主体边界为 10，则表示证券市场有 10 个投资主体共享了该上市公司会计信息；如果某信息共享者会计信息共享主体边界为 10，则表示该投资主体在证券市场上共享了 10 家上市公司会计信息。10 即表示在特定条件下的最大信息共享主体范围或边界。

证券市场会计信息共享主体边界的计量既可以从上市公司视角分析，也可以从利益相关者视角进行分析。假设在某一时点 t：

证券市场上市公司总量为 N，证券市场会计信息共享者总量为 n，自由独立共享信息；L_i 表示第 i 个上市公司，Sh_j 表示第 j 个会计信息共享者，$i = 1, 2, \cdots, N$，$j = 1, 2, \cdots, n$；$SIEF_{ij}$表示第 j 个会计信息共享者与第 i 个上市公司之间的会计信息共享 $SIEF_{ij}$关系，$SIEF_{ij} = 1$ 表示具有会计信息共享关系，$SIEF_{ij} = 0$ 表示没有会计信息共享关系。表 3 - 2 是对证券市场会计信息共享主体边界的计量模式。

表中 $\sum SIEF_{ij}$表示所有上市公司（或所有信息共享者）与信息共享者 j（或上市公司 i）的信息共享关系合计。上市公司 i 的合计数为 0 表示没有会计信息共享主体共享其会计信息，合计数为 n 表示所有共享者都共享了该公司会计信息；信息共享者 j 的合计数为 0 表示该主体没有共享任一上市公司会计信息，合计数为 N 表示其

表 3-2 证券市场会计信息共享主体边界计量

信息共享主体边界	信息共享者 1	信息共享者 2	信息共享者 3	j	信息共享者 n	合计	信息共享主体边界比率 SIEFi
上市公司 1	$SIEF_{11}$	$SIEF_{12}$	$SIEF_{13}$	…	$SIEF_{1n}$	$\sum SIEF_{1j}$	$\sum SIEF_{1j}/n$
上市公司 2	$SIEF_{21}$	$SIEF_{22}$	$SIEF_{23}$	…	$SIEF_{2n}$	$\sum SIEF_{2j}$	$\sum SIEF_{2j}/n$
上市公司 3	$SIEF_{31}$	$SIEF_{32}$	$SIEF_{33}$	…	$SIEF_{3n}$	$\sum SIEF_{3j}$	$\sum SIEF_{3j}/n$
i	…	…	…		…	…	…
上市公司 N	$SIEF_{N1}$	$SIEF_{N2}$	$SIEF_{N3}$	…	$SIEF_{Nn}$	$\sum SIEF_{Nj}$	$\sum SIEF_{Nj}/n$
合计	$\sum SIEF_{i1}$	$\sum SIEF_{i2}$	$\sum SIEF_{i3}$		$\sum SIEF_{in}$	$\sum\sum SIEF_{ij}$	
信息共享主体边界比率 $SIEF_j$	$\frac{\sum SIEF_{i1}}{N}$	$\frac{\sum SIEF_{i2}}{N}$	$\frac{\sum SIEF_{i3}}{N}$		$\frac{\sum SIEF_{in}}{N}$		$\frac{\sum\sum SIEF_{ij}}{Nn}$

共享了所有上市公司会计信息[①]。$SIEF_{iorj}$ 为上市公司 i（或信息共享者 j）的会计信息共享主体边界比率，即有多大比重的信息共享者参与到上市公司 i 的会计信息共享中，或信息共享者 j 在所有上市公司中共享的上市公司总量占比。该比率越高，说明上市公司 i 或信息共享者 j 的会计信息共享主体范围越广。$\sum\sum SIEF_{ij}$ 表示所有上市公司与信息共享者之间的会计信息共享关系合计，SIEF（$=\Sigma\Sigma SIEF_{ij}\div(N\times n)$）表示所有上市公司或所有信息共享者会计信息共享主体边界比率。该比率的大小揭示证券市场整体会计信息共享主体边界的相对水平，数值从 0 到 1 变化，越高越好。

3.2.2.2 证券市场信息共享客体边界计量

证券市场会计信息共享的客体是指证券市场主体共享时的直接作用对象——会计信息。会计信息共享主体边界反映了会计信息共享的广度，客体边界则揭示了会计信息共享的深度，二者共同决定了证券市场会计信息共享的状况、趋势。本书所指的会计信息是指

① 共享证券价格在本书不属于共享会计信息范畴。

上市公司按照会计信息披露规则，持续披露或临时披露的财务信息。

会计信息共享客体边界计量基础是制订会计信息共享客体边界的科学计量规则，与会计信息共享主体边界的 0/1 离散性计量模式不同，客体边界需要使用［0，1］连续计量模式。

根据前文的分析，信息具有强烈的整体特性，不同单位信息的累积对信息整体价值的贡献可能具有天壤之别。同时，信息功能价值由于与信息共享者的信息分析、预测能力直接相关，因此在会计信息共享客体边界的计量范畴中，笔者认为没有同质信息的位置。从这个意义上讲，会计信息客体边界的计量可能只有三个特征值可用：

0——没有会计信息共享关系

0—1——非完全会计信息共享关系

1——完整会计信息共享关系，一般是指信息控制者共享所控制的全部信息

如果事实如此的话，我们又如何来表达信息灵通人士与普通信息共享者之间的差异呢？显然，不同信息共享程度的信息共享者在［0，1］中应该是符合统计分布特征的平均数法则的，即存在大量信息共享者情况下，总体信息共享客体边界应该呈现正态分布特征。具体分布范围取决于证券市场会计信息共享的制度安排、共享能力、市场信用状态等。这可以用图 3 -9 来表示。

图 3 -9 中的特征显示，证券市场信息共享制度越完善、共享者信息共享能力越强、市场信用等级越高，会计信息共享客体边界分布集中趋势值（均值或中点值）越靠近 1，反之，则远离 1。

因此，在实证分析中，对会计信息共享客体边界的计量依然需要分类计量更为妥当，既可以降低成本，又可以把定性分析与定量分析有机结合，避免单纯从信息共享单位数量角度计量容易忽视信息共享整体特征的不足。

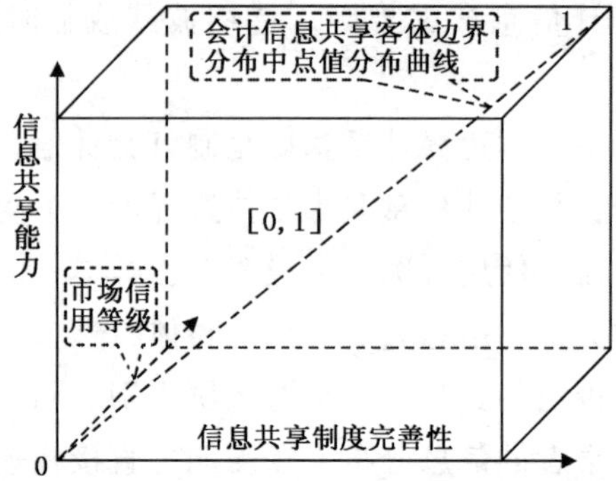

图 3－9 证券市场会计信息共享客体边界分布可能性曲线

借鉴主体边界的计量模式，假设在某一时点 t：$SIOF_{ij}$反映上市公司 i 在信息共享者 j 的会计信息共享边界，$SIOF_{ij}=1$ 表示具有会计信息共享完全，$SIOF_{ij}=0$ 表示无会计信息共享关系。表 3－3 是对证券市场会计信息共享客体边界的计量。

表 3－3 证券市场会计信息共享客体边界计量

信息共享客体边界	信息共享者 1	信息共享者 2	信息共享者 3	j	信息共享者 n	合 计
上市公司 1	$SIOF_{11}$	$SIOF_{12}$	$SIOF_{13}$	…	$SIOF_{1n}$	$\sum SIOF_{1j}$
上市公司 2	$SIOF_{21}$	$SIOF_{22}$	$SIOF_{23}$	…	$SIOF_{2n}$	$\sum SIOF_{2j}$
上市公司 3	$SIOF_{31}$	$SIOF_{32}$	$SIOF_{33}$	…	$SIOF_{3n}$	$\sum SIOF_{3j}$
i	…	…	…		…	…
上市公司 N	$SIOF_{N1}$	$SIOF_{N2}$	$SIOF_{N3}$	…	$SIOF_{Nn}$	$\sum SIOF_{Nj}$
合 计	$\sum SIOF_{i1}$	$\sum SIOF_{i2}$	$\sum SIOF_{i3}$	…	$\sum SIOF_{in}$	$\sum\sum SIOF_{ij}$

表 3－3 中$\sum SIOF_{ij}$表示上市公司 i 或信息共享者 j 的会计信息共享客体边界合计水平，与主体边界总量不同，该指标只是一个中间变量，目的在于计算上市公司 i 的平均会计信息共享边界水平 SIOFi（$=\sum SIOF_{ij}\div n$）或信息共享者 j 的平均会计信息共享客体边界水平$\sum$SIOFj（$=\sum SIOF_{ij}\div N$）。$\sum\sum SIOF_{ij}$则表示 N 个上市公司与 n 个信息共享者之间的会计信息共享客体边界水平的合计水

平，也是一个中间变量，目的在于计量证券市场所有上市公司与所有信息共享者之间的会计信息共享客体边界平均分布水平 SIOF $(=\sum\sum SIOF_{ij} \div Nn)$，数值分布于0和1之间，越高越好。

3.2.3 会计信息共享边界控制的风险计量

风险是指研究对象变异程度或波动性程度，是一种可以用概率分布来表示研究对象不同特征出现可能性的综合度量。证券市场会计信息共享边界控制的风险，是指会计信息共享边界控制的预期不确定性程度，用会计信息共享边界的波动性来反映。

证券市场会计信息共享边界的风险计量既可以从上市公司视角分析，也可以从利益相关者视角进行分析。从上市公司视角分析会计信息共享边界风险，可以了解证券市场会计信息共享主体的信息共享资源分布特征，分析证券市场信息资源利用情况及利用效率分布状况，预测证券市场人气流动以及资源流动的方向、特征，是利益控制者进行信息控制检验以及预期信息控制政策、措施制订的基础。较大的会计信息共享边界风险，反映利益控制者较高的信息控制风险，是会计信息共享主体对上市公司预期综合竞争力[①]判断结果的外在特征。从利益相关者视角对证券市场会计信息共享边界进行风险分析，可以了解利益相关者的总体会计信息共享边界的水平及其波动程度，较高的会计信息共享边界水平是利益相关者信息共享能力高的表现，较高的风险水平可以反映上市公司利益控制者之利益相关者信息共享需求、能力等方面的较高差异，是证券市场信息分布不均衡性的外在表现。

3.2.3.1 证券市场会计信息共享主体边界风险计量

证券市场会计信息共享主体边界风险是指会计信息共享主体边

---

① 正确地说是比较综合竞争力，或相对综合竞争力，而不仅仅是绝对综合竞争力。只有相对强的，而无绝对强的竞争力。

界的波动性。证券市场会计信息共享主体边界的变化，一方面受制于宏观、微观信息共享环境因素，一方面又对共享环境产生反作用。它不仅影响利益共享者信息共享的空间变化，而且影响信息共享的预期利益波动。

风险分析需要确定的分析期间，时点间隔取决于分析目的及数据可获得性。根据证券市场的信息披露及共享特征，分析时点间时间跨度可以为月、季度、半年和年①，本书采用年度数据分析证券市场会计信息共享边界。

在统计分析中，计量风险的经典方法是计算总体变异系数，其中标准差系数 V 是最常用的变异系数，系数越大，风险越高。设不同上市公司 i 之间或不同信息共享者 j 之间的信息共享主体边界比率差异程度的标准差系数 V_{SIEF_i} 或 V_{SIEF_j}，利用表 3－2 数据，计算公式分别为：

$$V_{SIEF_i} = \left(\frac{\sum_{i=1}^{N} (SIEF_i - SIEF)^2}{N} \right)^{1/2} \div SIEF \qquad (3-3)$$

$$V_{SIEF_j} = \left(\frac{\sum_{j=1}^{N} (SIEF_j - SIEF)^2}{n} \right)^{1/2} \div SIEF \qquad (3-4)$$

平均指标 $SIEF_{iorj}$、SIEF 反映上市公司会计信息共享主体边界的集中趋势，V 类指标解释主体边界的波动性或离散程度，是对应平均指标代表性的描述。V 值越大风险越大，反映上市公司的会计信息共享主体边界波动越大，或者说是信息共享主体对该对象的信息控制政策等反应敏感，V 值越小风险越小，反映上市公司的会计信息共享主体边界波动越小，或者说是信息共享主体对该对象的信息控制政策等反应欠敏感。

对于证券市场会计信息共享主体边界风险的主体衡量，需要综

① 分别对应于月报表、季度报表、半年报和年报。

合上市公司视角的会计信息共享主体边界风险 V_{SIEFi} 和利益相关者视角会计信息共享主体边界风险 V_{SIEFj}，鉴于 V_{SIEFi} 和 V_{SIEFj} 之间相互独立，设 SDi、SDj 分别表示 V_{SIEFi}、V_{SIEFj} 对应标准差，可以使用以下公式计算证券市场会计信息共享主体边界风险度 V_{SIEF}：

$$V_{SIEF} = \sqrt{SD_i^2 + SD_j^2} \div SIEF \tag{3-5}$$

不过，在详细数据难以获取的情况下，本书建议使用以下成数标准差系数公式计算证券市场会计信息共享主体边界整体风险度：

$$V_{SIEF} = \sqrt{SIEF\ (1 - SIEF)} \div SIEF \tag{3-6}$$

该指标数值越高，说明证券市场会计信息共享主体边界分布差异越大，不同信息共享者决策信息差越高，使证券价格预期差异扩大，导致证券市场价格波动性增强，很容易引至投资者的投机行为。投机者的短期行为特征促使他们更喜欢技术分析决策模式，而不是以会计信息共享为主的基本分析模式，不利于证券市场会计信息共享边界的扩大，制约会计信息共享质量水平的提高。

3.2.3.2　上市公司会计信息共享客体边界风险计量

证券市场会计信息共享客体边界风险，是指会计信息共享客体边界的变异或波动性程度及其对利益共享者信息共享价值风险的影响。

上市公司会计信息共享客体边界的风险分析，旨在分析证券市场上市公司会计信息共享深度的差异性特征，既可以是截面数据分析，也可以是动态数据分析。对于风险程度的反映方法依然通过变异系数来衡量。设 $Vsiof_i$、$Vsiof_j$、Vsiof 为各项平均水平的代表性指标，利用表 3－3 数据，各项指标的计算公式如下：

$$SIOF_i = \Sigma SIOF_{ij} \div n \tag{3-7}$$

$$Vsiof_i = (\Sigma((SIOF_{ij} - SIOF_i)2 \div n)1/2 \div SIOF_i \tag{3-8}$$

$$SIOF_j = \Sigma SIOF_{ij} \div N \tag{3-9}$$

$$Vsiof_j = (\Sigma((SIOF_{ij} - SIOF_j)2 \div N)1/2 \div SIOF_j \tag{3-10}$$

$$SIOF = \Sigma\Sigma SIOF_{ij} \div \Sigma\Sigma SIEF_{ij} \tag{3-11}$$

$$Vsiof = (\Sigma\Sigma(SIOF_{ij} - SIOF) \div \Sigma\Sigma SIEF_{ij})1/2 \div SIOF \qquad (3-12)$$

$i=1, 2, 3, \cdots, N, j=1, 2, 3, \cdots, n$

指标 V 数值越高，说明证券市场会计信息共享客体边界分布差异越大，不同信息共享者决策信息差越高，越容易引起证券市场价格波动性扩大，越会制约会计信息共享质量水平的提高。

3.2.4 会计信息分布效率计量

会计信息分布效率包括平均单位会计信息共享成本和平均单位会计信息共享时间两个维度，因此，指标计量主要包括信息共享成本、信息共享时间及相应的信息共享边界。假设会计信息共享主体之间的信息共享成本编码为 ISHC，信息共享时间编码为 ISHT，则可以用表 3－4 和表 3－5 表示上市公司—信息共享者之间的共享成本和共享时间。

表 3－4　　上市公司—信息共享者之间的共享成本

信息共享成本	信息共享者 1	信息共享者 2	信息共享者 3	j	信息共享者 n	合　计
上市公司 1	$ISHC_{11}$	$ISHC_{12}$	$ISHC_{13}$	…	$ISHC_{1n}$	$\sum ISHC_{1j}$
上市公司 2	$ISHC_{21}$	$ISHC_{22}$	$ISHC_{23}$	…	$ISHC_{2n}$	$\sum ISHC_{2j}$
上市公司 3	$ISHC_{31}$	$ISHC_{32}$	$ISHC_{33}$	…	$ISHC_{3n}$	$\sum ISHC_{3j}$
i	…	…	…	$ISHC_{ij}$	…	…
上市公司 N	$ISHC_{N1}$	$ISHC_{N2}$	$ISHC_{N3}$	…	$ISHC_{Nn}$	$\sum ISHC_{Nj}$
合　计	$\sum ISHC_{i1}$	$\sum ISHC_{i2}$	$\sum ISHC_{i3}$	…	$\sum ISHC_{in}$	$\sum\sum ISHC_{ij}$

表 3－5　　上市公司—信息共享者之间的共享时间

信息共享时间	信息共享者 1	信息共享者 2	信息共享者 3	j	信息共享者 n	合　计
上市公司 1	$ISHT_{11}$	$ISHT_{12}$	$ISHT_{13}$	…	$ISHT_{1n}$	$\sum ISHT_{1j}$
上市公司 2	$ISHT_{21}$	$ISHT_{22}$	$ISHT_{23}$	…	$ISHT_{2n}$	$\sum ISHT_{2j}$
上市公司 3	$ISHT_{31}$	$ISHT_{32}$	$ISHT_{33}$	…	$ISHT_{3n}$	$\sum ISHT_{3j}$
i	…	…	…	$ISHT_{ij}$	…	…
上市公司 N	$ISHT_{N1}$	$ISHT_{N2}$	$ISHT_{N3}$	…	$ISHT_{Nn}$	$\sum ISHT_{Nj}$
合　计	$\sum ISHT_{i1}$	$\sum ISHT_{i2}$	$\sum ISHT_{i3}$	…	$\sum ISHT_{in}$	$\sum\sum ISHT_{ij}$

设平均单位信息共享成本为 AISHC，设平均单位信息共享时间为 AISHT，结合表 3 - 2 和表 3 - 3 可以计算出效率指标如表 3 - 6 和表 3 - 7 所示。

表 3 - 6　　平均单位会计信息共享成本

平均信息共享成本	信息共享者 1	信息共享者 2	信息共享者 3	j	信息共享者 n	平均信息共享成本 $AISHC_i$
上市公司 1	$\frac{ISHC_{11}}{SIOF_{11}}$	$\frac{ISHC_{12}}{SIOF_{12}}$	$\frac{ISHC_{13}}{SIOF_{13}}$	…	$\frac{ISHC_{1n}}{SIOF_{1n}}$	$\frac{\sum ISHC_{1j}}{\sum SIOF_{1j}}$
上市公司 2	$\frac{ISHC_{21}}{SIOF_{21}}$	$\frac{ISHC_{22}}{SIOF_{22}}$	$\frac{ISHC_{23}}{SIOF_{23}}$	…	$\frac{ISHC_{2n}}{SIOF_{2n}}$	$\frac{\sum ISHC_{2j}}{\sum SIOF_{2j}}$
上市公司 3	$\frac{ISHC_{31}}{SIOF_{31}}$	$\frac{ISHC_{32}}{SIOF_{32}}$	$\frac{ISHC_{33}}{SIOF_{33}}$	…	$\frac{ISHC_{3n}}{SIOF_{3n}}$	$\frac{\sum ISHC_{3j}}{\sum SIOF_{3j}}$
i	…	…	…	$\frac{ISHC_{ij}}{SIOF_{ij}}$	…	…
上市公司 N	$\frac{ISHC_{N1}}{SIOF_{N1}}$	$\frac{ISHC_{N2}}{SIOF_{N2}}$	$\frac{ISHC_{N3}}{SIOF_{N3}}$	…	$\frac{ISHC_{Nn}}{SIOF_{Nn}}$	$\frac{\sum ISHC_{Nj}}{\sum SIOF_{Nj}}$
平均信息共享成本 $AISHC_j$	$\frac{\sum ISHC_{i1}}{\sum SIOF_{i1}}$	$\frac{\sum ISHC_{i2}}{\sum SIOF_{i2}}$	$\frac{\sum ISHC_{i3}}{\sum SIOF_{i3}}$	…	$\frac{\sum ISHC_{in}}{\sum SIOF_{in}}$	$\frac{\sum\sum ISHC_{ij}}{\sum\sum SIOF_{ij}}$

表 3 - 7　　平均单位会计信息共享时间

平均信息共享时间	信息共享者 1	信息共享者 2	信息共享者 3	j	信息共享者 n	平均信息共享时间 $AISHT_i$
上市公司 1	$\frac{ISHT_{11}}{SIOF_{11}}$	$\frac{ISHT_{12}}{SIOF_{12}}$	$\frac{ISHT_{13}}{SIOF_{13}}$	…	$\frac{ISHT_{1n}}{SIOF_{1n}}$	$\frac{\sum ISHT_{1j}}{\sum SIOF_{1j}}$
上市公司 2	$\frac{ISHT_{21}}{SIOF_{21}}$	$\frac{ISHT_{22}}{SIOF_{22}}$	$\frac{ISHY_{23}}{SIOF_{23}}$	…	$\frac{ISHT_{2n}}{SIOF_{2n}}$	$\frac{\sum ISHT_{2j}}{\sum SIOF_{2j}}$
上市公司 3	$\frac{ISHT_{31}}{SIOF_{31}}$	$\frac{ISHT_{32}}{SIOF_{32}}$	$\frac{ISHT_{33}}{SIOF_{33}}$	…	$\frac{ISHT_{3n}}{SIOF_{3n}}$	$\frac{\sum ISHT_{3j}}{\sum SIOF_{3j}}$
i	…	…	…	$\frac{ISHT_{ij}}{SIOF_{ij}}$	…	…
上市公司 N	$\frac{ISHT_{N1}}{SIOF_{N1}}$	$\frac{ISHT_{N2}}{SIOF_{N2}}$	$\frac{ISHT_{N3}}{SIOF_{N3}}$	…	$\frac{ISHT_{Nn}}{SIOF_{Nn}}$	$\frac{\sum ISHT_{Nj}}{\sum SIOF_{Nj}}$
平均信息共享时间 $AISHT_j$	$\frac{\sum ISHT_{i1}}{\sum SIOF_{i1}}$	$\frac{\sum ISHT_{i2}}{\sum SIOF_{i2}}$	$\frac{\sum ISHT_{i3}}{\sum SIOF_{i3}}$	…	$\frac{\sum ISHT_{in}}{\sum SIOF_{in}}$	$\frac{\sum\sum ISHT_{ij}}{\sum\sum SIOF_{ij}}$

AISHC、AISHT 数值越低，表明证券市场会计信息共享效率越高，会计信息共享质量水平越高。

但是，鉴于以下因素，本书主要对水平指标进行深入分析，而把效率指标留待后继研究：

（1）技术革命往往是技术长期累积性结果的爆发，在特定的历史条件或制度背景下，至少从短期来看，特定组织内的生产力水平是相对稳定的，从而决定信息共享效率的相对稳定性。

（2）信息共享技术只是作为一种技术背景存在，信息共享者是否采用新技术或采用什么技术，既取决于其素质能力和经济水平，又取决于其信息共享的利益预期和风险预期。

因此本书认为，信息分布的状态及其变化特征[①]本身就在一定程度上隐含了信息共享效率特征，同时由于信息共享效率的决定因子（时间和费用）数据难以获得，在下文的证券市场会计信息共享质量指标体系构建及以后章节的实证研究中未能深入分析，仅在信息监督环节使用了监督及时性之时间效率特征，特在此说明。

3.2.5 证券市场会计信息共享质量及其对证券市场价格机制的决定

普通的商品价格决定往往是有限的商品面对有限的交易者，买卖双方可以讨价还价，即使是同一厂家的同一款式商品也可以在不同的地点不同的时间，以不同的价格卖给不同的消费者。与普通的产品市场价格决定机制不同，证券市场的所有价格都是面对所有的交易者，所有的交易者面对标准化的同一商品、同一价格和同一价格决定机制，具有典型的网络共享特性。这两种价格决定机制的差异如图 3－10 所示。

---

① 可以使用信息共享边界的动态数列进行揭示。

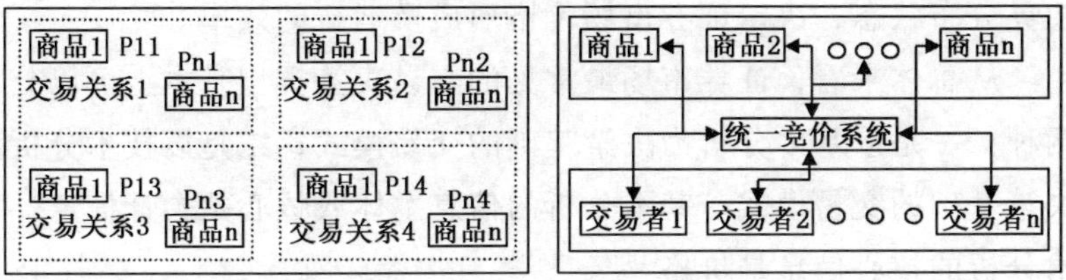

图 3-10 传统商品市场与证券市场价格决定机制比较

证券价格的竞价机制决定了，任何投资者的交易行为都在不同程度地影响证券价格的形成和变化，不管其是用“资金投票”还是用“脚”投票。任意时点的证券价格决定该时点所有投资者的收益率，决定上市公司的市场价值预期。投资者购买证券的最终目的是获取预期利益，有的依靠分红，有的搏取差价，不管是哪一种，都必须依靠与备选证券相关的信息进行决策。一般而言，长期投资者更关注投资对象的盈利能力信息，投机者大多依赖于证券价格信息。盈利能力信息主体是会计信息，投资者以此判断投资对象的财务状况及其预期，比较分析不同投资对象的预期收益率，选择具有相对高收益预期的证券进行投资。证券价格信息是证券市场的终极信息，是所有投资或投机者交易过程的抽象信息，价格指数可能隐含着预期收益趋势，但由于其受制于太多的随机因素，因此至今为止，单纯依靠价格进行证券交易的依然被称为投机者，其中缘由，可能就是证券市场价格的随机性太强。但实践胜于雄辩，以价格指数为重要依据的技术分析决策模式已经形成流派，影响很广，不管是发达国家证券市场，还是发展中国家的证券市场，看盘分析的魅力都难以阻挡。

证券市场会计信息共享质量，是指会计信息在证券市场信息共享者之间的共享状态、效率，在特征上表现为信息共享的可靠性、及时性和完整性。从过程来看，证券市场会计信息共享质量分析包括两阶段：一是上市公司会计信息披露及其共享过程；二是信息共享者之间的信息共享过程。二者共同决定了证券市场会计信息共享边界分布状态，决定证券市场价格形成及运行的效率。

从总体来看，证券市场最常见的交易决策类型基本上可以分为两种：一是以基本分析为决策基础的交易模式；二是以技术分析为决策基础的交易模式。基本分析的信息主体或核心是会计信息，技术分析的核心信息是价格①。

证券市场交易者选择会计信息共享与否，从根本上受到利益预期的驱动。至于证券市场交易者在每一次具体的交易决策模式选择中，是否选择会计信息共享为决策基础，往往取决于其历史交易中的决策经验和决策时的信息共享状况，如果有足够大的会计信息共享边界使决策者能够相对确信其利益、风险预期相对更优的话，则会计信息共享成为其该次交易的决策主体信息，如果预期利益、风险实现比想象得要好，或至少比其他不用该策略决策者收益多或损失少，则就会形成预期会计信息共享激励效应。如果证券市场大多数交易者面对类似的过程和结果，则会形成大范围的强正反馈效应，这种局面一旦得到较长时间的维持，会计信息共享将成为主流决策模式，证券市场会计信息共享效率迅速增强，共享质量不断提高。反之，则会形成负面影响，交易者看淡会计信息共享价值预期，代之以简单易行的技术分析，价格指数信息逐渐进入交易者决策模式的主体信息。

这样，判断证券市场会计信息共享质量演化对证券市场价格决定就有了市场分析的计量基础，即可通过调查证券市场投资者在交易过程中决策模式的交替比率，初步建立证券市场会计信息共享的基本质量状况与市场价格机制之间的决定关系。例如如果连续一段时期，证券交易者在证券交易中基本分析决策模式使用频率呈现明显增长趋势，则可以说明证券市场价格形成机制对会计信息共享的

① 请注意，本书没有对投资者进行分类的原因是，任何人都具有既厌恶风险又喜欢适度冒险的特性，只要证券交易的控制者是人，则交易类型必然存在这两种模式。

依赖性增强，可以推测会计信息共享价值呈现上升趋势，或者说会计信息共享质量水平上升使交易者看到了会计信息共享的预期价值。这种趋势如果得到了市场的支持，则不管是长期投资者，还是短期投机者，都可能把会计信息共享作为基本策略，此时证券市场会计信息共享质量状况很可能迅速摆脱拐点限制，进入一个稳定的会计信息共享高效率状态，证券市场价格预期主要由此决定。随着这种会计信息共享需求的增强，交易者的会计信息共享能力将随之不断提高，交易者之间的损益率差距将随着彼此间决策能力差异的下降而逐渐下降，市场的资源配置效率不断提高，交易者面临日趋公平、透明和有效的证券市场运行机制。如果这种运行机制得到社会环境的全面支持，则利益控制者与利益相关者之间的利益共享边界将随着信息共享边界的扩大而逐步扩大，其间的收益率差距亦逐步降低。最终，利益控制者、利益相关者达到了全面的利益共享均衡状态，共同获得平均的社会收益率。必须强调的是，这是一个非常漫长的过程，而且这一过程非常容易反复。即如果由于某一意外负面事件冲击，该过程可能如过山车一样迅速跌落，市场交易决策的主流模式可能会立刻出现大逆转，即大部分甚至全部交易者转而使用以技术分析为主的决策模式，证券市场基本反应特征表现在价格波动剧烈，交易活跃。

从根本上来说，证券市场会计信息共享质量从短期上看，是对会计信息共享在交易价格决策模式中的影响程度的描述，从长期上看，体现在证券市场收益率分布的平均化程度。在一定期间内的总交易次数中，以会计信息共享为决策基础的交易次数占比越大，则会计信息在证券价格决定中的作用越大，证券价格越能充分反映上市公司的实际盈利能力预期，证券市场会计信息共享质量水平越高。证券市场会计信息共享质量水平越高，交易者越容易从会计信息共享中发现上市公司投资价值，价格预期能力越强，交易行为越稳定，交易期间越长，证券市场价格波动性总体下降，交易者总体上获取差异较小的收益率。反之，如果会计信息共享质量水平低下，则投资者发现上市公司预期价值的风险增大，投机心理增强，交易行为随机性增大，追涨杀跌特征显著，价格波动剧烈，交易者总体上获取差异较大的收益率。

值得关注的是，不同的投资者类型（投机或投资）之间的竞争力对比状况，直接影响证券市场会计信息与股票价格预期之间的相关性，显然，会计信息主要影响基本分析类的投资者或投机者，而对技术分析类的投资者或投机者来说，可能只是信息补充而已。这可以解释为什么在证券市场上，财务指标与证券价格或收益指标相关系数较低的现状。这种弱相关现象，又在很大程度上引致投资者向投机者退化，或者基本分析者向技术分析者退化，出现远离平衡点的平衡态。这种现象的出现和深化，从某种意义上讲，是证券市场主体对共享信息的不信任而表现出的理性冷漠。

3.2.6 证券市场会计信息共享质量评价指标体系

对证券市场会计信息共享质量进行分析需要一个评价指标体系，按照研究维度差异，本书分别从证券市场会计信息共享的主体、客体、监管三个方面以及整体视角进行会计信息共享质量指标体系的建构。一般而言，会计信息共享过程是同时包含上述三个维度内容的，或者说分设三个维度只是基于理论分析的需要，在计量分析过程中，如果对每个视角进行全方位分析，则难免出现计量内容的重复①。鉴此，本书选择分析主体共享广度（完整性）、客体共享深度（完整性）和可靠性、监管视角的及时性和可靠性，并在此基础上整体分析会计信息共享质量。

在构建和实证分析证券市场会计信息共享质量评价指标的基础

---

① 例如可靠性往往是指共享的会计信息而言，在主体视角分析就不合适，而完整性则可以包括主体范围和客体范围两方面。

上，本书在第八章通过对中国证券市场会计信息流动性分析，初步揭示了中国证券市场会计信息共享质量与证券市场价格机制之间的决定机制。关于流动性指标的具体内容，第八章有详细阐述，这里不再列举。

限于篇幅，本章只是粗略展示了证券市场会计信息共享质量评价指标体系及其间的计算关系（表3－8），具体每一个指标计算过程将在以后的各章节展开，这里不再赘述。

表3－8　　证券市场会计信息共享质量指标体系简表

<table>
<tr><th>总指数</th><th>1级指标</th><th>2级指标</th><th>3级指标</th><th>指标含义</th></tr>
<tr><td rowspan="10">整体视角会计信息共享质量指标 CQEOSt=POWER(QIF × QIO × QIS,1/3) POWER（X, Y）表示对X计算Y次幂</td><td rowspan="2">主体视角会计信息共享质量指数 QIE = QIEWZ</td><td>完整性系数 QIEWZ</td><td>$IINTE_1$</td><td>披露—共享主体共享关系完整性质量特征系数</td></tr>
<tr><td>= $IINTE_1$ ×（1 + $IINTE_2$）</td><td>$IINTE_2$</td><td>主体之间共享关系完整性质量特征系数</td></tr>
<tr><td rowspan="4">客体视角会计信息共享质量指数 QIO = SQRT（QIOWZ × QIOKK）</td><td>完整性系数 QIOWZ</td><td>$IINTO_1$</td><td>披露—共享主体信息共享完整性质量特征系数</td></tr>
<tr><td>= $IINTO_1$ ×（1 + $IINTO_2$）</td><td>$IINTO_2$</td><td>主体之间信息共享完整性质量特征系数</td></tr>
<tr><td>可靠性系数 QIOKK</td><td>IDO</td><td>客体共享可靠性质量特征系数</td></tr>
<tr><td>= IDO × IFDO</td><td>IFDO</td><td>客体共享可靠性质量特征系数</td></tr>
<tr><td rowspan="4">监管视角会计信息共享质量指数 QIS = SQRT（CRST × GCSD）</td><td>综合监督时效性系数 CRST</td><td>CPAST</td><td>CPA 监督及时性质量特征系数</td></tr>
<tr><td>= SQRT（CPAST × GMST）</td><td>GMST</td><td>市场监管及时性质量特征系数</td></tr>
<tr><td>监督可靠性系数 GCSD</td><td>CPASD</td><td>CPA 监督可靠性质量特性系数</td></tr>
<tr><td>= CPASD ÷ GSD</td><td>GSD</td><td>市场监管可靠性质量特征系数</td></tr>
</table>

第4章

主体视角证券市场会计信息共享质量分析

主体视角证券市场会计信息共享质量研究，旨在探讨证券市场会计信息共享主体边界对会计信息共享质量运行的制约机制，主要分析指标为证券市场会计信息共享的完整性质量特征，反映证券市场上市公司既定时间既定会计信息在所有潜在信息共享者中分布的全面性，会计信息在证券市场潜在信息共享主体中分布越广，信息共享之完整性越高。至于监管主体，由于其地位的特殊性，本书单列监管视角一章进行专门分析。

4.1 会计信息共享主体边界的完整性

证券市场会计信息共享质量水平决定的首要因素是会计信息共

享的广度，即会计信息共享主体边界，它是会计信息共享的起点，只有当最低限度的会计信息共享主体边界实现时，分析会计信息共享质量问题才有意义。没有足够的会计信息共享主体，会计信息只能在小范围发生作用，信息优势者以此牟取超额利润，信息弱势者只能“跟庄”或主要根据证券价格信息进行决策，基本分析性决策很少，会计信息共享质量问题至多是小范围的信息共享者关心的会计信息质量问题。因此，本章主要立足于会计信息共享主体边界的完整性，对主体视角的会计信息共享质量进行初步阐释。

4.1.1　上市公司——会计信息共享者之间共享关系完整性特征系数

证券市场主体视角的会计信息共享的完整性是指信息共享主体建立与信息披露主体会计信息共享关系的全面性，所有上市公司与所有信息共享者建立全面的会计信息共享关系是共享完整性最高的理想模式。

证券市场主体视角的会计信息共享的完整性，可以用表 3－2 数据来完成计算分析。从完整性视角分析，表 3－2 中 $SIEF_j$ 揭示了信息共享者 j 对证券市场所有上市公司信息共享主体边界的完整性，$SIEF_i$ 揭示了上市公司 i 与证券市场所有信息共享者之间信息共享主体边界的完整性水平，SIEF 反映了证券市场主体视角的会计信息共享完整性水平，是所有上市公司和所有信息共享者之间信息共享关系的综合反映，数值越高说明证券市场会计信息共享越全面。这一组指标可以反映上市公司 j 会计信息控制的证券市场竞争力，也可以揭示信息共享者的信息共享能力。利用表 3－2 数据建立的会计信息共享完整性特征系数 $IINTE_1$ 为：

$$IINTE_1 = SIEF \div (1 + V_{SIEF}) \tag{4-1}$$

该指标数值越大，表示证券市场会计信息共享主体与上市公司之间的会计信息共享关系越完整，会计信息在证券市场投资者中的影响越大。

4.1.2 会计信息共享者之间共享关系完整性特征系数

不过，以上指标是建立在上市公司及其会计信息共享者之间的信息共享关系基础之上的，本书称之为会计信息共享第一层次，尚未揭示会计信息共享者之间的信息共享关系特征，本书称此为第二层次会计信息共享，以后章节所指的第一、第二层次都属此意。信息共享者之间信息共享的完整性是影响证券市场会计信息共享质量的更为直接的因素，尤其当信息共享者是证券市场价格接受者的情况下，知道其他信息共享者的信息共享状况及其决策信息，是会计信息共享者进行有效决策的关键。证券市场会计信息共享者之间的信息共享关系可以用表 4 -1 反映。

表 4 -1 证券市场会计信息共享者之间信息共享关系表

信息共享时间 SSIET	信息共享者 1	信息共享者 2	信息共享者 3	j	信息共享者 n	合 计
信息共享者 1	$SSIET_{11}$	$SSIET_{12}$	$SSIET_{13}$	…	$SSIET_{1n}$	$\sum SSIET_{1j}$
信息共享者 2	$SSIET_{21}$	$SSIET_{22}$	$SSIET_{23}$	…	$SSIET_{2n}$	$\sum SSIET_{2j}$
信息共享者 3	$SSIET_{31}$	$SSIET_{32}$	$SSIET_{33}$	…	$SSIET_{3n}$	$\sum SSIET_{3j}$
i	…	…	…		…	…
信息共享者 n	$SSIET_{n1}$	$SSIET_{n2}$	$SSIET_{n3}$	…	$SSIET_{nn}$	$\sum SSIET_{nj}$
合 计	$\sum SSIET_{i1}$	$\sum SSIET_{i2}$	$\sum SSIET_{i3}$	…	$\sum SSIET_{in}$	$\sum\sum SSIET_{ij}$

利用表 4 -1 可以建立会计信息共享者之间的信息共享完整性指标体系，$SSIET_{ij}$表示信息共享者 i 与信息共享者 j 之间的会计信息共享关系，$SSIEF_i$ 揭示了信息共享者 i 与证券市场所有其他信息共享主体 i 信息共享关系完整性，$SSIEF_j$ 揭示了所有信息共享者 i 与信息共享者 j 之间信息共享关系的完整性水平，SSIEF 是所有信

息共享者和所有信息共享者之间信息共享关系的综合反映，数值越高说明证券市场会计信息共享主体关系越全面。与 $SSIEF_i$、$SSIEF_j$、SSIEF 三个水平指标相对应的三个变异系数指标 $V_{SSIEF_{iorj}}$、V_{SSIEF}则反映了水平指标的代表性水平或可信度水平，鉴于这六个指标与其前一个层次六个指标的计算方法完全一致，此处不再赘述。下式为关于会计信息共享者之间的信息共享完整性系数：

$$IINTE_2 = SSIEF \div (1 + V_{SSIEF}) \tag{4-2}$$

4.1.3　证券市场会计信息共享主体边界完整性指数

鉴于上市公司与信息共享者之间的会计信息共享关系对信息共享者与信息共享者之间的会计信息共享关系具有直接影响，前者是后者的基础，后者是前者的深化，共同对证券市场投资产生作用，制约证券市场价格的形成与发展，本书对这种深化关系使用加成计算方法，即使用下一公式建立证券市场主体视角的会计信息共享完整性质量指数 QIE：

$$QIE = IINTE_1 \times (1 + IINTE_2) \tag{4-3}$$

该指数数值越大，表明证券市场会计信息共享在主体间分布越均匀、完整，证券市场会计信息共享质量水平越高。该指标的上限是 2，此时，$V = 0$，$SIEF = SSIEF = 1$，$IINTE_1 = IINTE_2 = 1$，表明证券市场会计信息在所有信息共享主体之间实现了充分、完全匀质分布；最小值为 0，此时，$V = 0$，$SIEF = SSIEF = 0$，$IINTE_1 = IINTE_2 = 0$，表明证券市场会计信息在所有信息共享主体之间完全封闭。

4.2 实证数据——中国证券市场主体视角会计信息共享质量分析

引入中国证券市场会计信息共享数据①对会计信息共享完整性指数进行验证。

4.2.1 中国证券市场个人投资者现状

根据2002年深圳证券交易所综合研究所主办，华夏证券、国通证券、海通证券、湘财证券、西南证券、兴业证券协办完成的《中国股市个人投资者状况调查报告》，该调查以问卷方式从证券市场一线获得约43.75万个调查数据，调查基本实现了对中国股市个人投资者状况的统计描述，可以对中国证券市场会计信息共享主体中最重要的投资主体会计信息共享能力状况有一个初步的了解。

4.2.1.1 个人投资者基本状况

中国股市一线的个人投资者，从年龄情况看，25岁到55岁人群构成了中国个人投资者的主体（77.59%），55岁以上的约占16.96%；从入市时间看，平均股龄为5.4年，其中2000年后入市的比例为21.86%；在教育程度方面，为数庞大的中国证券市场投资者的总体受教育程度较低，其中不足中等文化程度的投资者（高中及中专以下）占了被调查者总数的43.81%；在收入和资产构成方面，55.63%的投资者年收入在2万元以下，但投资者的投

① 鉴于目前仅拥有中国证券市场会计信息共享数据，本书对会计信息共享指标体系的验证只能以此为据。

资规模相对较高，资金杠杆指标[①]值高达 23.46，这种现象降低了投资者的市场风险承受力，大大提高了股市波动所可能产生的社会风险。重复开户比例高达 91.29%[②]，由此推算 2001 年底我国 A 股个人投资者真实人数约在 3360 万—3400 万人之间。

4.2.1.2　个人投资者市场行为特征

绝大多数个人投资者获得股票投资知识来自于非正规教育，其中通过亲朋好友的介绍、股评专家的讲解以及报刊、杂志的文章等三个渠道获取证券投资知识的比例约占 70.4%。

在证券市场投资风险意识方面，调查结果显示，90% 以上投资者认为股市投资“风险很大”或“风险较大”，但高达 45.9% 的个人投资者自认为风险承受能力很弱，而 42.9% 的个人投资者自认为风险承受能力一般。大多数投资者在评价投资失误时认为，国家政策多变（67%）、上市公司造假（50.9%）以及庄家操纵股价（41.6%）是最重要的原因，少数投资者归因于自己投资经验或知识不足（28.7%）。

从入市动机来看，78.6% 的个人投资者入市的主要原因是为通过股票的买卖价差而获利，只有 11.7% 的个人投资者进入股市是为了获得公司分红的收益；38.0% 的投资者因有闲置资金而把股市看作是一个长期投资的场所。例如约 61.4% 的投资者购买过 ST 或 PT 类股票，购买的主要理由是认为有投机机会，目前有 23.6% 的投资者仍持有该类股票。即使是这类持股者，也只能归之于投机性深度套牢者，而不是长期投资者。

投资者进行投资决策的主要方法是进行公司的基本面分析和技术分析，有两成以上的个人投资者投资时主要凭个人感觉，随意

---

①　资金杠杆 = 投资规模均值/年收入均值。

②　鉴于开户属于非经常性行为，证券市场的重复开户比例比较稳定，下文在分析其他年份的投资者总量时将使用该比例推算证券市场实际投资者。

性、盲目性很强。约90%的投资者的投资策略是做1年以内的中短线投资，约70%投资者持股时间在6个月以下，短期行为明显（表4－2）；在投资者的年交易次数方面，42.5%的投资者年均交易次数在“13次以上”，90%以上的投资者年均交易次数在“3次以上”，投资者交易次数频繁、交投活跃。

表4－2　　个人投资者持股时间统计

1周以下	1周—1月	1—3个月	3—6个月	6—12个月	1年以上
4.40%	16.80%	26.50%	23.20%	17.20	11.90%

投资者依据“股评推荐”、“亲友引荐”以及“小道消息”进行具体投资决策的比重高达51.5%（表4－3）。

表4－3　　个人投资者投资决策依据统计表

项目 \ 主要依据		小道消息	亲友引荐	股评推荐	自己长期的跟踪与研究	合　计
总体情况	人数	197	347	598	1076	2218
	比重	8.90%	15.60%	27.00%	48.50%	100%

在交易方式方面，69.5%的个人投资者采用“在营业部下单”的传统方式，“电话委托”约为18.5%，“网上委托”约为8.0%；在持有股票数量方面，近80%个人投资者经常持股数在5只以下。

在投资信息来源方面，个人投资者通过“报纸”获取信息的人数最多，其次是“电视”，两者相加约为总数的78.3%，通过“互联网”来获取信息的约为8.8%（表4－4）；投资者对上市公司信息的关心程度不高，表示“一般关心”或“不太关心”的投资者分别达44.7%和7.9%，超过半数。

表4－4　个人投资者获取上市公司信息的主要渠道统计

信息渠道	报纸	电视	电台	互联网	其他
比重	58.40%	19.90%	6.20%	8.80%	6.70%

4.2.1.3　个人投资者对投资者权利的认知状况

调查发现，只有 50.3% 的被调查者知道投资者对上市公司有知情权；97% 以上的投资者，或者认为行使质询和建议权没有意义，或者不知道如何行使，或者不愿费心费力去行使；70% 以上的被调查者对投资者可以出席股东大会并参加表决的最基本的股东权利有认识；60% 的被调查者不知道股东对公司盈利分配事项有决定权；50% 被调查者知道紧急情况下投资者有要求召开股东大会的权利，但高达 63.9% 的被调查者认为法律赋予中小投资者这项权利是没有意义的。由此可见，我国股市投资者对股东权利的认识情况非常有限。

综合分析调查结果，对投资者可以得出如下几个认识：

（1）素质低下，参与会计信息共享的渠道和技术比较传统；

（2）经济实力薄弱，投资规模较小，抗风险能力较低，对会计信息共享的约束不足；

（3）投资者对证券市场信息信任度严重不足，投机性很强，技术分析型决策普遍，基本分析是补充。

4.2.2　中国证券市场机构投资者现状

从严格的学术意义上讲，机构投资者和一般投资者最根本的差别是看投资者是否拥有某种程度的市场势力（Market Power），拥有市场势力的投资者就可以被看作是机构投资者，反之则是一般投资者。市场势力不仅指对于证券价格的影响力，也包括对于市场中交易主体的信息分布、信念形成等方面的影响力。使用凯勒（Kyle，1985）中所引入的市场深度[①]（Depth of market）概念，机构投资者面临的是一个“浅”市场，而一般投资者面临的是一个

① 即在不影响当前价格下的成交量。从市场深度来看，流动性好意味着在当前价格下投资者可以大量买入或者抛出资产。

“深”市场（刘建洲、戴国强，2003）。

中国机构投资者主要指拥有相对优势的资金并从事投资的法人组织，既包括证券公司、财务公司、基金公司、信托公司、保险公司、年金、券商、社保基金等金融机构，也包括三类企业等战略投资者。机构投资者是国内外证券市场稳定和发展不可或缺的制度装置，中国证券市场2003—2005 年中重仓持股的主要机构投资者统计资料如表 4－5、表 4－6、表 4－7 所示。

表 4－5　2003 年中国证券市场主要机构投资者统计表　单位：家

按照中国证监会行业分类	QFII	保险公司	财务公司	基金	年金	券商	社保基金	信托公司	合计
机构投资者数量	3	1	12	103	1	74	166	33	393
农、林、牧、渔业	1	0	0	97	0	15	2	0	115
采掘业	1	0	0	90	0	12	3	3	109
制造业——食品、饮料	1	0	1	75	1	20	9	4	111
制造业——纺织、服装、皮毛	0	0	2	30	0	7	11	3	53
制造业——木材、家具	0	0	0	2	0	2		0	4
制造业——造纸、印刷	0	0	2	35	0	5		3	45
制造业——石油、化学、塑胶、塑料	0	0	1	93	1	36	16	12	159
制造业——电子	0	0	3	65	1	18	3	2	92
制造业——金属、非金属	1	0	2	96	1	26	12	9	147
制造业——机械、设备、仪表	1	0	3	97	1	46	38	10	196
制造业——医药、生物制品	0	0	4	71	1	31	13	7	127
制造业——其他制造业	0	0	1	38	0	5	2	1	47

续表

按照中国证监会行业分类	QFII	保险公司	财务公司	基金	年金	券商	社保基金	信托公司	合计
电力、煤气及水的生产和供应业	1	0	1	101	1	23	12	7	146
建筑业	0	0	1	24	1	7	1	3	37
交通运输、仓储业	1	0	0	96	1	22	18	4	142
信息技术业	3	0	2	90	0	14	3	2	114
批发和零售贸易	0	0	1	47	1	28	7	6	90
金融、保险业	1	0	1	70	0	9	1	1	83
房地产业	0	0	1	52	0	9	2	4	68
社会服务业	1	0	0	38	0	15	5	6	65
传播与文化产业	0	1	0	28	0	3	2	1	35
综合类	0	0	0	30	1	18	6	4	59
合计	15	2	38	1468	12	445	332	125	2437

表 4－6　2004 年中国证券市场主要机构投资者统计表　单位：家

按照中国证监会行业分类	QFII	保险公司	财务公司	基金	年金	券商	社保基金	信托公司	合　计
机构投资者数量	11	1	9	144	2	70	166	22	425
农、林、牧、渔业	3	0	0	37	1	5	2	0	48
采掘业	1	0	0	127	0	11	3	2	144
制造业——食品、饮料	2	0	1	120	0	16	9	2	150
制造业——纺织、服装、皮毛	4	0	0	87	0	10	11	4	116
制造业——木材、家具	0	0	0	8	0	2		0	10
制造业——造纸、印刷	0	0	0	85	1	3		1	90
制造业——石油、化学、塑胶、塑料	4	0	2	128	2	30	16	9	191

续表

按照中国证监会行业分类	QFII	保险公司	财务公司	基金	年金	券商	社保基金	信托公司	合　计
制造业——电子	2	0	3	74	1	13	3	2	98
制造业——金属、非金属	6	0	1	136	0	16	12	4	175
制造业——机械、设备、仪表	1	0	3	136	1	41	38	5	225
制造业——医药、生物制品	4	0	2	123	1	21	13	4	168
制造业——其他制造业	1	0	0	44	0	4	2	1	52
电力、煤气及水的生产和供应业	5	0	1	130	0	17	12	5	170
建筑业	0	0	0	29	1	1	1	0	32
交通运输、仓储业	3	0	1	136	0	14	18	4	176
信息技术业	3	0	1	115	1	20	3	3	146
批发和零售贸易	1	0	2	112	0	23	7	4	149
金融、保险业	3	0	1	103	0	4	1	3	115
房地产业	0	0	1	119	0	10	2	3	135
社会服务业	1	0	0	95	0	11	5	3	115
传播与文化产业	0	1	0	48	0	2	2	0	53
综合类	0	0	0	53	0	12	6	4	75
合计	55	2	28	2189	11	356	332	85	3058

表 4－7　2005 年中国证券市场主要机构投资者统计表　　单位：家

按照中国证监会行业分类	QFII	保险公司	财务公司	基金	年金	券商	社保基金	信托公司	合　计
机构投资者数量	21	5	9	183	1	41	116	9	385
农、林、牧、渔业	2	0	1	25	0	3		1	32
采掘业	2	1	2	127	0	6	2	2	142
制造业——食品、饮料	5	1	1	111	0	4	4	1	127
制造业——纺织、服装、皮毛	7	0	2	26	0	2	1	2	40
制造业——木材、家具	0	0	0	6	0	1	3	0	10
制造业——造纸、印刷	0	0	0	16	0	1	1	0	18
制造业——石油、化学、塑胶、塑料	2	2	3	107	0	10	11	3	178
制造业——电子	0	2	1	40	0	7	3	1	54
制造业——金属、非金属	11	2	2	110	0	7	19	2	153
制造业——机械、设备、仪表	6	2	3	117	1	25	17	3	174
制造业——医药、生物制品	4	2	2	92	0	13	7	2	122
制造业——其他制造业	0	0	0	9	0	1	4	0	14
电力、煤气及水的生产和供应业	11	1	1	108	0	5	6	1	133
建筑业	0	0	1	15	0	1		1	18
交通运输、仓储业	10	3	2	131	0	4	9	2	161
信息技术业	2	2	0	148	1	5	5	0	163
批发和零售贸易	2	1	3	85	0	6	6	3	106
金融、保险业	1	1	0	113	0	0	2	0	117
房地产业	2	0	1	103	0	6	7	1	120
社会服务业	2	1	0	69	0	0	3	0	75
传播与文化产业	0	0	0	29	0	1	3	0	33
综合类	0	1	1	41	0	2	3	1	49
合计	90	27	35	1811	3	151	232	35	2384

资料来源：根据 wind 资讯数据库数据整理，采用各年末数据。

从2003年到2005年，我国机构投资者在波动中发展，多元化的机构投资者格局初步形成。

截至2005年11月28日，证券投资基金资产总规模达到5008.2亿元，依然是机构投资者中最重要的力量。另一备受市场关注的机构力量是QFII[①]，截至2005年10月底，QFII共持有证券资产285亿元人民币，其中持有股票169亿元，持有基金44亿元。虽然资产规模不到基金的10%，但QFII在2005年的快速增长势头以及人气指数已使之能与基金相提并论。相关监管部门对QFII的发展也给出了积极信号，中国证券监督管理委员会已与国家外汇管理局就QFII的审批体制、降低境外长期资金投资境内市场的审批时间等事项达成了一致意见。

作为市场长期的机构投资者，社保基金、保险资金在近几年也有了长足的发展。截至2005年底，全国社保基金资金规模1920亿元，投资范围已经扩展到中国证券市场和金融市场的各个方面，目前包括股票组合、债券组合、回购组合等多种组合投资方式。社保基金在2005年投资股票市场的资金规模从2004年末不足10%到占2005年规模的13%，资金量是205亿元，入市规模较2004年底增长了60%。

保险资金通过证券投资基金间接入市的规模也迅速增大，到2005年末，保险资金间接入市超过1000亿元，比2004年底增长57%，占保险资金运用余额的7.9%，直接入市金额已经达到135.7亿元。此外，企业年金入市工作已经进入实质性的操作阶段。分析人士认为，虽然目前保险资金和企业年金的直接入市规模还相当小，但未来其规模都将可能超过1000亿元。这些资金的性

---

① QFII是英文Qualified Foreign Institutional Investors的缩写，即“合格境外机构投资者”。QFII制度是指允许经核准的合格境外机构投资者，在一定规定和限制下汇入一定额度的外汇资金，并转换为当地货币，通过严格监管的专门账户投资当地证券市场，其资本利得、股息等经审核后可转为外汇汇出的一种市场开放模式。

质也决定了他们更加稳定和长期持有的投资风格，随着该类长期资金的不断加入，中国证券市场也将越来越稳定、壮大。

目前以证券公司、基金公司为代表的机构投资者拥有人才、资金和政策优势。与个人投资者相比，机构投资者投资规模相对巨大、集中，对证券市场价格的形成与发展具有举足轻重的影响力，具有相对丰富的专业知识、投资经验，他们对上市公司会计信息的及时、完整、准确地共享构成了证券市场会计信息需求的重要力量，也是证券市场会计信息共享质量的重要决定因素。但是，中国证券市场的机构投资者的投资策略基本上是被动投资，主要靠炒作和联合坐庄等手段获取短期差价收益，在美国，这一类机构投资者被称为交易者。

从是否参与上市公司治理的角度看，在美国证券市场上，机构投资者分为积极的投资者和交易者两类，它们在证券市场上的投资理念与运作思路迥异，投资者以公司治理为手段，以持续性的价值提升和长期回报为目标；而交易者通过技术分析或股价走势判断而获取短期的资本溢价。这两类机构投资者的分离始于20世纪80年代末，其标志是1985年美国第二大养老基金CALPERS（加州公共雇员养老基金）发起的股东权利运动，并创建了CII（机构投资者委员会）。随着美国证券市场的日趋成熟以及机构投资者占企业总资产比例的大幅上升，奉行公司治理导向投资策略的机构投资者渐趋主流，并承担起“有责任确保美国最大的和最重要的公司表现出色并取得成绩”的使命。

从交易者到投资者，机构投资者对会计信息共享的边界要求不同。前者是外部治理式信息共享模式，主要依靠公共财务信息决策，而后者则力图通过进入内部治理，通过积极参与公司内部治理结构的改革，获取足够的信息，依靠更为完全的会计信息决策而攫取超额利润，从根本上改变股东利益受损的局面。这一点，对于中国机构投资者及其监管者来说，都还有较长的路要走。

4.2.3 中国证券市场主体视角会计信息共享完整性质量分析

4.2.3.1 计量方法

(1) 对投资者的计量使用上市公司股东户数，对其他形式(如债权投资) 的投资者本书未作计量。从股东之中筛选名义会计信息共享者的依据是利用个人投资者调查数据进行推算。根据2002年中国证券市场个人投资者状况调查结果，中国证券市场个人投资者中约两成以上投资者投资时完全不做分析或盲目投资，同时，在上市公司信息关注上，只有56%的投资者在投资时关注上市公司财务报表，本书依此推算中国证券市场个人投资者在投资决策时是否参与所欲投资上市公司会计信息共享的概率约为68%①。至于与未投资的上市公司之间是否建立会计信息共享关系，则借用机会成本分析思想，即任何投资者在投资决策时将在预期投资对象与已有投资对象之收益、风险进行比较，并在所有方案或投资对象中选择最佳投资方案。为了比较，投资者必须共享新投资对象的相关信息。对于习惯性会计信息共享者来说，共享投资对象的信息主体是会计信息，考虑到中国证券市场投资者投资规模平均水平较低，个人平均持股数量约为3—4只。因此，可以认为中国证券市场以会计信息共享为主要决策信息基础的个人投资者在证券投资对象选择中的比例是1∶2，即投资者在决定投资某家上市公司时至少要分析两家上市公司会计信息，也就是平均共享上市公司会计信息

---

① 投资者会计信息共享概率≈[(1－20%)+56%]÷2=68%。本书认为在56%—80%之间的约24%的投资者虽然未提出关注财务报表，但可能主要通过其他投资者或听股评等方式共享较低程度的会计信息，鉴于无详细数据，故采用折中方法估算。

的主体数约为 6—8 只[①]。对于机构投资者这个数字显然偏低，本书建议使用 1∶3 的决策选择比率机制，即总体来说，一个机构投资者在选择某家上市公司进行投资时，一般要共享 3 家左右的上市公司财务信息[②]。

（2）上市公司采用可以获取全部计量分析年份数据的沪深股市发行 AB 股公司，因此，结果可能与实际数字略有差异。但是，由于列表太大，难以在论文中展示，因此，本书采取类上市公司分析法，即按照中国证券监督管理委员会对上市公司的行业分类进行会计信息共享主体边界分析。这样分析的依据是多元化投资组合思想，即投资组合之中的上市公司之间的收益与风险相关性越低，则分散非系统收益风险的概率越大，一般而言，行业内上市公司之间的收益风险一致性程度要强于行业之间上市公司间收益一致性程度，因此，投资者在进行多只股票投资时理论上应该是在不同行业之间进行选择。

---

① 这是一个保守的估计数据，理由是：本书对会计信息共享主体边界的计量标准是信息共享者是否参与上市公司会计信息共享，并未考虑共享的深度，哪怕是浏览一下与投资对象相关的上市公司会计信息，即表示建立了与该上市公司的会计信息共享关系，既有 $SIEF_{ij}=1$。本书认为按此标准推算中国证券市场个人投资者的会计信息共享主体与投资主体之间的比率为 2∶1 是可行的，预期分析结果在既有条件下是相对可靠的。当然，这只是本书在没有具体可参考数据条件下的一种数据处理方法，在数据可得的情况下，利用相对精确数据替换该比率即可获得预期结果。不过这里有一点需要注意的是，该数据只是个平均数，不能推及到每一个投资者的具体行为结果，这一点对机构投资者的对应比率推断具有同样意义。

② 理由是：（1）机构投资者投资范围广，虽然在投资决策中可能基本分析与技术分析兼用，但共享投资对象的基本会计信息是理性的选择，因此本书假定，机构投资者至少是其投资对象——上市公司的会计信息共享者；（2）相对于个人投资者来说，机构投资者投资额巨大，平均单位投资资金信息共享成本很低且稳定；（3）机构投资者人数众多，且大多为证券投资专家，针对机构投资对象单独或共同共享不同相关上市公司会计信息往往是一种职业习惯，而每一个投资专家所共享的会计信息主体总量都会累加到其服务的机构之上。因此，1∶3 的投资—会计信息共享主体边界比率依然是一个比较保守的会计信息共享主体边界比率。

（3）必须有效区别机构投资者与个人投资者的会计信息共享主体边界计量特征。由于一个单位的机构投资者与某上市公司建立会计信息共享关系，和一个个人投资者与同一上市公司建立会计信息共享关系的意义不同，关键差异在于二者之间投资规模差别太大，导致机构投资者与个人投资者的会计信息共享边界对证券市场价格决定的影响具有重要差异。因此在计量证券市场会计信息共享主体边界时需要引入投资规模权值，或者单独计量分析。鉴于二者之间的投资规模数据难以精确计量，本书采用单独计量分析，然后折中计算的方法，即采取简单算术平均数方法计算二者的平均值，以肯定机构投资者的重要地位。

4.2.3.2 主体视角会计信息共享完整性质量 QIE

根据前文提供的计量标准、方法，采用行业分类模式建立会计信息共享主体边界计量分析数据表如下：

（1）分行业投资者数量统计表（表4－8、表4－9）；

（2）分行业会计信息共享者数量统计表（表4－10、表4－11）。

表4－8 2003—2004年中国证券市场分行业上市公司股东户数统计表

中国证监会行业分类	2003年类公司家数	2004年类公司家数	2003年股东总量（户）	2004年股东总量（户）
农、林、牧、渔业	33	37	1265218	1389323
采掘业	19	22	1194256	969163
制造业——食品、饮料	61	62	2380172	2320308
制造业——纺织、服装、皮毛	64	71	2193958	2274129
制造业——木材、家具	2	3	61048	84036
制造业——造纸、印刷	26	29	1001249	1000969
制造业——石油、化学、塑胶、塑料	144	155	5746377	5457005
制造业——电子	46	51	2743800	2942715

续表

中国证监会行业分类	2003 年类公司家数	2004 年类公司家数	2003 年股东总量（户）	2004 年股东总量（户）
制造业——金属、非金属	120	127	6569923	6525658
制造业——机械、设备、仪表	221	237	7721808	7815665
制造业——医药、生物制品	79	92	2764579	2939584
制造业——其他制造业	18	20	504309	579050
电力、煤气及水的生产和供应业	56	64	3380902	3534141
建筑业	24	27	1298028	1272860
交通运输、仓储业	60	63	3340141	2933709
信息技术业	82	87	3789464	4193198
批发和零售贸易	92	94	3231844	3287444
金融、保险业	10	10	2100694	2146449
房地产业	59	61	2865559	2782925
社会服务业	45	46	2051592	2004418
传播与文化产业	11	11	320945	324014
综合类	80	80	4751100	4700987
合计	1352	1449	61276966	61477750

表 4-9　　2003—2004 年中国证券市场分行业机构投资者统计表

中国证监会行业分类	2003 年类公司投资机构总量	2004 年类公司投资机构总量
农、林、牧、渔业	100	46
采掘业	97	141
制造业——食品、饮料	91	141
制造业——纺织、服装、皮毛	46	105
制造业——木材、家具	2	10
制造业——造纸、印刷	40	90
制造业——石油、化学、塑胶、塑料	123	175
制造业——电子	74	95

续表

中国证监会行业分类	2003 年类公司投资机构总量	2004 年类公司投资机构总量
制造业——金属、非金属	121	163
制造业——机械、设备、仪表	150	187
制造业——医药、生物制品	96	155
制造业——其他制造业	42	50
电力、煤气及水的生产和供应业	123	158
建筑业	30	31
交通运输、仓储业	120	158
信息技术业	100	143
批发和零售贸易	62	142
金融、保险业	74	114
房地产业	59	133
社会服务业	50	110
传播与文化产业	32	51
综合类	41	69
合计	319	259

对表 4 - 8 和表 4 - 9 进行调整，调整项包括：①从股东户数统计总量之中扣除机构投资者总量，计算出个人投资者的投资分布；②利用 1:2 的会计信息共享比率计算个人投资者分行业会计信息共享主体分布，使用 1:3 的比率估算机构投资者分行业会计信息共享主体分布；③计算各年股东数量，本书认为中国证券市场的股票投资者数量可以用股东分布总次数除以平均持股量（约 3.6 只/人）推算，推算结果为 1700 万户①，与公布数据 7393.1 万户②或 2002 年的调查数据差别很远③；④对个人投资者使用 0.68 的会计信息

① 2003 年、2004 年分别为 17021379 人、17077153 人。

② 资料来源：wind 资讯，“宏观数据——证券市场概况”。

③ 笔者认为，这种差异一是重复开户所致，二是公布数据调查方法可能存在问题。当然，有一点可以肯定，如果 wind 资讯公布的上市公司股东投资户数数据为真，则本书采取的推算方法无误，如果“公布数据 7393.1 万户”为真，则上市公司股东户数统计数据必有问题，或者调查数据“3.6 只股票/人”的平均股东投资股票数为假。但问题是，即使每个股民只投资一只股票，2003 年和 2004 年的股东户数也未达到“公布数据 7393.1 万户”。因此，本书只能取其一，坚持个人观点。

共享系数估算会计信息共享主体总量分布。调整结果如表4-10和表4-11所示。

表4-10　2003—2004分行业上市公司个人会计信息共享主体边界统计分析表①

中国证监会行业分类	2003年类公司家数	2004年类公司家数	2003年会计信息共享关系统计	2004年会计信息共享关系统计	2003年共享主体边界比率	2004年共享主体边界比率	V_i 2003	V_i 2004
农、林、牧、渔业	33	37	1720496	1889387	0.31%	0.30%	18.04	18.26
采掘业	19	22	1623994	1317780	0.50%	0.35%	14.08	16.86
制造业——食品、饮料	61	62	3236852	3155337	0.31%	0.30%	17.88	18.29
制造业——纺织、服装、皮毛	64	71	2983691	3092605	0.27%	0.26%	19.08	19.78
制造业——木材、家具	2	3	83021	114269	0.24%	0.22%	20.22	21.15
制造业——造纸、印刷	26	29	1361619	1361138	0.31%	0.27%	18.00	19.05
制造业——石油、化学、塑胶、塑料	144	155	7814827	7421177	0.32%	0.28%	17.68	18.86
制造业——电子	46	51	3731420	4001902	0.48%	0.46%	14.45	14.72
制造业——金属、非金属	120	127	8934853	8874569	0.44%	0.41%	15.09	15.60

① 表4-10和表4-11中涉及的主要指标计算公式：

指标名称	计算公式
2003年共享主体边界比率	=2003年会计信息共享关系统计/（2003年类公司家数×2003年主体合计）
V_i	=SQRT［共享主体边界比率×（1-共享主体边界比率）］/共享主体边界比率
共享主体边界比率SIEF	=会计信息共享总次数/（2003年主体合计×2003年股东户数合计）
V合计	=SQRT［共享主体边界比率SIEF×（1-共享主体边界比率SIEF）］/共享主体边界比率SIEF

续表

中国证监会行业分类	2003年类公司家数	2004年类公司家数	2003年会计信息共享关系统计	2004年会计信息共享关系统计	2003年共享主体边界比率	2004年共享主体边界比率	V_i 2003	V_i 2004
制造业——机械、设备、仪表	221	237	10501359	10628930	0.28%	0.26%	18.90	19.49
制造业——医药、生物制品	79	92	3759635	3997524	0.28%	0.25%	18.89	19.80
制造业——其他制造业	18	20	685776	787408	0.22%	0.23%	21.11	20.80
电力、煤气及水的生产和供应业	56	64	4597781	4806116	0.48%	0.44%	14.36	15.05
建筑业	24	27	1765258	1731028	0.43%	0.38%	15.18	16.29
交通运输、仓储业	60	63	4542352	3989528	0.44%	0.37%	14.96	16.39
信息技术业	82	87	5153471	5702463	0.37%	0.38%	16.43	16.11
批发和零售贸易	92	94	4395184	4470640	0.28%	0.28%	18.85	18.92
金融、保险业	10	10	2856796	2918943	1.68%	1.71%	7.65	7.58
房地产业	59	61	3897042	3784512	0.39%	0.36%	16.02	16.56
社会服务业	45	46	2790065	2725788	0.36%	0.35%	16.54	16.95
传播与文化产业	11	11	436421	440557	0.23%	0.23%	20.69	20.62
综合类	80	80	6461414	6393204	0.47%	0.47%	14.48	14.58
会计信息共享总次数			83333328	83604806	V合计		16.59	17.17
主体合计	1352	1449	17021379	17077153				
共享主体边界比率SIEF			0.362%	0.338%				

表 4－11　　2003—2004 年分行业机构投资会计信息共享主体边界统计分析表

中国证监会行业分类	2003 年类公司家数	2004 年类公司家数	2003 年会计信息共享关系统计	2004 年会计信息共享关系统计	2003 年共享主体边界比率	2004 年共享主体边界比率	V_i 2003	V_i 2004
农、林、牧、渔业	33	37	300	138	2.85%	1.44%	5.84	8.27
采掘业	19	22	291	423	4.80%	7.42%	4.45	3.53
制造业——食品、饮料	61	62	273	423	1.40%	2.63%	8.38	6.08
制造业——纺织、服装、皮毛	64	71	138	315	0.68%	1.71%	12.12	7.57
制造业——木材、家具	2	3	6	30	0.94%	3.86%	10.26	4.99
制造业——造纸、印刷	26	29	120	270	1.45%	3.59%	8.25	5.18
制造业——石油、化学、塑胶、塑料	144	155	369	525	0.80%	1.31%	11.11	8.69
制造业——电子	46	51	222	285	1.51%	2.16%	8.07	6.73
制造业——金属、非金属	120	127	363	489	0.95%	1.49%	10.22	8.14
制造业——机械、设备、仪表	221	237	450	561	0.64%	0.91%	12.48	10.41
制造业——医药、生物制品	79	92	288	465	1.14%	1.95%	9.30	7.09
制造业——其他制造业	18	20	126	150	2.19%	2.90%	6.68	5.79
电力、煤气及水的生产和供应业	56	64	369	474	2.07%	2.86%	6.89	5.83
建筑业	24	27	90	93	1.18%	1.33%	9.17	8.61
交通运输、仓储业	60	63	360	474	1.88%	2.90%	7.22	5.78

续表

中国证监会行业分类	2003年类公司家数	2004年类公司家数	2003年会计信息共享关系统计	2004年会计信息共享关系统计	2003年共享主体边界比率	2004年共享主体边界比率	V_i 2003	V_i 2004
信息技术业	82	87	300	429	1.15%	1.90%	9.28	7.18
批发和零售贸易	92	94	186	426	0.63%	1.75%	12.52	7.49
金融、保险业	10	10	222	342	6.96%	13.20%	3.66	2.56
房地产业	59	61	177	399	0.94%	2.53%	10.26	6.21
社会服务业	45	46	150	330	1.04%	2.77%	9.73	5.92
传播与文化产业	11	11	96	153	2.74%	5.37%	5.96	4.20
综合类	80	80	123	207	0.48%	1.00%	14.37	9.95
会计信息共享总次数			5019	7401	V合计		9.22	7.05
主体合计	1352	1449	319	259				
共享主体边界比率SIEF			1.16%	1.97%				

根据表4－8、表4－9、表4－10、表4－11中数据可知，个人投资者会计信息共享主体边界综合比率SIEF及其对应风险系数V在2003—2004年分别为：

$$SIEF_{2003}=0.362\% \qquad (4-4)$$

$$V_{SIEF_{2003}}=16.59$$

$$SIEF_{2004}=0.338\%$$

$$V_{SIEF_{2004}}=17.17$$

由此得出个人投资者整体会计信息共享主体边界完整性系数IINTE1为：

$$IINTE1_{2003}=SIEF_{2003}/(1+V_{SIEF_{2003}})=0.0206\%$$

$$IINTE1_{2004}=SIEF_{2004}/(1+V_{SIEF_{2004}})=0.0186\%$$

同理，机构投资者会计信息共享主体边界综合指标2003—2004年数据分别为：

$$SIEF_{2003}=1.16\%$$

$$V_{2003}=9.22$$

$SIEF_{2004} = 1.97\%$

$V_{2004} = 7.05$

$IINTE1_{2003} = SIEF_{2003} / (1 + V_{SIEF_{2003}}) = 0.11\%$

$IINTE1_{2004} = SIEF_{2004} / (1 + V_{SIEF_{2004}}) = 0.24\%$

从分析结果来看，机构投资者显然比个人投资者的会计信息共享主体边界比率高得多，这是与二者间会计信息共享能力差异相适应的。与 100% 的理想的共享完整性模式相比①，非常低的计算结果说明了中国证券市场初级会计信息共享关系非常薄弱，风险很高，这是整体会计信息关系质量低下的重要特征表现。

上述结果是对上市公司—会计信息共享者之间的会计信息共享关系完整性的综合分析，尚未触及第二层次即共享者之间的会计信息共享关系完整性分析。鉴于这部分详细信息目前难以获得，本书使用个人投资者情况调查数据推算。

根据 2002 年的调查结果，中国证券市场个人投资者获取信息进行投资决策的主要渠道包括“股评推荐”、“亲友引荐”以及“小道消息”，合计共占调查者比例为 51.5%。其中，股评信息由于其影响广泛性、一致性特征，可以大大降低所有该类信息共享者之间的信息差，这一类共享者比例约为 27%；而后二者则属于区域性或局部性信息共享行为，并且受到前者影响，因此整体上对证券市场信息共享关系影响较小。按照表 4 - 10 和表 4 - 11 提供的 2003—2004 年信息共享者数据可以粗略估算出中国证券市场投资者之间的信息共享完整性指标分别为：

$$SSIEF_{2003} \approx [(27\% \times 17021379)^2 + 24.50\% \times 17021379] \div 17021379^2 = 7.29\%$$

① 当所有上市公司 i 与所有信息共享者之间建立全面的共享关系时的完整性系数为 100%，此时 SIEF = 100%，V = 0。

$V_{2003} = 3.566$

$IINTE2_{2003} = 7.29\% \div (1 + 3.566) = 1.60\%$

$$SSIEF_{2004} \approx [(27\% \times 17077153)^2 + 24.50\% \times 17077153] \div 17077153^2 = 7.29\%$$

$V_{2004} = 3.566$

$IINTE2_{2004} = 7.85\% \div (1 + 3.566) \approx 1.60\%$

同样，完整性系数 IINTE2 很低，说明了中国证券市场个人投资者之间的信息共享关系非常薄弱，大多只是区域性的信息共享，风险系数 V 较高，作为一个整体，所有信息共享者之间的信息共享关系完整性质量水平低下。

机构投资者主要是独立分析者，机构之间除了合谋，在日常交易中一般不需要发生一般性会计信息共享活动，因为作为机构投资者，其信息源稳定，知识丰富，各公司大多有自己独特的决策和思想模式，其信息共享的方向往往不是机构之间的信息差，而是与上市公司之间的信息差。不过，不同机构投资者之间发生的非正式信息共享行为，例如不同机构工作人员之间的信息交流等，还是难以避免的，从而发生实质性会计信息共享关系。但是，由于目前尚无这方面的调查资料可用，所以只能认为，机构投资者之间的信息共享关系至少不弱于个人投资之间的信息共享关系。因此，本书在没有获取相关数据之前，暂时利用中国证券市场个人投资者之间的信息共享关系替代机构投资者之间的信息共享关系。

综合证券市场会计信息共享主体边界关系的第 1—2 两个层次完整性系数，中国证券市场 2003—2004 年的完整性指数为：

个人投资者 $QIE_{2003} = IINTE1_{2003} \times (1 + IINTE2_{2003}) = 0.0206\% \times (1 + 1.60\%) = 0.0209\%$

机构投资者 $QIE_{2003} = IINTE1_{2003} \times (1 + IINTE2_{2003}) = 0.11\% \times (1 + 1.60\%) = 0.1118\%$

$QIE_{2003}=0.066\%$

该数字表明，中国证券市场上市公司与投资者之间的信息共享关系可以描述为，在 2003 年，平均 100 个信息共享者之间会建立 7 到 8 次信息共享关系①。

$$\text{个人投资者 } QIE_{2004}=IINTE1_{2003}\times(1+IINTE2_{2003})=0.0186\%\times(1+1.60\%)=0.0189\%$$

$$\text{机构投资者 } QIE_{2004}=IINTE1_{2003}\times(1+IINTE2_{2003})=0.24\%\times(1+1.60\%)=0.2442\%$$

$QIE_{2004}=0.132\%$

该结果表示，中国证券市场上市公司与投资者之间的信息共享关系可以描述为，2004 年一年之中，平均 100 个信息共享者之间会建立 13—14 次信息共享关系。

总体来说，从 2003 年到 2004 年，个人投资主体的会计信息共享边界完整性质量水平略有下降，而机构投资者的会计信息共享完整性指数迅速增长，中国证券市场整体会计信息共享主体边界完整性质量水平也由此迅速上升。

但是，从完整性质量水平上看，中国证券市场会计信息共享主体边界完整性水平太低，根本原因包括以下几点：

（1）信息共享环境欠完善。这主要表现在上市公司信息披露的主要方式方法依然比较传统，信息披露及监管制度亟需完善。

（2）信息共享者素质急需提高。这主要体现在个人投资者主体素质非常低下（参见调查分析部分），信息收集、处理、分析和决策能力欠缺，缺乏必要的证券投资知识储备。

（3）信息质量低下，投资者缺乏信息共享的动力。

① 信息共享关系完整性分析公式为：完整性指数 = 共享次数/共享机会数。100 个信息共享者之间的信息共享关系机会数为 100 × 100 = 10000。

第5章

客体视角证券市场会计信息共享质量分析

相对于主体边界揭示证券市场会计信息共享的广度，客体边界反映证券市场会计信息共享的深度，是决定会计信息共享质量的另一个核心要素。没有会计信息共享客体边界的质量支撑，会计信息共享主体边界的质量特征只是空中楼阁，没有实质意义。

证券市场会计信息共享质量的核心是会计信息共享的可靠性、完整性，这是本章分析的主要内容。这两个指标反映会计信息共享的透明度，与会计信息透明度质量特征直接相关。会计信息透明度主要是针对信息披露者的信息披露质量特征而言的，而会计信息共享透明度是针对会计信息披露者与共享者之间的信息共享质量而言的，受到信息披露质量和信息共享者的共享能力、信息共享机制等因素共同作用。

5.1 证券市场会计信息共享完整性质量特性

会计信息共享客体边界的完整性质量特性分析包括两个层次：一是上市公司—会计信息共享者之间的会计信息共享客体边界完整性；二是会计信息共享者之间的信息共享行为引起的边界完整性特征演化。

5.1.1 上市公司—信息共享者会计信息共享边界完整性系数 $IINTO_1$

直接利用表 3－3 的数据及第三章的 SIOF 及 V 的计算结果即可计算这一层次的完整性系数 $IINTO_1$。

$$IINTO_1 = SIOF \div (1 + V_{SIOF}) \tag{5-1}$$

该指标数值越大，表示证券市场会计信息共享主体与上市公司之间的会计信息共享越深入、完整。该指标是正指标。

5.1.2 会计信息共享者之间会计信息共享完整性系数 $IINTO_2$

表 5－1　会计信息共享者之间的信息共享完整性

信息共享客体边界	信息共享者 1	信息共享者 2	信息共享者 3	j	信息共享者 n	合　计
信息共享者 1	$SSIOF_{11}$	$SSIOF_{12}$	$SSIOF_{13}$	…	$SSIOF_{1n}$	$\Sigma SSIOF_{1j}$
信息共享者 2	$SSIOF_{21}$	$SSIOF_{22}$	$SSIOF_{23}$	…	$SSIOF_{2n}$	$\Sigma SSIOF_{2j}$
信息共享者 3	$SSIOF_{31}$	$SSIOF_{32}$	$SSIOF_{33}$	…	$SSIOF_{3n}$	$\Sigma SSIOF_{3j}$
i	…	…	…		…	…
信息共享者 n	$SSIOF_{n1}$	$SSIOF_{n2}$	$SSIOF_{n3}$	…	$SSIOF_{nn}$	$\Sigma SSIOF_{nj}$
合　计	$SSIOF_{i1}$	$SSIOF_{i2}$	$SSIOF_{i3}$	…	$SSIOF_{in}$	$\Sigma SSIOF_{ij}$

会计信息共享者之间的信息共享综合指标的计算公式分别为：

$$SSIOF_{iorj} = \Sigma SSIOF_{ij} \div \Sigma SIEF_{ij} \tag{5-2}$$

$$V_{SSIOF_{iorj}} = [\Sigma(SSIOF_{ij} - SSIOF_{iorj})^2 \div \Sigma SSIEF_{ij}]^{1/2} \div SSIOF_{iorj} \quad (5-3)$$

$$SSIOF = \Sigma\Sigma SSIOF_{ij} \div \Sigma\Sigma SSIEF_{ij} \quad (5-4)$$

$$V_{SSIOF} = [\Sigma\Sigma(SSIOF_{ij} - SSIOF) \div \Sigma\Sigma SSIEF_{ij}]^{1/2} \div SSIOF \quad (5-5)$$

$i, j = 1, 2, 3, \cdots, n$

$SSIOF_{ij}$反映会计信息共享者 i 与信息共享者 j 之间的信息共享客体边界，SSIOFi 表示会计信息共享者 i 的平均会计信息共享客体边界水平，SSIOFj 表示信息共享者 j 的平均会计信息共享客体边界水平。SSIOF 表示所有会计信息共享者之间的会计信息共享客体边界平均分布水平，V_{SSiofi}、V_{SSiofj}、V_{SSiof}为各项平均水平的代表性指标。

SSIOF 越大，说明证券市场会计信息共享者的信息共享率越高，会计信息共享者之间的信息差就会下降，反之，表示证券市场的会计信息共享效率较低。V_{SSIOF}反映了会计信息共享率的总体差异度，一般情况下越低越好。由此可以建立证券市场信息共享者之间的会计信息共享客体边界完整性系数 IINTO2。

$$IINTO2 = SSIOF \div (1 + V_{SSIOF}) \quad (5-6)$$

5.1.3 会计信息共享完整性系数 QIINTOWZ

根据完整性系数 IINTO1 和 IINTO2 可以得出会计信息共享完整性特征指数 QIOWZ。

$$QIOWZ = IINTO1 \times (1 + IINTO2) \quad (5-7)$$

该指标为正指标，一般情况下，数值越高，说明证券市场会计信息共享客体边界越完整。

5.2 证券市场会计信息共享可靠性质量特性

客体视角会计信息共享可靠性特征包括两个层次：一是会计信息披露真实率及真假信息识别率，这是会计信息共享可靠性基础，用实质性会计信息共享边界反映；二是投资者在会计信息共享过程中的信息预期可靠性，即能否根据共享信息进行正确投资，集中表现为增值力判断和危机预警能力，反映会计信息共享者的信息共享能力，这一特性可以用预期可信度反映。

会计信息披露的可靠性，是指会计信息披露能否准确、真实地反映上市公司实际经营情况。引起会计信息可靠性问题的原因包括客观偏差和主观故意。

客观性偏差是指由于上市公司会计信息披露所依赖的相关信息转化技术、会计信息披露形式、法律与法规存在的缺陷以及不可抗力等因素而引起的上市公司披露出来的会计信息与上市公司实际会计状况之间的偏差。例如，通货膨胀等不可抗力因素对上市公司会计信息客观偏差的影响在通货膨胀时期就不可避免。同时，由于上市公司本身的原因，如信息披露技术、业务人员素质，也会使会计信息披露产生客观偏差。

主观故意性导致的会计信息可靠性问题的突出表现是造假，即上市公司利益控制者利用其信息控制便利，弄虚作假，混淆视听，扭曲股价，达到自身利益最大化目的，这已经成为全球股市危机的死穴。中国证券市场作为新兴的证券市场，财务虚假已成为广大投资者难以逾越的投资陷阱。

5.2.1 实质性会计信息共享边界

会计信息共享边界包括名义信息共享边界、实质信息共享边界，对于上市公司来说，由于强制性信息披露政策的压力，信息披露的范围是稳定的，或者说会计信息披露边界是基本稳定的，不同的是不同会计信息共享者之间的会计信息共享边界差异。

在信息披露之后，任意上市公司 i 的会计信息真实率是稳定不变的，假设为 T_i①，用表 5-1 数据乘以真实度系数 T_i，得到会计信息共享者 j 的实质会计信息共享客体边界（表 5-2）。

表 5-2　实质性会计信息共享客体边界分析表

信息共享客体边界	信息共享者 1	信息共享者 2	信息共享者 3	j	信息共享者 n	平均信息共享边界 $TSIOF_i$
上市公司 1	$TSIOF_{11}$	$TSIOF_{12}$	$TSIOF_{13}$	…	$TSIOF_{1n}$	$\sum TSIOF_{1j}/n$
上市公司 2	$TSIOF_{21}$	$TSIOF_{22}$	$TSIOF_{23}$	…	$TSIOF_{2n}$	$\sum TSIOF_{2j}/n$
上市公司 3	$TSIOF_{31}$	$TSIOF_{32}$	$TSIOF_{33}$	…	$TSIOF_{3n}$	$\sum TSIOF_{3j}/n$
i	…	…	…		…	…
上市公司 N	$TSIOFT_1$	$TSIOFT_2$	$TSIOFT_3$	…	$TSIOFT_n$	$\sum TSIOFN_j/n$
平均信息共享边界 $TSIOF_j$	$\sum TSIOF_{i1}/N$	$\sum TSIOF_{i2}/N$	$\sum TSIOF_{i3}/N$	…	$\sum TSIOF_{in}/N$	$\sum\sum TSIOF_{ij}/(Nn)$

表中综合指标的计算公式分别为：

$$TSIOF_i = \Sigma TSIOF_{ij} \div \Sigma SIEF_{ij} \tag{5-8}$$

$$VTSIOF_i = [\Sigma(TSIOF_{ij} - TSIOF_i)^2 \div \Sigma SIEF_{ij}]^{1/2} \div TSIOF_i \tag{5-9}$$

$$TSIOF_j = \Sigma TSIOF_{ij} \div N \tag{5-10}$$

---

① T_i 可以用历史信息共享数据进行计算，即：T_i = IESHOF ÷ INSHOF。IESHOF——信息共享者实质性信息共享边界；INSHOF——信息共享者名义信息共享边界。如果有详细的实质性信息共享数据，则需要利用实质性信息共享边界表数据与名义信息共享边界数据进行计算。本书采用的是间接计算法，使用简单算术算术平均数法对实质性会计信息共享边界的水平及其风险进行计量与分析。

$$VTSIOF_j = [\Sigma(TSIOF_{ij} - TSIOF_j)^2 \div \Sigma SIEF_{ij}]^{1/2} \div TSIOF_j \tag{5-11}$$

$$TSIOF = \Sigma\Sigma TSIOF_{ij} \div Nn \tag{5-12}$$

$$VTSIOF = [\Sigma\Sigma(TSIOF_{ij} - TSIOF) \div \Sigma\Sigma SIEF_{ij}]^{1/2} \div TSIO \tag{5-13}$$

$i=1, 2, 3, \cdots, N, j=1, 2, 3, \cdots, n$

$TSIOF_i$ 反映了信息共享者 j 对任意上市公司 i 的实质性会计信息共享客体边界平均水平，数值越高表示上市公司 i 的信息共享可靠性越强，$Vtsiof_i$ 揭示其代表性强弱，或上市公司 i 的实质性会计信息共享客体边界分布的稳定性程度，数值越小说明该分布越稳定，实质性会计信息共享客体边界的预测风险越小。

$TSIOF_j$ 反映信息共享者 j 的平均实质性会计信息共享客体边界水平，$Vtsiof_j$ 表示其代表性强弱。

TSIOF 是所有上市公司 i 与所有信息共享者 j 之间的实质性会计信息共享客体边界的综合平均水平，数值越高说明证券市场会计信息共享可靠性越强，Vtsiof 揭示其代表性强弱，或证券市场会计信息共享可靠性差异程，数值越高，会计信息共享可靠性预测风险越大。

因此，基于实质性会计信息共享客体边界的可靠性质量系数 IDO 为：

$$IDO = TSIOF \div (1 + Vtsiof) \tag{5-14}$$

该指标数值越高，说明证券市场会计信息共享透明度越高。

5.2.2　预期可信度 IFDO

预期可信度是具有实证性质的指标，利用证券市场投资者投资准确率解释，在实证数据上体现投资者能够准确预测上市公司预期竞争力或预期收益能力的比率。

假设投资准确率为 p，则

p = 投资准确次数 ÷ 总投资次数

或

p = 投资收益次数 ÷ 总投资次数

设 Nr 为投资准确次数，Na 为总投资次数，则 p 可以表示为：

p = Nr ÷ Na

这是成数类平均数，其标准差系数为

$$V_p = [p \times (1-p)]^{1/2} \div p = (1/p-1)^{1/2} \quad (5-15)$$

则预期可信度 IFDO 可以表示为

$$IFDO = p \div (1+V_p) \quad (5-16)$$

该指标数值越大，说明投资者的会计信息共享能力越强，预测准确度越高，信息共享的可靠性越大。

如果投资者会计信息共享预期可信度高，则投资准确率提高，总体收益率提高，反之，则收益率下降，甚至损失。因此，信息共享预期可信度指标直接效果上表现为投资收益率高低。

5.2.3 可靠性质量指数 QIOKK

会计信息共享客体边界可靠性质量指数 QIOKK 公式：

$$QIOKK = IDO \times IFDO \quad (5-17)$$

这种乘积关系可以解释证券市场投资者在会计信息共享中的风险相关性，即只有准确识别信息质量，才能提高投资质量，降低投资风险，两个环节的任一环节出了问题，则都会影响到会计信息共享的总体可靠性质量水平。

5.3 客体视角会计信息共享质量指数

完整性与可靠性是证券市场会计信息共享质量的两个重要特

征，二者之间相互制约，共同影响证券市场会计信息共享质量水平。没有可靠性的基础，完整性是徒有虚名，没有完整性为支撑，可靠性的作用范围有限。因此，二者之间对会计信息共享质量的影响模式表现为乘积关系，客体视角会计信息共享质量指数公式可以表达为：

$$QIO = SQRT\ (QIOWZ \times QIOKK) \tag{5-18}$$

公式右边的任何一个变量值为零，则证券市场的会计信息共享质量为 0，QIO 数值越大，表明证券市场会计信息共享质量水平越高，可靠的会计信息在投资者之间的分布越多，越有利于投资者的证券价格预期和投资选择，越有利于公平股价的形成和发展。

5.4　客体视角中国证券市场会计信息共享质量

鉴于难以获取每一个投资者参与上市公司会计信息共享深度的数据，本书提出，按照所研究证券市场实际会计信息共享状况规定性质分类区间。例如笔者针对中国证券市场会计信息共享质量状况，把会计信息共享客体边界分为如表 5－3 所示的几个级别。

表 5－3　中国证券市场会计信息共享客体边界分级情况表

会计信息共享者特征	赋值下限	赋值上限	特征值规类	特征值
完全技术分析者，完全托管投资者	0	0	无信息共享关系	1
以技术分析为主且了解主要财务比率的	0	0.1	弱信息共享关系	2
技术分析与基本分析并重，仔细阅读过主要财务报表	0.1	0.3	中低级信息共享关系	3

续表

会计信息共享者特征	赋值下限	赋值上限	特征值规类	特征值
以基本分析为主，偶尔使用技术分析	0.3	0.5	中级信息共享关系	4
专业知识丰富，熟悉公司各年财务信息	0.5	0.7	高级信息共享关系	5
与上市公司信息控制者具有信息合作关系的	0.7	0.9	特级信息共享关系	6
与信息控制者有信息合谋关系的	0.9	1	完全信息	7

在实证分析中，计量者只要根据计量对象的特征归属赋值即可。对于其他与会计信息共享客体边界风险分析相关的信息共享关系，如信息垄断系数、市场信用度系数等，也可以采用相似的方法进行分类计量。

5.4.1 客体视角会计信息共享完整性

客体视角会计信息共享的完整性，是指证券市场会计信息共享者共享会计信息的全面性，包括会计信息披露的完整性和会计信息共享者共享信息的完整性，前者是指上市公司是否按照会计信息披露规则及时全面披露规定会计信息项目，既包括定期报告，也包括临时报告，后者是指会计消息共享者对披露信息的共享深度。

5.4.1.1 中国证券市场会计信息披露状况

（1）上市公司财务报表详细会计信息披露项目。中国证券市场关于上市公司会计信息项目的披露，经历了从自由披露到强制披露，从少到多的演进过程。1994 年以前，由于中国证监会没有公布正式的定期报告内容和格式，因而是否披露信息完全取决于各上市公司，会计披露的程度和范围存在很大差异。1994 年 1 月，中国证监会颁布了《公开发行股票公司信息披露的内容和格式准则第二号——年度报告的内容与格式（试行）》，对公司的会计信息做了要求。1998 年财政部颁布的《股份有限公司会计制度——会计科目和会计报表》规定公司编制“利润表”和“分部营业利润和资产表”（年报），并要求公司在附表中按行业和公司所在的地区披露营业收入、折扣与折让、营业成本、税金及附加、存货跌价损失、营业费用、管理费用、财务费用、营业利润或亏损、资产总额、经营活动现金净流量、投资活动现金净流量等十三项指标。上市公司现金流量表也从 1998 年开始对外披露。2001 年，企业会计制度要求上市公司计提八项资产减值准备，并在附表中披露。虽然从基本结构内容来看，上市公司财务信息披露的内容及格式基本一致，但是，从实际披露信息内容来看，不同类型上市公司的财务报表的实际内容项目依然存在不同程度的差异，因此上市公司财务报表从总体上需要分类。在实证研究中，通常分为金融类和非金融类上市公司财务报表（表 5－4、表 5－5、表 5－6、表 5－7、表 5－8）。

表 5－4　金融类上市公司资产负债表信息披露项目

资　产		负债及股东权益	
货币资金	中长期贷款	短期存款	长期负债
贵金属	逾期贷款	短期储蓄存款	长期存款
存放中央银行存款	减：贷款呆账准备金	财政性存款	长期储蓄存款
存放同业款项	应收租赁款	向中央银行借款	保证金
存放联行款项	应收转租赁款	同业存放款项	应付转租赁租金
拆放同业	租赁资产	联行存放款项	发行长期债券
拆放金融性公司	减：待转租赁资产	同业拆入	长期借款
短期贷款	其他长期资产	金融性公司拆入	应付债券
抵押贷款	长期资产合计	应解汇款	长期应付款
应收进出口押汇	长期投资	汇出汇款	住房周转金

续表

资　产		负债及股东权益	
应收账款	长期股权投资	委托存款	其他长期负债
应收账款净额	长期债权投资	应付代理证券款	长期负债合计
其他应收款	其他长期投资	卖出回购证券款	负债合计
其他应收款净额	长期投资合计	应付账款	少数股东权益
减：坏账准备	减：长期投资减值准备	预收账款	股东权益
应收款项净额	长期投资净额	其他应付款	股本
预付账款	固定资产	应付工资	资本公积金
贴现	固定资产原价	应付福利费	盈余公积金
短期投资	减：累计折旧	应付股利	其中：公益金
短期投资跌价准备	固定资产净值	应交税金	未分配利润
短期投资净额	减：固定资产减值准备	其他应交款	股东权益合计
应收利息	固定资产净额	预提费用	负债及股东权益总计
委托贷款及委托投资	固定资产清理	发行短期债券	
自营证券	在建工程	一年内到期的长期负债	
减：自营证券跌价准备	在建工程减值准备	其他流动负债	
代理证券	在建工程净额	流动负债合计	
买入返售证券	固定资产合计		
存货	无形资产及其他资产		
减：存货跌价准备	无形资产		
存货净额	递延资产		
待摊费用	交易席位费		
待处理流动资产净损失	开办费		
一年内到期的长期债权投资	长期待摊费用		
其他流动资产	无形资产及其他资产合计		
流动资产合计	资产总计		

表 5－5　金融类上市公司现金流量表信息披露项目

现金流量表			
一、经营活动产生的现金流量			
贷款利息收入收到的现金	支付给职工以及为职工支付的现金	同业间存放减少支付的现金	权益性投资所支付的现金
金融机构往来收入	支付的定期存款	保证金减少支付的现金	债权性投资所支付的现金
其他营业收入收到的现金	短期贷款收回与发放净额	其他负债减少支付的现金	支付的其他与投资活动有关的现金
活期存款吸收与支付净额	发放的中长期贷款	贷款增加支付的现金	投资活动现金流出小计
吸收的定期存款	支付营业税及附加	债券投资净增加支付的现金	投资活动产生的现金流量净额
收回的中长期贷款	支付的所得税款	其他应收暂付款增加支付的现金	四、筹资活动产生的现金流量
同业存放和系统内存放款项吸收与支付净额	购买商品接受劳务支付的现金	其他应付暂收款减少支付的现金	吸收权益性投资所收到的现金
与其他金融机构拆借资金净额	支付的其他与经营活动有关的现金	委托存款减少支付的现金	发行债券所收到的现金
金融机构其他往来收到的现金净额	经营活动现金流出小计	递延资产、无形资产增加支付的现金	借款所收到的现金
租赁收入	经营活动产生的现金流量净额	其他资产增加支付的资金	收到的其他与筹资活动有关的现金
证券及租赁业务现金增加净额	二、流动资金变动产生的现金流量净额	因流动资金变动产生的现金流出小计	筹资活动现金流入小计
收到的其他与经营活动有关的现金	存款增加收到的现金	因流动资金变动产生的现金流量净额	偿还债务所支付的现金
手续费收入收到的现金	中央银行准备金减少收回的现金	营业活动产生的现金流量净额	发行筹资费用所支付的现金
汇兑净收益收到的现金	同业间及金融性公司间拆放减少收回的现金	三、投资活动产生的现金流量	分配股利或利润所支付的现金
债券投资净收益收到的现金	贴现减少收回的现金	收回投资所收到的现金	偿付利息所支付的现金
经营活动现金流入小计	租赁业务收回的现金	分得股利或利润所收到的现金	融资租赁所支付的现金
存款利息支出支付的现金	再贴现收到的现金	取得债券利息收入所收到的现金	支付的其他与筹资活动有关的现金
金融企业往来支出支付的现金	已核销逾期贷款收回收到的现金	处置固定无形和长期资产收回的现金	筹资活动现金流出小计
手续费支出支付的现金	其他业务收到的现金	收到的其他与投资活动有关的现金	筹资活动产生的现金流量净额
营业费用支付的现金	因流动资金变动产生的现金流入小计	投资活动现金流入小计	五、汇率变动对现金的影响
其他营业支出支付的现金	进出口押汇增加支付的现金	购建固定无形和长期资产支付的现金	六、现金及现金等价物净增加额

表 5-6 非金融类上市公司资产负债表信息披露项目

流动资产	长期投资	其他长期资产	长期借款
货币资金	长期股权投资	无形资产及其他资产合计	应付债券
短期投资	长期债权投资	递延税项	长期应付款
减：短期投资跌价准备	其他长期投资	递延税项借项	住房周转金
短期投资净额	长期投资合计	资产总计	专项应付款
应收票据	减：长期投资减值准备		其他长期负债
应收股利	长期投资净额	负债及股东权益	长期负债合计
应收利息	其中：合并价差	流动负债	递延税项贷项
应收账款	股权投资差额	短期借款	递延税项贷项
应收账款净额	固定资产	应付票据	负债合计
其他应收款	固定资产原价	应付账款	少数股东权益
其他应收款净额	减：累计折旧	预收账款	股东权益
内部应收款	固定资产净值	代销商品款	股本
减：坏账准备	减：固定资产减值准备	应付工资	减：已归还投资
应收款项净额	固定资产净额	应付福利费	股本净额
预付账款	工程物资	应付股利	资本公积金
其他补贴款	在建工程	应交税金	盈余公积金
存货	减：在建工程减值准备	其他应交款	其中：公益金
减：存货跌价准备	在建工程净额	其他应付款	未确认的投资损失
存货净额	待处理固定资产净损失	预提费用	未分配利润
待摊费用	固定资产清理	预计负债	货币换算差额
待处理流动资产净损失	固定资产合计	一年内到期的长期负债	股东权益合计
一年内到期的长期债权投资	无形资产及其他资产	其他流动负债	负债及股东权益总计
其他流动资产	无形资产	职工奖励及福利基金	
附属企业往来	开办费	国内票据结算	
内部往来	递延资产	流动负债合计	
流动资产合计	长期待摊费用	长期负债	

表5-7　非金融类上市公司损益表信息披露项目

一、主营业务收入	营业外收入	住房周转金转入
减：折扣与折让	减：营业外支出	其他转入
主营业务收入净额	加：以前年度损益调整	六、可分配利润
减：主营业务成本	营业外收支净额	减：提取法定盈余公积
主营业务税金及附加	四、利润总额	提取法定公益金
二、主营业务利润	减：所得税	职工奖金福利
加：其他业务利润	加：财政返还	提取储备基金
减：存货跌价损失	减：少数股东权益	提取企业发展基金
营业费用	购买日前净利润	七、可供股东分配的利润
管理费用	加：未确认的投资损失	减：应付优先股股利
财务费用	五、净利润	提取任意盈余公积金
三、营业利润	加：年初未分配利润	应付普通股股利
加：投资收益	调整以前年度损益	转作股本的普通股股利
补贴收入	盈余公积转入	八、未分配利润

表5-8　非金融类上市公司现金流量表信息披露项目

一、经营活动产生的现金流量	二、投资活动产生的现金流量	三、筹资活动产生的现金流量
销售商品、提供劳务收到的现金	收回投资所收到的现金	吸收权益性投资所收到的现金
收取的租金	取得投资收益所收到的现金	发行债券所收到的现金
收到的增值税销项税额和退回的税款	分得股利或利润所收到的现金	借款所收到的现金
收到的除增值税以外的其他税费返还	取得债券利息收入所收到的现金	收到的其他与筹资活动有关的现金
收到的其他与经营活动有关的现金	处置固定无形和长期资产收回的现金	筹资活动现金流入小计
经营活动现金流入小计	收到的其他与投资活动有关的现金	偿还债务所支付的现金
购买商品接受劳务支付的现金	投资活动现金流入小计	发生筹资费用所支付的现金

续表

一、经营活动产生的现金流量	二、投资活动产生的现金流量	三、筹资活动产生的现金流量
经营租赁所支付的现金	购建固定无形和长期资产支付的现金	分配股利或利润所支付的现金
支付给职工以及为职工支付的现金	权益性投资所支付的现金	偿付利息所支付的现金
支付的增值税款	债权性投资所支付的现金	融资租赁所支付的现金
支付的所得税款	投资所支付的现金	减少注册资本所支付的现金
支付的除增值税所得税以外的税费	支付的其他与投资活动有关的现金	支付的其他与筹资活动有关的现金
支付的各项税费	投资活动现金流出小计	筹资活动现金流出小计
支付的其他与经营活动有关的现金	投资活动产生的现金流量净额	筹资活动产生的现金流量净额
经营活动现金流出小计		四、汇率变动对现金的影响
经营活动产生的现金流量净额		五、现金及现金等价物净增加额

以上会计信息披露项目主要是针对年度财务报告之基本财务报表而言的，之外还有财务报表附表、附注等。季度报告、半年报披露项目一般少于该范围要求。

从规定的财务信息项目来看，中国证券市场上市公司会计信息披露内容基本上包括了综合财务信息的各个方面，不可谓不全。但是，从会计信息披露实践来看，仍存在不少问题。这主要表现在会计信息披露存在“披露过量”或“披露不足”现象①。

① 披露过量是指某些披露出来的会计信息对于信息使用者而言通用性小，对决策的作用不大。如上市公司披露的公司股票发行、上市、交易等信息与股东结构、数量以及他们的持股信息。在证券市场中披露的无关会计信息如果太多，极可能使真正相关的信息被掩盖起来，这样会影响预测和决策。披露不足是指某些披露出来的会计信息形同虚设，没有实质性的内容。如招股说明书披露的投资风险，是介绍可能对发行人的发展前景以及产品销售、市场份额、财务状况、经营收益等方面产生不利影响的重要因素；股市风险是介绍股票市场价格变化的基本原因，说明股市风险与投资风险的联系，提醒投资人对股价波动应该有充分的了解。实际上，在这种要求和规定下披露出来的风险信息是一种信息集合的简单列举与陈述，相关性比较差。

根据 wind 资讯提供的违规事件数据，在 1993—2006 年初的上市公司信息披露违规行为中，发生频率最高的是临时信息披露，如并购信息、关联交易、预亏公告、重大担保、重大交易、重大诉讼、重大投资等，占 56% 的比例。其中，绝大部分又属信息未披露，占 70%。也就是说，上市公司会计信息披露不完整性问题是导致证券市场会计信息透明度不高的痼疾。

（2）会计信息披露期间。我国持独立会计观，视财政年度期间为一个独立的、基本的会计期间，每个中期经营结果的计量应该适用于与年度报告相同的会计原则与程序。在会计信息披露实践中，期间的划分，我国以季度、半年和年为定期报告披露期间，要求上市公司在每个会计年度的每个季度后 30 天，6 个月结束后的 60 天内分别披露季度、中期报告，年度报告要求财政年度结束后的 120 日内披露。

与中国的独立会计观不同，美国持整体观，视期中期间为会计年度整体不可分割的一部分，以月、季或其他更加短的期间为限，披露会计信息的时间间隔更短。正如美国 FASB 所提到的，上市公司会计信息只有在它还没有失去影响决策的能力之前提供给信息使用者才具有及时、相关性，否则，该信息毫无用处。我国在这一点上还不完善、不健全。

期间的完整性特征表现在会计信息披露期间跨度越小，则年度内披露会计信息量越大，越有利于提高投资者在特定期间内共享信息的完整性。反之，如果期间跨度太大，则披露项目再多，也难以弥补期间投资信息短缺给投资决策带来的负面影响。

5.4.1.2　会计信息共享渠道

目前，信息披露方式的规定主渠道包括报纸、互联网[①]，其他自由披露渠道包括电视、广播、杂志等媒体，这些渠道也是会计信息共享者获取会计信息的主要渠道。根据2002年的个人投资者情况调查报告（参见表4-4个人投资者获取上市公司信息的主要渠道统计），从调查结果来看，报纸、电视的主渠道地位依然稳固，而效率极高的互联网信息共享模式则由于技术、经济基础、能力等制约，只是在较高层次的投资群体中发挥重要作用。

5.4.1.3 客体视角中国证券市场会计信息共享完整性

证券市场投资者主要包括个人投资者和机构投资者，中国证券市场属于新兴市场，个人投资者占绝大多数，机构投资尚在建设初期。下面分别从个人投资者和机构投资者两个维度对中国证券市场会计信息共享客体边界的完整性进行计量分析和综合。

（1）个人投资者会计信息共享客体边界完整性分析。根据2002年的个人投资者调查，财务信息中备受关注的指标包括盈利数量指标、成长性指标和利润分配指标，而资产状况指标、现金流量指标、偿债能力指标、营运状况指标等则关注者很少。这种会计信息共享现状可能与投资者以投机的心态有关，投机心态的出现，一是怀疑信息真实性，二是对信息共享的能力总体低下，这一点在主体视角中已有数据阐述。可见个人投资者对财务信息共享的范围较窄，按照这一调查结果，如果把规定披露信息完整性系数作为1，其中包括一年内所有按照会计信息披露规则应该披露的次数、

① 在中国，强制要求上市公司进行网上财务披露的工作始于2000年。中国证监会要求所有上市公司在互联网上公开披露其1999年度的财务报告。据报道，上海证券交易所和深圳证券交易所已在2000年4月30日首次成功地实现了959家上市公司1999年报的网上披露，上网浏览1999年报的投资者达9000万人次，累计下载年报共566万份，平均每家年报下载5000次。2000年6月27日，沪深两地证券交易所又联合发布通知，要求上市公司中期报告全文上网。这一切标志着中国企业在应用Internet进行财务信息披露方面的工作又向前迈进了一大步。另外，沪深两所网站的访问人次和年报的点击数激增，也反映了信息使用者对网上披露方式的关注和认可。

数量，则个人信息共享者的会计信息共享系数可能很低，下面对这一数据进行估算。

按照客体边界计量规则，结合证券市场个人投资者特征，本书对个人投资者按照如下标准进行归类：

①知识学历水平与会计信息共享客体边界正相关，即知识层次越高越注重独立研究和分析，对会计信息共享的依赖性越强，知识层次越低，对间接信息共享依赖性越强；

②持股时间长短与会计信息共享客体边界呈正相关，与此相对应，年交易次数与会计信息共享客体边界呈负相关；

③道听途说者属于低层次会计信息共享者，独立长期研究者属于高级会计信息共享者；

④网络财务信息共享者属于高级会计信息共享者，报纸次之，其他媒体使用者属于弱信息共享者。

为了便于计算，对会计信息共享者从低层到高层进行特征值赋值，赋值结果如表 5 - 9 所示。

表 5 - 9　　会计信息共享级别赋值表

特征值规类	特征值	组中值
无信息共享关系	1	0
弱信息共享关系	2	0.05
中低级信息共享关系	3	0.2
中级信息共享关系	4	0.4
高级信息共享关系	5	0.6
特级信息共享关系	6	0.8
完全信息	7	0.95

表 5 - 9 中组中值是依据表 5 - 3 中的各共享级别赋值上限值和下限值求出的简单算术平均数。依此标准对个人信息共享者进行归类的结果列于表 5 - 10 中。

表 5－10　　　　会计信息共享级别赋值表

	投资策略	人　次	比　重	特征值	适用组中值
投资策略	长线	508	23.10%	4	0.4
	中线	1201	54.60%	3	0.2
	短线	491	22.30%	2	0.05
信息渠道	报纸	1295	58.40%	3	0.2
	电视	441	19.90%	2	0.05
	电台	138	6.20%	2	0.05
	互联网	195	8.80%	5	0.6
	其他	149	6.70%	2	0.05
决策模式	小道消息	197	8.90%	2	0.05
	亲友引荐	347	15.60%	2	0.05
	股评推荐	598	27.00%	2	0.05
	自己长期跟踪与研究	1076	48.50%	4	0.4
年交易次数	3 次及以下	252	10.10%	4	0.4
	4—6 次	490	19.70%	3	0.2
	7—9 次	379	15.20%	2	0.05
	10—12 次	311	12.50%	2	0.05
	13 次以上	1056	42.50%	2	0.05
学历层次	初中以下	240.8	12.04%	2	0.05
	高中＋中专	635.4	31.77%	3	0.2
	大专以上	1123.8	56.19%	4	0.4
入市动机	获取买卖差价	1572	78.60%	3	0.2
	分红	234	11.70%	5	0.6
综合平均值					0.209

资料来源：根据 2002 年个人投资者情况调查报告整理。

综合平均值 0.209 确定了中国证券市场个人投资者与上市公司之间的会计信息共享级别属于中低级会计信息共享客体边界关系，即“整体上技术分析与基本分析并重，仔细阅读过主要财务报表”。但是，这一系数只是对不同类型共享者与其共享的上市公司之间的会计信息共享客体边界，还不是所有会计信息共享者与所有上市公司之间的会计信息共享客体边界，证券市场主体会计信息共享客体边界计算结果如表 5－11 所示。

表 5－11　证券市场主体会计信息共享客体边界统计①

中国证监会行业分类	2003 年类公司家数	2004 年类公司家数	2003 年会计信息共享系数合计	2004 年会计信息共享系数合计	$SIOF_i$ 2003	$SIOF_i$ 2004
农、林、牧、渔业	33	37	358941	394176	0.09%	0.09%
采掘业	19	22	338808	274923	0.15%	0.11%
制造业——食品、饮料	61	62	675292	658286	0.10%	0.09%
制造业——纺织、服装、皮毛	64	71	622476	645199	0.08%	0.08%
制造业——木材、家具	2	3	17320	23840	0.07%	0.07%
制造业——造纸、印刷	26	29	284069	283969	0.09%	0.08%
制造业——石油、化学、塑胶、塑料	144	155	1630378	1548253	0.10%	0.09%
制造业——电子	46	51	778472	834902	0.15%	0.14%
制造业——金属、非金属	120	127	1864045	1851468	0.13%	0.13%
制造业——机械、设备、仪表	221	237	2190860	2217474	0.09%	0.08%

---

① 表 5－11 和表 5－15 中涉及的主要指标计算公式：

指标名称	计算公式
2003 年共享主体边界比率	＝2003 年会计信息共享系数合计/（2003 年类公司家数 × 2003 年主体合计）
共享主体边界比率 SIOF	＝会计信息共享系数合计/（2003 年主体合计 ×2003 年股东户数合计）
V 合计	＝SQRT（SUMPRODUCT［（$SIOF_{i2003}$ － SIOF）^{2}，2003 年类公司家数］/主体合计）/SIOF

续表

中国证监会行业分类	2003年类公司家数	2004年类公司家数	2003年会计信息共享系数合计	2004年会计信息共享系数合计	$SIOF_i$ 2003	$SIOF_i$ 2004
制造业——医药、生物制品	79	92	784359	833989	0.09%	0.08%
制造业——其他制造业	18	20	143071	164274	0.07%	0.07%
电力、煤气及水的生产和供应业	56	64	959218	1002682	0.15%	0.13%
建筑业	24	27	368279	361138	0.13%	0.12%
交通运输、仓储业	60	63	947654	832320	0.14%	0.11%
信息技术业	82	87	1075150	1189684	0.11%	0.12%
批发和零售贸易	92	94	916951	932693	0.09%	0.09%
金融、保险业	10	10	596003	608968	0.51%	0.52%
房地产业	59	61	813025	789549	0.12%	0.11%
社会服务业	45	46	582081	568671	0.11%	0.11%
传播与文化产业	11	11	91049	91912	0.07%	0.07%
综合类	80	80	1348021	1333791	0.15%	0.14%
会计信息共享系数合计			17385523	17442161		
主体合计	1352	1449	11574538	11612464		
共享客体边界比率SIOF					0.11%	0.10%
Vsiof					38.07%	40.05%
信息共享完整性系数 IINTOJT1					0.080%	0.074%

表5-11中的会计信息共享系数是依据主体边界统计数乘以平均共享系数0.209得到，2003—2004年的主体沿用主体视角数据。其他指标的计算公式如下：

$SIOF_{i2003}$ = 2003年i类会计信息共享系数合计 ÷（2003年i类公司数 ×11574538）

$SIOF_{i2004}$ = 2004年i类会计信息共享系数合计 ÷（2004年i类公司数 ×11612464）

$SIOF_{2003}$ = 2003年会计信息共享系数合计 ÷（2003年公司数 ×

2003 年会计信息共享者数 11574538）

$SIOF_{2004}$ = 2004 年会计信息共享系数合计 ÷（2004 年公司数 × 2004 年会计信息共享者数 11612464）

$V_{SIOF_{2003}}$ = (Σ（$SIOF_{i2003}$ − SIOF)^2 × i 类公司数 ÷ 2003 年公司数 1352)$^{1/2}$

$V_{SIOF_{2004}}$ = (Σ（$SIOF_{i2004}$ − SIOF)^2 × i 类公司数 ÷ 2004 年公司数 1449)$^{1/2}$

IINTO12003 = 0.11% ÷（1 + 38.07%）= 0.08%

IINTO12004 = 0.10% ÷（1 + 40.05%）= 0.074%

这是第一层次的会计信息共享客体边界完整性特征，反映了中国证券市场会计信息共享者会计信息共享深度，即投资者之间总体信息共享客体范围很窄，相互之间的信息不对称程度很高，这一结果是与中国证券市场的高投机特性相一致的。

第二层次的会计信息共享客体边界完整性特征主要通过投资者的决策模式及信息渠道反映出来。投资者在收集必要的会计信息后再次进入基本相同的信息渠道共享信息，则主要表现为次级财务信息的共享过程，如股评家、信息灵通人士、身边的专家、亲友等等对上市公司披露会计信息的判断分析，投资者在这一过程中实现完成其对投资对象的判断并投资。在这一层次，投资者之间的会计信息共享关系判断可以使用如表 5－12 所示的标准。

表 5－12　　信息共享关系估计表

类型	共享渠道	共享模式	人　次	共享层次	共享系数
信息渠道	报纸	弱交流共享	1295	较低	0.3
	电视	无交流共享	441	较低	0.2
	电台	无交流共享	138	较低	0.2
	互联网	半交流共享	195	高/部分交流	0.6
	其他	弱交流共享	149	较低	0.3

续表

类型	共享渠道	共享模式	人　次	共享层次	共享系数
决策模式	小道消息	交流式共享	197	很高	0.7
	亲友引荐	交流式共享	347	很高/基本完全共享	0.8
	股评推荐	无交流共享	598	较低	0.2
	自己长期跟踪与研究	弱交流共享	1076	较低	0.3
综合平均值					34.35%

表5-12中的共享层次分析及共享系数标准的确定依据，是根据披露信息者与共享信息者之间的信息交流关系及交流深度而言的。例如无交流共享类的共享关系只是揭示了信息披露者与信息共享者之间的单向共享关系，共享者如果对该信息有看法，往往难以与信息披露者沟通，如果在相关媒体上披露该看法，则时间长且成本高，因此本书将之列为较低层次的共享关系。而“小道消息”、“亲友引荐”虽然属于局部性信息共享，但是共享频率高、成本低，很容易全面沟通信息。基于互联网的会计信息共享关系特征则介于无交流共享与交流式共享之间，一方面信息共享范围广，一方面可以低成本发布个人信息，但是，这种信息沟通是间接的。综合平均值只是对各个类型信息共享关系的综合，并不是证券市场所有信息共享者之间的平均信息共享客体边界完整性系数，因为不同局部之间的信息共享依然是薄弱的，甚至是空白的。

考虑不同局部之间的信息共享关系，例如看电视者也可能偶尔看报纸，这就会出现交叉影响，本书假设共享不同渠道信息的会计信息共享者之间依然存在的潜在信息共享相关性系数为0.3，即低度相关性，分别对主要信息渠道不同、核心决策模式各异的不同局部会计信息共享者的共享系数利用下面的公式进行计算：

$$IINTO_{信息渠道} = \sum\sum (X_i X_j \rho_{ij}) \div nn \quad (5-19)$$

X = 不同类型信息共享者信息共享系数

i，j= {报纸，电视，电台，互联网，其他}

ρ_{ij}——X_iX_j 之间信息共享相关性系数，i=j 时，$\rho_{ij}=1$，$i\neq j$ 时，$\rho_{ij}=0.3$

nn——n 个信息共享者之间的信息共享关系总频数 = n×n

计算结果如表5-13、表5-14 所示。

表5-13　不同主渠道信息共享者整体共享系数计算表

不同渠道间信息共享		人次	1295	441	138	195	149
		系数	0.3	0.2	0.2	0.6	0.3
人次	系数	共享者类型	报纸	电视	电台	互联网	其他
1295	0.3	报纸	151005	10291	3206	13653	5197
441	0.2	电视	10291	7793	728	3101	1181
138	0.2	电台	3206	728	756	966	368
195	0.6	互联网	13653	3101	966	4114	1566
149	0.3	其他	5197	1181	368	1566	1988

$IINTO_{信息渠道}=246172\div4919524=5.004\%$

表5-14　不同决策模式信息共享者整体共享系数计算表

不同决策模式间信息共享		人次	197	347	598	1076
		系数	0.7	0.8	0.2	0.3
人次	系数	共享者类型	小道消息	亲友引荐	股评推荐	自己长期跟踪与研究
197	0.7	小道消息	19016	11484	4948	13354
347	0.8	亲友引荐	11484	77062	9960	26883
598	0.2	股评推荐	4948	9960	14304	11582
1076	0.3	自己长期跟踪与研究	13354	26883	11582	104200

$IINTO_{决策模式}=23188\div4919524=0.47\%$

二者的简单平均值可以在一定程度上解释个人投资者之间的信息共享完整性特征，计算结果为：

$IINTO=(IINTO_{信息渠道}+IINTO_{决策模式})\div2=2.73\%$

综合指标显示中国证券市场个人投资者之间会计信息共享深度不深，主要原因是投资者的决策模式制约投资者之间的深度信息交流，特别是长期独立研究者之间的信息共享薄弱。

（2）机构投资者会计信息共享客体边界完整性分析。相对于个人投资者，机构投资者的会计信息共享客体边界要高得多。按照表 5－3 的衡量标准，笔者认为机构投资者至少“符合专业知识丰富，熟悉公司财务信息”特征，不少机构甚至与上市公司具有“信息合作或合谋关系”。因此，比较个人投资者的平均信息共享能力，可以把机构投资者归入与上市公司具有高级信息共享关系和完全信息共享关系之间，初步推算机构投资者的初级会计信息共享系数为 0.9，即机构投资者基本上可以完全共享公开信息，但并不是每一个机构投资者都能够充分理解所有信息。这样就可以计算机构投资者客体视角的会计信息共享边界完整性指标（表 5－15）。

表 5－15　机构投资者客体视角会计信息共享边界完整性分析表

中国证监会行业分类	2003 年类公司家数	2004 年类公司家数	2003 年会计信息共享系数合计	2004 年会计信息共享系数合计	$SIOF_i$ 2003	$SIOF_i$ 2004
农、林、牧、渔业	33	37	270	124	2.56%	1.30%
采掘业	19	22	262	381	4.32%	6.68%
制造业——食品、饮料	61	62	246	381	1.26%	2.37%
制造业——纺织、服装、皮毛	64	71	124	284	0.61%	1.54%
制造业——木材、家具	2	3	5	27	0.85%	3.47%
制造业——造纸、印刷	26	29	108	243	1.30%	3.24%
制造业——石油、化学、塑胶、塑料	144	155	332	473	0.72%	1.18%
制造业——电子	46	51	200	257	1.36%	1.94%
制造业——金属、非金属	120	127	327	440	0.85%	1.34%

续表

中国证监会行业分类	2003年类公司家数	2004年类公司家数	2003年会计信息共享系数合计	2004年会计信息共享系数合计	$SIOF_i$ 2003	$SIOF_i$ 2004
制造业——机械、设备、仪表	221	237	405	505	0.57%	0.82%
制造业——医药、生物制品	79	92	259	419	1.03%	1.76%
制造业——其他制造业	18	20	113	135	1.97%	2.61%
电力、煤气及水的生产和供应业	56	64	332	427	1.86%	2.57%
建筑业	24	27	81	84	1.06%	1.20%
交通运输、仓储业	60	63	324	427	1.69%	2.61%
信息技术业	82	87	270	386	1.03%	1.71%
批发和零售贸易	92	94	167	383	0.57%	1.57%
金融、保险业	10	10	200	308	6.26%	11.88%
房地产业	59	61	159	359	0.85%	2.27%
社会服务业	45	46	135	297	0.94%	2.49%
传播与文化产业	11	11	86	138	2.46%	4.83%
综合类	80	80	111	186	0.43%	0.90%
会计信息共享系数合计			4517	6661		
主体合计	1352	1449	319	259		
共享客体边界比率SIOF					1.05%	1.77%
Vsiof					73.24%	70.49%
信息共享完整性系数 $IINTOJT_1$					0.605%	1.041%

表5-15中指标的计算过程与表5-11完全相同，不再赘述。分析结果显示中国证券市场机构投资者对所有上市公司会计信息共

享客体边界依然有限[1]，虽然他们对所投资的上市公司会计信息共享基本完全。

相对于个人投资者，第二层次的机构投资主体之间的信息交流层次较高，信息共享程度要深，对证券市场价格机制作用也更大。弗鲁特、夏夫斯坦和斯坦（Froot, Scharfstein and Stein, 1992）指出，机构投资者具有高度的同质性，他们通常关注同样的市场信息，采用相似的经济模型、信息处理技术、组合及对冲策略，对盈利预警或股票分析师的建议等相同外部信息作出相似的反应，从而在交易活动中表现为羊群行为[2]。矛格和奈克（Maug and Naik, 1996）则认为，基金持有人和基金经理的关系是一个典型的委托—代理问题，因此，基金持有人的最优策略是和基金经理签订与基准（Benchmark）挂钩的报酬合约。在这种报酬结构下，基金经理往往会推断、模仿并追随其他基金的买卖行为，以免自身业绩落后于市场指数或同行。

鉴于机构投资主体之间稳定的模仿、跟随式投资策略，笔者认为，机构投资者之间的信息共享级别较高，基本上可以纳入交流式信息共享范畴。因此，机构投资者之间的信息共享可以适用较高级别共享系数0.6，远大于个人投资主体之间的局部信息共享系数均值34.35%。鉴于机构投资者类型主要分为QFII、保险公司、财务公司、基金、年金、券商、社保基金、信托公司等，本书假设同类机构之间的关系更密切，或者相互模仿性更强，信息交流也更多，设信息共享系数为0.6。根据2003—2004年证券市场交易数据，机构投资者的投资分布基本如表5－16所示。

沿用个人投资者之间的信息共享完整性分析思想，设不同类型

---

① 值得注意的是，该表是沿用主体视角对机构投资者的投资对象数量与分析对象数量的1:3的比率而言的，而这一比率本身依然需要收集详细的数据实证之。

② 根据Bikhchandani（2000）的定义，“羊群行为（Herd Behavior）”是指投资者在交易过程中存在学习与模仿现象，从而导致他们在某段时期内买卖相同的股票。

表 5-16　　机构投资者投资分布情况表

年　份	2003 年公司重仓持股家数	2004 年公司重仓持股家数
QFII	3	11
保险公司	1	1
财务公司	12	9
基金	103	144
年金	1	2
券商	74	70
社保基金	166	116
信托公司	33	22

机构投资者之间的信息共享相关性系数为 0.5，高于个人投资者之间的信息共享相关性系数 0.3，依据是机构投资者相对很少，利益相关性强，信息共享技术高等。利用表 5-16 数据，计算机构投资者之间的综合信息共享系数为表 5-17、表 5-18 所示。

表 5-17　　2003 年机构投资者之间综合信息共享系数计算表

机构投资者	QFII	保险公司	财务公司	基金	年金	券商	社保基金	信托公司
QFII	3.24	0.54	6.48	55.62	0.54	39.96	89.64	17.82
保险公司	0.54	0.36	2.16	18.54	0.18	13.32	29.88	5.94
财务公司	6.48	2.16	51.84	222.5	2.16	159.8	358.56	71.28
基金	55.62	18.54	222.48	3819	18.54	1372	3077.64	611.82
年金	0.54	0.18	2.16	18.54	0.36	13.32	29.88	5.94
券商	39.96	13.32	159.84	1372	13.32	1971	2211.12	439.56
社保基金	89.64	29.88	358.56	3078	29.88	2211	9920.16	986.04
信托公司	17.82	5.94	71.28	611.8	5.94	439.6	986.04	392.04

$$IINTO_{机构投资者2003} = 35880.12 \div 101761 = 35.26\%$$

表 5-18　2004 年机构投资者之间综合信息共享系数计算表

机构投资者	QFII	保险公司	财务公司	基金	年金	券商	社保基金	信托公司
QFII	43.56	1.98	17.82	285.1	3.96	138.6	229.68	43.56
保险公司	1.98	0.36	1.62	25.92	0.36	12.6	20.88	3.96
财务公司	17.82	1.62	29.16	233.3	3.24	113.4	187.92	35.64
基金	285.1	25.92	233.28	7465	51.84	1814	3006.72	570.24
年金	3.96	0.36	3.24	51.84	1.44	25.2	41.76	7.92
券商	138.6	12.6	113.4	1814	25.2	1764	1461.6	277.2
社保基金	229.7	20.88	187.92	3007	41.76	1462	4844.16	459.36
信托公司	43.56	3.96	35.64	570.2	7.92	277.2	459.36	174.24

$IINTO_{机构投资者2004}=32473.44\div 67081=48.41\%$

与个人投资者之间的信息共享完整性系数相比，中国证券市场机构投资者的优势地位非常显著，相对信息共享效率较高。

（3）客体视角会计信息共享完整性指数 QIOWZt。综合证券市场会计信息共享客体边界关系第 1—2 两个层次完整性系数，计算中国证券市场 2003—2004 年的完整性指数如下：

$$个人投资者\ QIOWZ_{2003}=IINTO1_{2003}\times(1+IINTO2_{2003})=0.08\%\times(1+2.73\%)=0.082\%$$

$$机构投资者\ QIOWZ_{2003}=QIINTO1_{2003}\times(1+QIINTO2_{2003})=0.605\%\times(1+35.26\%)=0.8183\%$$

$$QIOWZ_{2003}=(0.082\%+0.8183\%)\div 2=0.45\%$$

该数字表明，中国证券市场上市公司与投资者之间的信息共享关系可以描述为：在 2003 年，平均 100 个信息共享者之间会建立 6—7 次信息共享关系[①]。

---

① 注意信息共享关系完整性分析公式：完整性指数 = 共享次数/共享机会数。100 个信息共享者之间的信息共享关系机会数为 100 × 100 = 10000。

个人投资者 $QIOWZ_{2004} = QIINTO1_{2003} \times (1 + QIINTO2_{2003})$

$= 0.074\% \times (1 + 2.73\%) = 0.076\%$

机构投资者 $QIOWZ_{2004} = QIINTO1_{2003} \times (1 + QIINTO2_{2003})$

$= 1.041\% \times (1 + 48.41\%)$

$= 1.5449\%$

$QIOWZ_{2004} = (0.074\% + 1.5449\%) \div 2 = 0.81\%$

5.4.2　客体视角会计信息共享可靠性质量分析

根据2002年的个人投资者状况调查报告，投资者对上市公司各种信息“不太关心”的主要原因分别是：“认为信息不可靠”的约占总数的41.4%；“觉得没用，因为庄家早就有这些信息了”的约占总数的31.3%。投资者对上市公司基本面最想了解的信息是财务报表，这一比率约占56%。可见，投资者对证券市场感到无奈，一方面想理解会计信息；另一方面又认为其不可靠，并认为上市公司与机构投资者之间存在合谋。此外，在调查中，大多数投资者在评价投资失误时，将失误归咎于上市公司造假（50.9%）以及庄家操纵股价（41.6%）的比例很高。

根据wind资讯提供的1993年以来的中国证券市场违规事件整理分析，在所有发生的359次违规事件中，虚假披露披露出现93次（25.91%），不准确披露出现57次，两者共计150次，剔除同一事件中同时出现这两种违规行为的事件数4次，不可靠事件发生比例占违规行为总量的41%，这一比率很巧合地与投资者的对上市公司信息可靠性否定频率相同。

客体视角可靠性实证研究的困境是，仅靠共享会计信息数据，真实会计信息难以证明，真假信息识别率也无从判断；真假信息识别不了，则真实信息难见真容，研究就陷入了一个死循环。因此，共享会计信息的真实性判断只能源于现场审计，如存货盘点、业务比对等。简单地说，经营业绩优良上市公司的真实财务报表信息与经营不善但弄虚作假炮制出的“业绩优良”类财务信息之间的信息差，至少到目前为止，除了现场审计之外，尚未发现有效的识别标准。这样，结论只有一个，即已经确定为虚假信息的信息性质是真实的，尚未确定为造假类型的上市公司的财务信息质量是不确定的，研究者根据公开信息进行的虚假信息识别只是提供一种大概的判断，是不能作为真假判断的标准的。

客体视角会计信息共享可靠性实证研究的另一个困境是，如果投资者能够及时准确地共享真实会计信息，那么他是否能够进行正确投资，决定于其信息共享能力水平及第二层次的信息共享质量。如果投资者根据真实信息作出了错误的投资判断而招致损失，则很可能把失误归咎于上市公司造假，这一比率在个人投资者调查中达到 50.9%，或者归咎于庄家操纵（41.6%）。剔除政策性系统风险损失之外，笔者认为，这种损失的关键是投资者在会计信息共享过程中的价格预期差异所致，面对相同或不同边界的会计信息量，不同投资者之间由于知识、经验、技术等信息共享能力差异，往往作出不完全相同的选择，买入自己认为竞争力强、盈利前景好的上市公司股票，卖出自认为竞争力差、盈利前景暗淡的企业股票[①]，而这种个性化判断与上市公司的实际发展情况可能一致，也可能完全不同。因此，投资者在投资决策过程中，往往对其他投资者，特别是机构投资者的信息共享结果——投资决策表示忧虑。投资者关注其他投资者决策结果的根本原因是对自己的长期判断表示怀疑，投机者的忧虑则主要是基于短期内其他投资者的投资决策是什么。基于自身利益最大化的考虑，优势投资者[②]往往垄断其真实意图，披露有利于其意图实现的信息，劣势投资者如果不能识破信息共享陷阱，则难以避免“羊群效应”之祸。

① 即所谓的用脚投票。

② 主要指机构投资者、专家型投资者。

由此可见，客体视角的会计信息共享质量从根本上说是投资者对初级或次级会计信息共享可靠性问题，从决策角度看是投资正确性问题，从投资效率看是收益率或损失率高低问题。对此，本书力图从可靠的信息事件——ST信息事件①分析出发，估算信息共享者在特殊信息共享过程中的反应状态，即历史股价波动与历史ST事件引致的信息波动之间的变化关系，来定位客体视角的中国证券市场会计信息共享可靠性质量特征。

5.4.2.1 基本假设

ST实施信息属于异常会计信息披露范畴，异常会计信息披露如果引起该公司股票价格出现显著波动，则意味着投资者的信息共享预期能力较弱，表示投资者总体上信息共享能力差异大，对初级、次级会计信息共享的一致性弱，信息共享可靠性低；如果异常信息披露没有引起股票价格显著波动，则表示大多数投资者已经共享该信息预期，说明投资者总体上信息共享能力强，对初级、次级会计信息共享一致性强，信息共享可靠性高。

5.4.2.2 分析指标选择

投资者对ST信息的所有反应都表现在最终的决策中，即投资

---

① 沪深证券交易所在1998年4月22日宣布，根据1998年实施的股票上市规则，将对财务状况或其他状况出现异常**的上市公司的股票交易进行特别处理，由于“特别处理”是Special treatment的缩写（ST），因此这些股票就简称为ST股。如果用*ST表示，则意味着该公司处于退市警告时期。与ST直接相关的是PT股票。“PT”是Particular Transfer的缩写，是为暂停上市股票提供流通渠道的“特别转让服务”。根据公司法和证券法的规定，上市公司出现连续三年亏损等情况，其股票将暂停上市。沪深交易所从1999年7月9日起，对这类暂停上市的股票实施“特别转让服务”。第一批这类股票有“PT双鹿”、“PT农商社”、“PT苏三山”和“PT渝太白”。**财务状况或其他状况出现异常主要是指两种情况：一是上市公司经审计连续两个会计年度的净利润均为负值；二是上市公司最近一个会计年度经审计的每股净资产低于股票面值。在上市公司的股票交易被实行特别处理期间，其股票交易应遵循下列规则：（1）股票报价日涨跌幅限制为5%；（2）股票名称改为原股票名前加“ST”；（3）上市公司的中期报告必须审计。由于对ST股票实行日涨跌幅度限制为5%，也在一定程度上抑制了庄家的刻意炒作。

或不投资，投资者的行为结果表现为股票价格的波动。因此，本书选择 ST 实施信息披露前一个星期[①]前的一个季度股票价格波动率，ST 信息披露后的一个星期股票价格波动率，建立投资者对 ST 信息的敏感度 SI，计算公式如下：

$$SI = V_{异常信息披露后股价波动} \div V_{异常信息披露前股价波动} \times 100\% \qquad (5-20)$$

$V_{异常信息披露后股价波动}$ = ST 实施后 1 周内股票价格平均波动率

$V_{异常信息披露前股价波动}$ = ST 实施 1 周前 120 日内股票价格平均波动率

SI 数值越大，表明证券市场投资者对 ST 信息实施越敏感，或者说，投资者的价格预期受到的影响越剧烈，即投资者没有能够利用历史会计信息共享进行准确价格预期；SI 越小，说明该信息对投资者的价格预期影响越小，或者说该信息已经不是敏感型信息，即投资者已经能够利用已共享会计信息对该信息作出较早的判断，投资者在第 1、2 层次会计信息共享的可靠性较强，信息比较确定，决策较为准确。

设客体视角会计信息共享可靠性系数为 QIOKK，则考虑到 SI 对 QIOKK 的影响特征，设 SIs 为标准阀值。如果 SI 不大于该阀值，表示 ST 实施信息对投资者影响较弱，或者说投资者已经共享了该 ST 实施的有效决策信息；如果 SI 大于该阀值，表示 ST 实施信息对投资者影响较强，或者说投资者没有共享该 ST 实施的有效决策信息，共享信息不可靠。通过对阀值上下的样本数量进行统计，可以建立 QIOKK 的计量公式如下：

$$QIOKK = COUNTIF（SI \leqslant SI 阀值）\div SI 样本总量 \qquad (5-21)$$

COUNTIF（SI≤SI 阀值）——SI≤SI 阀值的样本数量累计

QIOKK 数值分布于 0 到 1 之间，数值越高表明证券市场投资

① 笔者认为，机构投资者、信息中介与上市公司监管者之间可能存在难以割除的信息合作关系，即为了防止市场受到 ST 的剧烈冲击，监管者很可能会提前泄露这部分信息给相关公司的重要机构投资者、券商等。既然存在这种可能，因此，本书为谨慎起见剔除 ST 实施信息披露前一个星期的数据。

者共享的决策性会计信息越可靠，QIOKK = 1 时，证券市场会计信息共享状态与强势有效证券市场假设状态基本一致，如果 QIOKK = 0，表示证券市场会计信息共享极端不对称，为最弱信息共享效率状态，所有投资者都不能利用其已共享会计信息进行有效价格预期，或者说，只是共享了完全不可靠的会计信息。

5.4.2.3　样本选择

鉴于自 1998 年开始，中国证券市场开始要求上市公司按照信息披露规则披露包括现金流量表在内的所有基本财务报表，从 wind 数据库抽取 1998—2006 年 3 月 31 日 ST 类上市公司 111 家，提取其自上市以来的股票价格数据，观察样本日涨跌幅的变化特征在 ST 实施前后的价格反应效率，揭示证券市场投资者的信息共享预期可靠性。

5.4.2.4　计量分析

通过对 111 家 ST 公司在 ST 实施前后的价格波动数据进行处理分析结果（表 5 - 21）进行统计可以得到表 5 - 19。

表 5 - 19　　ST 实施市场反应关系统计表

敏感度 SI 分组	频　率
1 以下	9.91%
1—2	6.31%
2—5	23.42%
5—10	35.14%
10—30	16.22%
30 以上	9.01%
合　计	111

统计结果显示，投资者对 ST 实施信息作出了强烈的反应。假设反应度 SI 小于 2 为弱反应或无反应，2—5 为较强敏感反应，5 以上为强烈反应的话，则中国证券市场投资者对 ST 实施作出强烈反应的比率达到了 60.36%，较强敏感反应者比率为 23.42%，两

者共计 83.78%，即自 1998 年以来中国证券市场投资者对 ST 实施信息的反应极其强烈，能够被认为对可靠地预测价格的样本比例仅为 16.22%（=9.91% +6.31%）。

由于 2 可以作为有效区分研究对象敏感性强弱的数值点，因此，设 SIs =2，利用 QIOKK 计量公式对 1999—2005 年的 ST 实施信息反应特征进行综合，可以得出表 5 -20。

表 5 -20　1999—2006 年 1 季度 QIOKK 统计表

敏感度 SI 分组	1999 年	2000 年	2001 年	2002 年	2003 年	2004 年	2005 年	2006 年一季度
≤2	0	1	0	1	6	2	7	1
>2	17	5	4	10	16	13	25	3
QIOkk	0.00%	16.67%	0.00%	9.09%	27.27%	13.33%	21.88%	25.00%

统计结果显示了中国证券市场会计信息共享的决策有用性是比较低的，投资者在信息披露之前共享的会计信息对重要的证券价格预期的有效性很差，但是从长期来看，中国证券市场的投资者会计信息共享能力在提高，会计信息共享可靠性在日趋增强。

5.4.3　客体视角中国证券市场会计信息共享质量指数

会计信息共享的完整性与可靠性是证券市场投资者对上市公司盈利预期与比较的必要决策信息，依据不完整的可靠信息或不可靠的完整信息进行投资决策是危险的。在会计信息共享期间，信息共享边界越大，共享信息越准确可靠，越有利于进行证券价格预期，对证券市场价格形成及其运行效率提高具有重要意义。

因此，对客体视角会计信息共享的完整性与可靠性的有机结合必须考虑到两者对共享信息的整体影响，本书采用几何平均数规则对完整性、可靠性系数进行综合。这样做的理由是：如果可靠性系数为 0，则完整性达到了 100% 也是徒然；如果没有共享信息，则可靠性失去了作用对象。采取因子之间的乘积计量规则可以揭示各

表 5－21　　ST 实施前后股票价格波动关系分析表

实施日期	代　码	Vst 实施前	Vst 实施后	敏感度 SI	实施日期	代　码	Vst 实施前	Vst 实施后	敏感度 SI
1998 年 5 月 4 日	600083	−0.245	−1.811	7.400	2000 年 4 月 21 日	546	0.204	−1.764	8.664
1998 年 6 月 8 日	600892	0.324	−1.706	5.262	2000 年 4 月 26 日	600137	0.262	−1.813	6.919
1998 年 6 月 15 日	30	−0.012	−0.770	64.533	2000 年 4 月 26 日	600762	0.353	−2.932	8.310
1999 年 4 月 23 日	600847	−0.125	0.442	3.535	2000 年 4 月 28 日	600629	0.178	−1.947	10.967
1999 年 4 月 27 日	20	0.031	0.224	7.259	2000 年 5 月 9 日	592	0.442	0.374	0.845
1999 年 4 月 27 日	200020	0.440	−3.151	7.154	2000 年 5 月 9 日	585	0.228	−0.964	4.220
1999 年 4 月 29 日	536	0.156	−1.985	12.687	2001 年 2 月 21 日	600743	−0.060	−0.477	7.964
1999 年 4 月 29 日	555	0.098	−1.637	16.658	2001 年 4 月 24 日	600753	−0.170	0.352	2.073
1999 年 4 月 29 日	600691	0.023	−0.945	40.740	2001 年 5 月 8 日	600848	−0.076	0.666	8.813
1999 年 4 月 29 日	600715	0.001	−1.323	2466.344	2001 年 6 月 26 日	600763	0.244	0.499	2.045
1999 年 4 月 30 日	34	−0.006	−0.528	95.857	2002 年 3 月 26 日	600603	0.006	−0.235	39.365
1999 年 5 月 4 日	600758	−0.484	−1.311	2.709	2002 年 4 月 17 日	885	0.019	−0.047	2.508
1999 年 5 月 4 日	17	−0.247	−1.252	5.072	2002 年 4 月 18 日	560	−0.027	−0.124	4.538
1999 年 5 月 4 日	60759	−0.212	−1.410	6.658	2002 年 4 月 24 日	699	−0.196	1.638	8.364
1999 年 5 月 4 日	613	−0.117	−0.897	7.703	2002 年 4 月 24 日	603	−0.091	1.612	17.641
1999 年 5 月 4 日	200017	−0.115	0.484	4.195	2002 年 4 月 25 日	638	−0.072	2.833	39.469
1999 年 5 月 4 日	200613	0.071	−1.726	24.370	2002 年 4 月 26 日	656	0.219	−0.806	3.671

续表

实施日期	代　码	Vst 实施前	Vst 实施后	敏感度 SI	实施日期	代　码	Vst 实施前	Vst 实施后	敏感度 SI
2002 年 4 月 29 日	600698	0.059	-0.389	6.553	2003 年 5 月 12 日	600615	-0.347	1.274	3.671
2002 年 4 月 30 日	620	-0.101	-2.911	28.821	2003 年 5 月 12 日	600891	-0.083	0.826	9.900
2002 年 5 月 8 日	557	0.524	0.011	0.022	2003 年 5 月 12 日	600617	-0.147	-0.576	3.916
2002 年 7 月 19 日	600862	-0.097	-2.655	27.415	2003 年 5 月 12 日	900913	-0.152	0.084	0.550
2003 年 3 月 7 日	600807	-0.075	0.155	2.065	2003 年 6 月 30 日	600751	-0.234	0.160	0.683
2003 年 3 月 18 日	710	-0.118	-0.161	1.367	2003 年 6 月 30 日	900938	-0.270	0.152	0.563
2003 年 3 月 26 日	801	-0.052	0.147	2.815	2003 年 8 月 29 日	600338	-0.385	0.186	0.484
2003 年 4 月 1 日	409	0.111	-1.532	13.774	2004 年 2 月 5 日	600503	-0.187	3.196	17.055
2003 年 4 月 9 日	600385	-0.068	-0.113	1.664	2004 年 3 月 18 日	600335	0.368	0.953	2.593
2003 年 4 月 16 日	5	0.033	-2.891	88.475	2004 年 3 月 30 日	802	0.066	1.672	25.468
2003 年 4 月 17 日	561	0.087	-1.416	16.260	2004 年 4 月 13 日	766	0.148	-0.500	3.378
2003 年 4 月 17 日	600234	-0.007	-3.715	526.077	2004 年 4 月 23 日	600735	-0.340	-0.701	2.060
2003 年 4 月 22 日	529	-0.087	-0.587	6.746	2004 年 4 月 26 日	587	0.223	-0.680	3.054
2003 年 4 月 23 日	600313	-0.115	-1.441	12.493	2004 年 4 月 26 日	600681	-0.005	-1.133	229.9
2003 年 4 月 29 日	600695	-0.299	-0.907	3.034	2004 年 4 月 29 日	691	0.091	-0.890	9.809
2003 年 4 月 29 日	505	-0.150	-0.845	5.638	2004 年 4 月 30 日	832	0.053	0.191	3.600
2003 年 4 月 29 日	600766	-0.089	-0.875	9.836	2004 年 5 月 10 日	600844	0.004	0.176	42.705
2003 年 4 月 30 日	600053	0.265	0.536	2.021	2004 年 5 月 10 日	900921	0.261	-1.304	4.996
2003 年 4 月 30 日	600781	-0.239	1.470	6.155	2004 年 6 月 17 日	805	-0.222	-1.717	7.727

续表

实施日期	代　码	Vst 实施前	Vst 实施后	敏感度 SI	实施日期	代　码	Vst 实施前	Vst 实施后	敏感度 SI
2004年7月26日	600737	-1.366	0.088	0.064	2005年4月29日	908	-0.629	-3.899	6.200
2004年7月26日	736	-0.709	-3.029	4.270	2005年5月9日	863	-0.761	-4.334	5.699
2004年8月4日	583	-0.892	-1.102	1.236	2005年5月9日	600092	-0.729	-3.914	5.367
2005年3月22日	156	-0.334	-3.534	10.567	2005年5月10日	600772	-0.511	-2.269	4.444
2005年3月29日	650	-0.361	-0.504	1.397	2005年5月10日	600515	-0.503	-2.652	5.268
2005年3月29日	600086	-0.378	-2.332	6.165	2005年5月10日	631	-0.439	-2.986	6.796
2005年4月1日	600065	-0.428	-0.273	0.639	2005年5月10日	600181	-1.245	-1.586	1.274
2005年4月5日	993	-0.472	0.438	0.928	2005年5月10日	600286	-0.558	-2.641	4.731
2005年4月14日	760	-0.325	-2.140	6.574	2005年5月10日	600369	-0.233	-1.620	6.967
2005年4月14日	856	-0.318	-2.508	7.891	2005年7月1日	596	-0.582	-0.709	1.218
2005年4月20日	887	-0.435	-3.952	9.076	2005年7月1日	35	-0.728	-4.956	6.804
2005年4月20日	600199	-0.490	0.271	0.553	2005年7月1日	200041	-0.592	-4.963	8.390
2005年4月21日	622	-0.619	-4.614	7.454	2005年7月1日	200596	-0.635	-3.782	5.957
2005年4月21日	600187	-0.508	-4.994	9.839	2005年7月11日	600816	-0.550	-1.522	2.767
2005年4月25日	683	-0.162	4.061	25.037	2005年11月14日	719	0.342	-1.663	4.866
2005年4月26日	600767	-0.532	-4.808	9.033	2006年1月5日	517	-0.403	-0.113	0.280
2005年4月27日	862	-0.490	-5.013	10.221	2006年3月1日	918	0.076	-2.217	29.202
2005年4月27日	600213	-0.501	-0.651	1.298	2006年3月21日	509	-0.072	1.061	14.794
2005年4月28日	880	-0.183	2.491	13.631	2006年3月27日	600576	-0.031	0.226	7.291
2005年4月29日	791	-0.763	-4.013	5.259					

因子对会计信息共享整体质量的共同制约特征，由此可以得到如下的计算公式：

$$QIO = SQRT（QIOWZ \times QIOKK）\times 100\% \quad (5-22)$$

注：SQRT 表示对因子乘积开 2 次方根。

QIO 分布于 0 到 1 之间，数值越大，表示会计信息共享质量越高。

根据 2003—2004 年 QIOWZ 和 QIOKK 对应数据可以对客体视角的会计信息共享质量综合指数进行计算，结果如下：

$$QIO_{2003} = SQRT（27.27\% \times 0.45\%）= 3.503\%$$

$$QIO_{2004} = SQRT（13.33\% \times 0.81\%）= 3.286\%$$

QIO 处于非常低的水平，反映了中国证券市场客体视角会计信息共享质量状态，会计信息共享的完整性、可靠性均属于极弱的市场效率特征状态。

第 6 章

监管视角证券市场会计信息共享质量

亚洲金融风暴过后，国际证监会组织于 1998 年 9 月通过了证券监管目标与原则这一纲领性文件，认为证券监管的三个主要目标是保护投资者、确保建立一个公正、有效和透明的市场和尽量减少系统风险（周亚红，2001）。在这三个目标中，保护投资者利益是最终目标，另外两个是中间目标[①]。支撑证券市场监管目标实现的关键是信息披露问题，会计信息披露是否及时、准确和完全是建立公众对证券市场的信心基础。证券市场监管体制建设，是保证证券市场信息披露公开、有效和透明的关键，这是一项长期、复杂的系

---

① 减少系统风险，主要强调证券市场的发展，要与金融市场的发展协调，要与整个国民经济的发展相适应，证券市场的开放，要有一定的监管能力作保障，要有足够的抗风险能力做支持；确保证券市场公平、有效和透明，既是证券市场有效监管的基础，又是有效监管的结果。

统工程，它不仅包括证券监管机构信息披露监管制度是否完善，更有赖于公司治理结构改进是否强化利益相关者的监督、会计师和律师等中介机构是否保持中立和诚信地履行职责、投资银行或券商是否尽职尽责以及证券市场监管立法是否完备，依赖保证公正有效的司法监督、媒体和社会舆论监督的有效及时、政府和企业关系清晰化等一系列制度安排。

6.1 监管的实质

信息控制者与信息共享者之间的信息不对称现象，是利益控制权不对称的结果，是市场主体追求自身利益最大化的结果。在信息完全披露的结果不能确定预期有利的情况下，信息不对称将成为普遍现象，在相互作用中具有程度加深的趋势，基于市场信息共享的资源配置机制就将失灵，政府监管不可避免。从这种意义上讲，信息监管者角色的重要功能是控制或弥补信息控制者与信息共享者之间的信息差，不至于使信息共享者退出证券市场。

会计信息作为证券市场信息共享的主要内容，是证券市场信息监管者首当其冲的监管对象。证券市场的信息监管者，是证券市场的利益监管者，是实质上的利益控制者。要实施适度会计信息共享监管，就需要监管的标准以及执行监管的标准，标准的核心是确定会计信息的共享边界、共享时间、共享方式等。同时，监管的成本和预期收益也是必须考虑的问题，成本决定监管的次数，利益决定监管的力度。

证券市场只是其利益控制者的创利组织，对证券市场的监管与否及其监管力度，监管的效率甚至公平度等，都首先取决于监管的预期利益和风险。从这个角度来分析，利益控制者是具有充分的监管积极性的。但是证券市场的监管者并不是理论上的利益控制者——统治者，而只是其代理人组织，如证券监督委员会等，他们是实质上的利益控制者，从而成为证券市场的实质性的信息控制者。但代理人组织依然需要委托信息监督代理人，从而形成多层代理，一直到最后直接行使会计信息监督权的个人。这样，直接行使监督权的个人的监督效率和公正性，就成为整个信息监督代理链条效率形成的基点。

6.2　国内外证券市场会计信息监管模式

证券市场会计信息共享的基础是会计信息的披露，因此，对会计信息披露监管历来是各国证券市场信息监管的核心，监管的效率直接影响会计信息披露的质量——投资者的会计信息共享基础。

从监管部门职责划分来看，证券监管部门和证券交易所在上市公司信息披露监管中的地位和作用既与一国或地区实行的证券监管体制密切相关，也与上市公司所披露信息的性质密不可分。上市公司在发行上市以后所进行的持续性信息披露，其监管主要是由证券交易所进行，证券监管部门一般仅就重大事项或违规行为进行监管，证券交易所处于日常监管的第一线，发挥最主要的作用。对于上市公司初次信息披露的监管，证券监管部门与证券交易所在职责上的划分主要取决于一国或地区的证券发行上市审核制度。在核准制下，如果审批机构为证券交易所，则上市公司初次信息披露的监管职责主要由证券交易所承担，但通常证券监管部门也保留对上市公司有关违规行为进行问询和调查处理的权力。表6-1揭示了这两种制度安排下主要国家或地区的信息披露监管职能划分。

表 6－1　　上市公司信息披露监管职责划分比较[①]

<table>
<tr><th colspan="2">证券发行上市审核制度</th><th>初次信息披露监管</th><th>持续信息披露监管</th></tr>
<tr><td colspan="2">注册制</td><td>以证券监管部门为主</td><td>以证券交易所为主</td></tr>
<tr><td rowspan="2">核准制</td><td>审批机构为证券监管部门</td><td>以证券监管部门为主（代表国家或地区：美国、日本、中国台湾）</td><td>以证券交易所为主</td></tr>
<tr><td>审批机构为证券交易所</td><td>以证券交易所为主（代表国家或地区：英国、德国、法国、中国香港）</td><td>以证券交易所为主</td></tr>
</table>

6.2.1　国外会计信息监管模式

尽管世界主要发达证券市场都有自己的监管管理体系，但是归纳起来，可以分为两种模式：（1）以美国为典型代表的集中统一监管模式；（2）以英国为代表的自律型管理模式。从世界各国的发展趋势来看，采用美国模式的比较多，中国香港和内地目前也采用了类似美国的管理模式。

6.2.1.1　美国证券市场信息披露监管制度

在 1929—1933 年经济危机之前，美国联邦政府对证券市场的干预程度较小，没有专门的机构和法律来管理市场，这个任务主要由各州来承担。1929—1933 年的经济危机及股市的崩溃，使美国国会意识到加强市场管理的必要性。危机之后，美国建立起了以联邦立法为核心的证券信息披露制度，其目的是防止证券欺诈、恢复投资者对市场的信心。美国的信息披露要求以规范化为特点，披露项目以表格的形式出现。随着电子化信息披露系统（EDAGR）的采用，披露要求更加规范化。1933—1934 年，美国参议院银行与货币委员会及时制定了证券交易法。根据该法，美国联邦政府成立了证券与交易委员会（简称 SEC），负责对全国证券市场统一管理。

SEC 直接对美国国会负责，每年须就全国证券市场的情况和各

① 何佳："中外信息披露制度及实际效果比较研究"，深圳证券交易所综合研究所 2002 年。

种证券法律的执行情况向美国国会进行书面报告。SEC 有一定的立法权和司法权，可以对证券市场的有关违法活动进行独立的调查并进行相应的处罚，这一点是美国 SEC 权威性的独到之处，世界其他国家的监管机构都没有如此高的权威性。可以说，美国的证券管理架构是一种高度统一的管理模式，SEC 构成美国证券市场管理的第一层次架构。

美国证券管理的第二个层次是证券交易所对市场的一线管理。纽约证券交易所是个会员制的非营利的法人团体，它有四个职能：(1) 会员单位提供交易场所、交易设备，在会员单位中维持较高的商业信誉标准，改善交易原则；(2) 根据非营利公司法，执行“交易理事会”的职能；(3) 根据 1934 年证券交易法实施“交易的功能”；(4) 处理前述有关的突发事件。

纽约证券交易所虽然是个会员组织，但是其执行监管业务时，却不受会员的干预，而是独立地进行市场的管理，主要业务部门包括交易服务与财务部、市场发展与公共事务部、仲裁部。交易服务与财务部主要由管理与监督组、市场运作组和市场监督组组成。管理与监督组主要是监督为公众服务的证券商，包括监督检查会员的业务和财务状况，检查相关的账册等。市场运作组主要负责交易大厅内的交易规则的执行。市场监管组主要负责交易的公平和公正，使用“股票监视”计算机系统对市场进行管理，如果出现市场的异常变动，该小组将按照有关规则进行及时处理，重大事件会移交给 SEC 处理。市场发展与公众事务部主要对上市公司与拟上市公司提供相关的服务、信息发布以及市场推介等工作。仲裁部主要解决会员之间、会员及其员工之间、会员与顾客之间的矛盾及纷争，把违法违规案件移交到 SEC 等有关司法部门处理。

美国证券市场监管的第三个层次是全国证券商协会（NASD），这是一个半官半民的非营利组织，是一个行业自律组织，依据 1934 年的证券交易法和 1938 年的马奈利法（Maloney act）于 1937

年正式成立。全国证券商协会的主要职能有四条：（1）推动投资银行和证券业的发展，制定行业原则，提高商业信誉，鼓励联邦和州法律法规的执行；（2）为会员企业、政府以及其他机构提供交流的中介；（3）监督执行全国证券商协会的公平交易规则以及有关防止欺诈和操纵市场的规则，同时不断完善公正交易原则；（4）提高会员的自律程度，调查和调解公众与会员之间以及会员之间的矛盾和问题。全国证券商协会的主要目标是维持市场的公平、公正，为此，该协会建立了一整套与此配合的规则与制度，如自营商的登记制度，投资银行和证券业的个人登记制度，投资顾问登记制度，高级管理人员登记制度，各种资格考试以及豁免与不合格的制度等。通过这些登记制度，协会对会员企业和个人建立了一套自律管理系统，从而达到维护市场公平合理运作的目标。

1994 年，AICPA（美国注册会计师协会）发表报告从 10 个方面总结了投资者对上市公司自愿信息披露的需求。1995 年，SEC（美国证券与监督委员会）公布了“安全港”条款，对上市公司盈利预测信息披露可能面临的股东诉讼提供某种形式的保护。2000 年，SEC 发布公平信息披露规则否定了选择性信息披露的做法，要求凡是证券信息披露，必须平等地向广大投资者公开披露。2001 年，FASB（美国会计准则委员会）发表了题为“改进财务报告：提高自愿性信息披露”的研究报告。该报告对美国上市公司的自愿性信息披露状况进行了评价，提出了改进财务报告过程、增加自愿性披露的政策建议。在 FASB 促进自愿信息披露的本研究报告发表后，为了强化公司治理和社会责任，SEC 表示将采取具体措施鼓励上市公司自愿性信息披露，并列出了需要自愿披露的内容。

2001 年，美国爆发一系列财务虚假案，导致安然、世通等大公司破产，迫使安达信这一具有 90 多年历史的世界级会计师事务所退出审计市场，动摇了美国证券市场诚信基础，使投资者对上市公司信息披露真实性、财务报表可靠性、证券分析师推荐有效性以及评级机构结论可信度产生了置疑。为此，美国众议院金融服务委员会主席奥克斯利和参议院银行委员会主席萨班斯联合提出 2002 年萨班斯—奥克斯利法案（简称萨班斯法案），该法案又称 2002 年公众公司会计改革和投资者保护法案。法案对美国 1933 年证券法、1934 年证券交易法作了不少修订，在会计职业监管、公司治理、证券市场监管等方面作出了许多新的规定。索克斯法案规定，公司的首席执行官和首席财务官必须对财务报告签字担保，对参与欺诈行为的人将施以更严厉的法律制裁，刑期最高达 20 年。萨班斯法案的颁布实施，旨在增强企业财务报告制度的真实性、透明度和及时性，可能最终需要企业投入巨资，全面改造预算编制、报告和决策支持等系统。

6.2.1.2　英国证券市场信息披露监管制度

崇尚自由、自律监管是英国证券市场信息披露监管的传统。英国的信息披露制度是从 19 世纪的公司登记制度发展起来的，虽然信息披露具体规范随历史发展逐步细化，但立法对政府在公司事务中的最初定位没有大的变化，即公司系经政府注册登记成立，政府要求公司在注册登记中披露影响投资者判断公司价值所需的重要信息，除此之外，政府不想关心公司的价值或对公司投资是否可以获利；防止利用公司进行欺诈就是政府对公司证券管理的最主要工作。英国对信息披露违法的处罚，采取公司股东权益保护中对公司股东进行集团性保护的原则，任何一个股东对公司及公司管理层诉讼的胜利，获得的救济自动给予公司其他股东。英国信息披露的中心是证券交易所。交易所的披露规则比政府立法要求更为细致和严格。对社会公众发布披露信息的工作由交易所具体操办。目前，英国的证券信息披露具体由伦敦证券交易所公司信息发布办公室、通过“规管新闻服务系统”将披露信息发布给媒体和公众。

20 世纪 80 年代，英国政府为了顺应证券市场的发展特点，在 1986 年 10 月 27 日出台了金融服务法，从根本上改变了英国证券市场的监管体系，使其证券投资监管工作进入了一个新时代。在该法案的基础上成立了证券投资委员会（SIB），国务大臣授权SIB对从事各种金融服务的企业和从事证券活动的自我规范组织进行监管，而且监管具有法律效力，从而一改传统的自律规范模式，建立了自律管理与立法监管相结合模式。然而，英国金融监管体制是一个典型的“多元化”体制，金融的立法体系也相当复杂。在不同的法律规定下设置不同的监管机构，分别对不同的业务种类进行监管。不仅如此，对于证券与投资业务还实行双重监管，证券投资委员会（SIB）下设3个自律性管理组织，分别对“证券业务”、“投资咨询与信托业务”和“个人投资业务”进行管理。这样，英国实际上有9个金融监管机构。

1998年7月，英国政府颁布了金融服务和市场法案，确立了具体监管规范以及FSA的职责权限。根据这项法案，FSA负责全英各种银行、投资基金管理机构、清算机构、保险公司、住房信贷合作社、证券与期货交易机构等的审批注册、规范、监管和处罚。这样，英国传统上以自律性管理为主的金融监管体制将逐步消失，取而代之的是单一的巨大金融监管机构。FSA监管的对象不只是原来的金融机构，还包括从事投资业务的企业、信用机构、保险市场、交易所及决策机构等等。

6.2.2 国内信息披露监管模式

中国上市公司的信息披露制度以强制性披露为主、自愿性披露为辅，在批判地借鉴美国、英国等发达国家证券市场的信息披露监管制度的基础上构建规则。

6.2.2.1 我国上市公司信息披露监管制度

当前规范我国上市公司信息披露的制度体系包括基本法律、行政法规、部门规章和自律规则等四个层次：第一层次为基本法律，主要是指证券法和公司法等国家基本财经法律，还包括刑法等法律中的有关规定；第二层次是行政法规，主要包括：国务院于 1993 年 4 月发布的股票发行与交易管理暂行条例、股份有限公司境内上市外资股的规定、股份有限公司境外募集股份及上市的特别规定、可转换债券管理暂行办法等；第三层次为部门规章，主要是指中国证监会制定的适用于上市公司信息披露的制度规范，包括《公开发行股票公司信息披露实施细则》、《禁止证券欺诈行为暂行办法》、《证券市场禁入暂行规定》、《股份有限公司境内上市外资股规定的实施细则》、《公开发行股票公司信息披露的内容与格式准则》、《公开发行证券的公司信息披露编报规则》、《公开发行证券的公司信息披露规范问答》、《关于加强对上市公司临时报告审查的通知》、《关于上市公司发布澄清公告若干问题的通知》、《证券交易所管理办法》、《上市公司股东大会规范意见》、《前次募集资金使用情况专项报告指引》等；第四层次为自律性规则，主要是指证券交易所制定的上市规则。

可见，我国已初步形成了以证券法为主体，相关的行政法规、部门规章等规范性文件为补充的全方位、多层次的上市公司信息披露制度框架。该框架从原则性规范到操作性规范，从信息披露的内容、形式到手段，都作出了较为科学合理的规定，既考虑到与国际相对完善的规则接轨，又保留了自身的特色。

6.2.2.2　主要监管部门及其职责和权限

目前对上市公司信息披露进行监管的部门主要是中国证监会、证券交易所和中国注册会计师协会，各自的职责和权限如表 6－2 所示。

由表 6－2 不难看出，目前对上市公司信息披露进行监管的部门主要是中国证监会、两个交易所和中国注册会计师协会。在信息披露监管方面，中国证监会享有最为广泛的权力，也是最权威的监管者；交易所处于一线监管的地位，但其享有的权限较为有限；相对而言，中国注册会计师协会对上市公司的信息披露的监管较为间接，主要是通过对会计师事务所的监督和管理来实现。

表6－2　　　　监管部门的职责和权限划分

监管部门		监管职责	监管权限
中国证券监督管理委员会	发行监管部	审核境内企业直接或间接在境内外发行股票、可转换债券的申报材料并监管其发行活动；审核企业债券的上市申报材料。	处罚权：单处或并处警告；没收非法所得；罚款；暂停违法者从事证券业务或撤销其从事证券业务的资格。
	上市公司监管部	指导、督促和检查证券交易所对上市公司信息披露的一线监管；负责与会计部协调处理上市公司信息披露中的财务会计问题，配合会计部起草、修订上市公司信息披露（定期报告、临时报告）的规则；组织收集、分析和处理市场和媒体对上市公司的情况反映。协调证券交易所与各地派出机构对上市公司信息披露的监管工作；对上市公司信息披露、财务会计报告进行巡回检查和专项核查等。	调查取证权：进入违法行为发生场所调查取证；询问当事人，要求其对与被调查事件有关的事项作出说明；查阅、复制当事人和与被调查事件有关的单位和个人的证券交易记录、登记过户记录、财务会计资料及其他相关文件和资料；对可能被转移或者隐匿的文件和资料，可以予以封存；查询当事人和与被调查事件有关的单位和个人的资金账户、证券账户，对有证据证明有转移或者隐匿违法资金、证券迹象的，可以申请司法机关予以冻结。
证券交易所		深圳证券交易所由上市公司管理部，上海证券交易所由上市部对上市公司的年度报告、中期报告和临时报告的信息披露进行监管，并对上市公司进行日常监管。	处罚权：警告；公开批评；公开谴责。调查取证权：没有对上市公司的调查取证权，只能不断要求上市公司就可疑问题提供解释。
中国注册会计师协会		拟定业务报备管理制度和业务检查制度，组织实施业务报备工作及年度业务检查工作；拟定对有关执业机构和执业人员职业道德、执业质量方面的投诉举报管理制度、办法，组织处理有关投诉举报专案查处工作，协调有关方面对行业职业道德和执业质量方面的监督、检查和处罚事项；拟定对违法违规的执业人员的处罚制度、办法，组织实施有关处罚处理工作等。	处罚权：对注册会计师：警告；没收违法所得；罚款；暂停执行部分或全部业务，暂停执业期限，最长为12个月；吊销有关执业许可证；吊销注册会计师证书。对会计师事务所：警告；没收违法所得；罚款；暂停执行部分或全部业务，暂停执业期限最长为12个月；吊销有关执业许可证；撤销会计师事务所。调查取证权；没有对上市公司的调查权。

资料来源：证券法、股票发行与交易管理条例、违反注册会计师法处罚暂行办法、中国注册会计师协会秘书处机构设置及职责范围、中国证监会网站、上海证券交易所网站。

由此可见，我国证券监管的实质是以中央政府为中心的监管决定模式，政府委托下属行政机构“证监会”具体执行监管工作。证券交易所与中国证监会之间的法律关系尚未理顺，行政机关对证券交易所的职能和自治权力存在诸多限制，不仅在证券交易所总经理任免问题上，而且在上市公司上市核准权力的来源和行使、证券市场监管权力配置等问题上，都存在着强政府、弱交易所，强行政权、弱自治权的现象，存在着行政权对证券交易所自治权的过度占有。特别是在上市公司的审核方面，政府干预过大①。从国际经验看，证券交易所监管工作理应受到政府管制，美国SEC对纽约证券交易所，英国FSA对伦敦证券交易所，都是如此。但政府对证券交易所的控制仅限于监管而已，与政府机关上下级之间的行政隶属关系截然有别。然而，我国政府对证券交易所从设立、运作、治理结构、章程等方面的直接控制过密，例如《中华人民共和国证券法》第一百条规定：“证券交易所设总经理一人，由国务院证券监督管理机构任免”。

6.2.3　小结

综合美英国家的证券市场信息披露管制的经验可以发现，不管是以竞争导向为传统的美国，还是以自律为传统的英国，最后的改革结果往往都趋于一致，即混合监管模式。在证券市场信息披露监管中，既要强调证券市场主体的自律、自由竞争意识，又要重视政府“守夜人”的功能，孤注一掷的思想，往往难以持久发挥作用，甚至会带来灾难性后果。中国证券市场起步晚、欠规范，在发展过程中借鉴发达证券市场的监管经验，实现证券市场的监管目标是必不可少的环节。

---

①《中华人民共和国证券法》第四十六条规定：“股票上市交易申请经国务院证券监督管理机构核准后，其发行人应当向证券交易所提交核准文件和前条规定的有关文件。证券交易所应当自接到该股票发行人提交的前款规定的文件之日起六个月内，安排该股票上市交易。”

6.3 注册会计师的信息监管职能比较

证券市场信息披露的核心是上市公司财务报告，财务报告在对外披露前必须经过具有审计资格的会计师事务所审计，因此，会计师事务所的监管效率从根本上决定了进入证券市场投资者信息共享视野的会计信息质量水平，这是证券市场会计信息共享质量决定的信息起点。但是，国内外的审计实践表明，目前成为主流的会计信息审计模式，由于其中会计师事务所经济独立性低的特征的存在，致使证券市场会计信息欺诈成为不可根除的恶疾，这一点已经被国内外接连不断的恶性财务信息欺诈案件所证实。

6.3.1 美国注册会计师行业监管

美国注册会计师职业团体相对自律，负责资格认定、制定标准等，各州政府发放执业证书，并对注册会计师进行适当的监管。鉴于萨班斯法案在美国证券市场发展史上的特殊地位，本书以萨班斯法案颁布为界，对其前后的会计师行业监管进行比较阐述。

6.3.1.1 萨班斯法案颁布前证券市场审计业务的监管

萨班斯法案颁布之前美国证券市场审计业务的监管，以 SEC 为主导，AICPA 发挥重要作用。根据 1934 年证券交易法成立的 SEC，负责证券法和证券交易法的实施，监管美国证券市场，包括从事证券市场审计业务的注册会计师。这种职能主要表现在 SEC 拥有对从事证券业务的注册会计师和事务所的调查、处罚权，有权暂停或永久禁止违法注册会计师从事证券业务，其判例也对审计准则的制定和发展间接地产生了一定影响。但除案件调查处理外，SEC 并不对注册会计师行业进行日常监管，而主要依靠 AICPA 的监管。

1977年会计师事务所管理部的成立，是美国注册会计师协会实施行业自律过程中最为重要的步骤之一。会计师事务所管理部之所以很快成立和有效运转，是回应1976年和1977年国会听证会对注册会计师表现出的忧虑以及随之而来的证券交易委员会的监管。

会计师事务所管理部对其团体会员——会计师事务所的监管通过以下措施来落实：一是要求会员严格遵守会员管理条例；二是会员每3年接受一次强制性的同业互查，主要检查遵守会员条例和落实内部质量控制措施的情况；三是对于从事证券业务的会员，由质量控制调查委员会（The Quality Control Inquiry Committee）通过调查予以监督。会计师事务所管理部包括两个分部，一个负责管理已经或者将要同那些受证券交易委员会管辖的公司建立客户关系的会计师事务所，称作证券交易委员会执业管理部（The SEC Practice Section），一个负责管理同非上市公司公司建立客户关系的会计师事务所，称作非上市公司业务管理部（The Private Companies Practice Section）。大部分会计师事务所是上述两个分部的会员，如果从事受证券交易委员会管辖的公司的审计业务，则必须加入证券交易委员会执业管理部。会计师事务所管理部的每一个分部都由一个执行委员会（Executive Committee）进行管理，该委员会不仅提出对会员的要求，而且在必要时对会员的违纪行为提出处罚建议。

为了保护社会公众利益，会计师事务所管理部提供资金成立了公共监督委员会（Public Oversight Board），该委员会由声誉良好、具有丰富执业经验的注册会计师组成，它密切关注证券交易委员会执业管理部的活动，不定期地向社会公布调查报告。公共监督委员会的职责包括：（1）监督和评价同业互查委员会、执行委员会的监管和惩戒措施，从而保证工作的有效性；（2）判断同业互查委员会是否已经使会员根据同业互查结果采取了适当的行动；(3) 监督本分部的其他各项活动。虽然证券交易委员会并不情愿放松对注册会计师的监督，但公共监督委员会的工作实质上已经使注册会计师行业自律的可信度大大提高。

6.3.1.2 萨班斯法案后审计业务监管体制

在社会各界的压力下，美国国会于 2002 年 7 月 25 日通过了 2002 年萨班斯—奥克斯利法案。根据萨班斯法案的要求，专门成立了公众公司会计监督委员会（PCAOB），负责监管从事证券市场审计业务的会计师事务所。PCAOB 是一个独立于行业的非政府法人机构，有 5 名委员，其委员和职员都不属于政府雇员。PCAOB 的经费来源于向发行证券的公司收取会计支持费和向注册的会计师事务所收取“注册费”和“年费”及罚没款收入。主要职能包括：负责对从事证券市场审计业务的会计师事务所的登记；对从事证券市场审计业务的事务所进行检查、调查和处罚；制定或直接采用注册会计师协会制订的审计准则、质量控制准则以及职业道德准则等（后来 PCAOB 决定自己制订审计准则）。

SEC 负责对 PCAOB 的监督，包括任命其委员，审批其财政预算，监督其实施的处罚程序，对其作出的处罚决定可加重、减轻、修改或取消等，并在必要时对会计师事务所进行特别检查。

PCAOB 与依赖行业进行管理的传统相比，已经走得很远，在某些领域，比如制订审计准则，已经越过了发挥行业作用的底线，体现出萨班斯法案的政治意义。而 PCAOB 承担着庞大的检查任务，要对为 100 家以上发行证券的公司提供审计或相关服务的会计师事务所，每年检查一次，其余的也要每三年检查一次。此外，每年还有约 1.5 万个案件需要调查处理。PCAOB 所能掌握的资源与公众预期以及法律本身的承诺产生巨大反差。PCAOB 作用发挥得怎样，仍需观察。

如何处理公众利益与行业利益的关系，对于注册会计师协会来说是一个大是大非的原则问题。美国注册会计师协会尽管也与其他国家会计组织一样，在其章程中明确表示维护社会公众利益，但由于它没有法定的监管地位，特别是由于没有明确的法律授权，也就缺乏相应的法律责任约束，因而在其发展进程中和具体事务的运作中自然走入了一个误区，即片面地强调注册会计师行业的自身利益，演变成了会计师行业的代言人和市场推广者的角色。这也是美国注册会计师协会的一个教训。

6.3.2　英国注册会计师行业监管

英国注册会计师职业团体高度自律，负责资格认定、会员注册、业务监管、制定标准等，政府很少干预。

1853 年，爱丁堡会计师公会成立，标志着英国首开注册会计师行业自律之先河。一百年后的今天，英国成为世界注册会计师行业自律的典范。由于英国注册会计师职业团体得到皇家的授权或“特许”，所以注册会计师被称为“特许会计师”或“特许注册会计师”，协会被称为“特许会计师协会”或“特许注册会计师协会”。目前，英国有六大会计职业团体：即英格兰和威尔士特许会计师协会（ICAEW）、苏格兰特许会计师协会（ICAS）、爱尔兰特许会计师（ICAI）、特许注册会计师协会（ACCA）、特许管理会计师协会（CIMA）、特许公共财务与会计协会（CIPFA）。在这六大会计职业团体中，只有前四家有权批准其会员从事独立审计业务并颁发执业执照。为了协调行动，六大会计职业团体共同成立了会计团体咨询委员会（CCAB）。会计咨询委员会下设审计实务委员会（APB）、会计教育课程委员会（BAAEC）及其他一些专门机构，在一些领域统一开展工作。

根据公司法，协会作为注册会计师管理组织，制定有关规则并采取有关措施对会计师事务所的审计工作行为进行规范。公司法也有一些要求，如会计师事务所如何出具审计报告等。联合王国法律要求协会对会计师事务所进行管理，以确保会计师事务所遵守有关规定。

协会采取惩戒措施是管理注册会计师的重要手段。惩戒的依据是皇家宪章及其细则和协会的规定。受惩戒的对象包括个人会员和会计师事务所。协会收到对个人会员的投诉后，如认为必要，则将投诉交给调查委员会处理。调查委员会如证实被投诉人有违规行为但不严重，则给予警告、严重警告、罚款等处罚；如不能处理的，则交给惩戒委员会处理。惩戒委员会有裁决权，可对被投诉人给予严重警告、罚款、取消会员资格等处罚。惩戒委员会对会计师事务所的处罚包括警告、严重警告、罚款、取消注册等。

在注册会计师行业高度自律的英国，社会公众利益的维护主要依赖于以下四个方面：一是注册会计师职业团体对会员资格和注册的控制；二是注册会计师职业团体对会员的监管，包括制定道德准则和惩戒程序；三是注册会计师职业团体制定和实施审计准则；四是法律对公司审计、投资业务和破产清算的规定。社会公众利益是否得到保护，主要取决于注册会计师行业自律的好坏。由于注册会计师职业团体的利益同社会公众不尽一致，社会公众不得不承受由此带来的风险，这是越来越多的人所不愿接受的事实。独立的监管体系涉及上述中的第二、第三两个方面，注册会计师的资格认定、会员注册和培训仍然是会计师职业团体的职责。

6.3.3 启示

英国注册会计师行业高度自律，政府通过法律引导注册会计师职业的发展，会计职业团体通过自身努力加强监管。美国注册会计师行业则是相对高度自律，政府通过法律对注册会计师行业实施监管。从这两个国家的注册会计师行业监管机制，可以得出如下结论：（1）注册会计师实现行业自律的必要条件是要有一个制定和完善道德准则，并在发现个人会员违反道德准则时对之进行适当惩处的有效机制；（2）对会计师事务所的业务质量进行有效监管是保证注册会计师行业实行自律的基础，如果会计师事务所经常执业不当，损害社会公众的利益，政府就会采取措施进行直接监管；（3）政府机构发放执业证书只是监督和控制注册会计师的一个重要环节，若注册会计师行业自律不能满足社会公众的要求，政府机构将受到责难，社会公众就会怀疑其存在的合理性；（4）注册会计师与社会公众利益密切相关，而注册会计师团体利益与社会公众不尽一致，社会公众理应要求加强对注册会计师的监管；（5）政府对注册会计师直接进行监管并非唯一有效的方式，如果通过非立法途径成立一个有效、透明、独立的监管体系，政府就没有必要参与其中。

6.3.4　中国注册会计师行业监管

我国注册会计师行业管理大致经历了如下几个阶段：1988 年以前，注册会计师行业由财政部门直接管理。1988 年，中国注册会计师协会成立，作为财政部的事业单位，协助财政机关对注册会计师和事务所进行管理，形成半官半民的准政府模式，经财政部门委托开始行使行业管理职责。随着 1993 年注册会计师法的颁布，中国注册会计师协会的职责得到进一步扩充。1996 年与中国注册审计师协会合并后，承担着对行业实行自律管理和部分受政府委托的职能。行业管理体制的建立，在服务、监督、管理、协调注册会计师行业发展，发挥其在经济生活中的鉴证和服务功能，推动行业走向成熟等方面起着重要的作用。但是，中国注册会计师协会一直存在着性质不清、职责不明的问题。它既是部门所属的事业单位，又是社会民间团体；既有行政管理职能，又有行业自律色彩。这种现状的存在与发展，加上以下两个原因，直接导致我国会计师事务所与上市公司之间审计关系严重失衡。

6.3.4.1　我国上市公司股权结构特殊

我国公司股权高度集中于国有独资或控股企业，且不能上市流通，由此产生了许多制度性的缺陷。比如董事会成员主要甚至全部来自作为主发起人的原国有企业，且大多又同时为公司的高层经营管理人员，董事长兼任总经理现象也很普遍，从而形成了严重的内部人控制问题。董事会设置的先天不足，为上市公司以后的不规范运作埋下了隐患，而且董事也不可能真正履行其对公司应尽的忠实和勤勉义务，保障全体股东、特别是弱小股东的利益。此外，上市公司的国有性导致经营者的行为严重背离广大股东的利益。我国上市公司的董事长和总经理是由政府任命的，他们更多地关注于自身的仕途，而其仕途与公司的发展并不一致，带有很大的不确定性。加之又缺乏股票期权之类的长期激励机制和西方那种经理人市场的压力，在这种情况下，他们不能将主要精力放在研究企业发展战略、改善经营管理、提高企业经济效益和长期成长能力上，而是放在如何争取上级部门的好感上，为此不惜采取短期化行为或操纵会计利润，粉饰会计报表的不当手段，对注册会计师独立审计施加的压力也随之增大。上市公司治理结构缺陷对注册会计师独立审计构成了巨大的压力。

6.3.4.2　我国上市公司注册会计师审计市场结构不合理

这主要表现在以下两方面：一是具有上市公司审计资格的会计师事务所数量太多（目前共有 105 家），市场集中度过低。以 1999 年报审计为例，笔者统计发现，10 家上市公司客户最多的会计师事务所审计的市场份额总共只占 31.8%。这样，上市公司选择的空间很大，“东方不亮西方亮”，总可以找到愿满足其不当意愿的事务所提供审计“服务”。二是会计师事务所的审计业务活动带着显著的地域性。我国上市公司由本地会计师事务所审计的比例①平

① 该指标计算公式：本地化审计比例 = 某期各省、市或地区会计师事务所审计其所在地上市公司家数合计 ÷ 当期被审计上市公司总家数

均达到 79.4%，前 10 家最大事务所本地化比例[①]更是高达 81.6%。这样，注册会计师在执行审计时就特别容易受到当地政府的不当干预，与当地政府和企业存在千丝万缕利害关系的注册会计师及事务所也往往很难抵御政府和企业的不当压力。这从发表的审计意见类型可窥见一斑，如本地化程度较高的十家事务所出具的标准无保留意见审计报告比例要高于本地化程度较低的十家事务所出具标准无保留意见审计报告比例约 7 个百分点，这说明，本地化审计相对出现降低审计标准的可能性较大。

6.4　会计信息共享监管的价值分析

证券市场会计信息监督的价值主要体现在对资源配置的促进功能，信息监督者提供的信用水平、效率直接影响证券市场资源配置的效率效果。证券市场会计信息共享质量与会计信息披露质量密切相关，信息监督质量是决定会计信息质量的直接影响因素之一。但是，并不是每一个监督主体都能够从证券市场的整体利益出发，维护证券市场会计信息共享机制的有效性，保护广大投资者会计信息共享权利，提高证券市场的资源配置效率，不同层次会计信息监管者的不同利益目标决定了他们在监督目标上的不完全一致。

6.4.1　会计信息监督主体视角价值分析

从监管角度来看，证券市场会计信息相关主体包括投资性会计信息共享者、上市公司利益控制者即会计信息控制者和会计信息监

① 该指标计算公式：本地化审计比例 = 某期各会计师事务所审计其所在地上市公司家数合计 ÷ 当期被这些会计师事务所审计的上市公司家数合计

管者，会计信息监管者又包括会计信息审计者即会计师事务所以及证券市场监管者。本书所指的证券市场监管者既包括中国证券监督管理委员会、财政部、审计署、交易所等对上市公司会计信息披露具有直接管理权的市场机制维护者，又包括对证券市场所有违法主体具有监督权的司法机关。对于广大投资者来说，从宏观上希望面对公开、透明和有效的会计信息共享环境，从微观上迫切期望共享高质量的会计信息，这一目标的实现往往不是仅仅通过对会计信息的直接监督者，如会计师事务所，就可以达到的。这需要从个体—整体之间的利益共享关系进行分析，因为证券市场信息监管者在市场经济制度安排之下，其行为同样具有利益最大化特征，而且存在巨大差异，这种差异主要体现在利益最大化的出发点是否相同。

为下文阐释方便，假设 X、Y 分别表示会计信息监管过程中的不同利益主体集合，V（≤1）表示主体间的利益共享关系。因此有：

XXV_{ij}——同类或同组织利益主体之间的利益共享关系

XYV_{ij}——异类或不同组织利益主体之间的利益共享关系

$i=1, 2, 3, \cdots, m, j=1, 2, 3, \cdots, n$。

如果利益主体在利益合作和竞争过程中完全从其自身利益最大化出发的话，不同利益主体之间主要表现为利益竞争关系，利益共享关系较弱，这种完全个体化的利益最大化竞争模式，非常容易导致利益相关者或整体利益的损失，即：

$XXV_{ij} \leqslant 1$，等号在 $i=j$ 时成立

$XYV_{ij} \ll XXV_{ij}$

$XYV_{ij} \ll 1$

随着不同利益主体之间的利益共享关系的增强，共同利益不断增加，利益共享系数增加。主要利益关系特征表现为 XYV_{ij} 逐渐向 XXV_{ij} 逼近，但总体上依然是

$(XXV_{ij} - XYV_{ij}) \geqslant 0$

当利益主体都能够完全从社会整体利益角度出发进行决策和行为时，等号成立。此时，市场主体取得社会平均利润率。

上述过程可以细分为以下六个方面进行阐述。

6.4.1.1　完全个人利益最大化

会计信息监管者直接把个人利益置于委托组织利益（如会计师事务所）之上，完全按照自身的利益最大化原则决定信息监督的效率、效果，决定是否与被审计人合谋等。例如上市公司利益控制者与会计信息监督者之间的利益共享关系取决于二者间是否选择合谋，合谋则利益共享系数大增，接近于 1，不合谋则接近于 0。

6.4.1.2　个人—组织利益最大化

相对于完全个人利益最大化，信息监督者在考虑自身利益最大化的同时，也考虑其代表组织的整体利益最大化，选择适度的信息监督策略。在这一假设中，信息监督者能够把个体利益最大化与其代理组织利益最大化有机结合起来，但个体利益依然成为信息监督者决策的关键。

6.4.1.3　组织利益最大化

信息监督者完全把个人利益最大化置于其代理组织利益最大化原则之下，完全按照其隶属组织的信息监督计划实施信息监督行为。按照前文的分析，在市场经济制度安排之下，信息监督者如果需要竞争信息监督权（如 CPA）才能参与利益竞争的话，则只有合谋之道，别无他途。只有依法具有强制性信息监督权的信息监督者，才有可能实施公正监督。

6.4.1.4　组织利益—委托人利益最大化

委托人指信息监督者的权力委托人。在这一假设中，信息监督者不仅考虑其信息监督组织的整体利益，而且要考虑其上级委托人的组织利益，从个体组织及其委托组织整体利益出发，制订信息监督策略。这里存在一个授意性信息合谋问题，即为了维护证券市场稳定，或特殊时期的政绩计划实现，信息监督权授权机构甚至授意信息监督者参与信息合谋，进行信息造假等。当然，也可能相反。

6.4.1.5 组织利益—社会利益最大化

信息监督者能够把组织利益与社会利益相结合，能够在公正地执行信息签证功能的基础上实现组织利益最大化，这是市场经济制度安排下的最佳模式。

6.4.1.6 社会利益最大化

信息监督者能够把个体组织利益完全置于社会利益之下，信息监督策略完全受制于社会利益最大化的制度性安排。

完全社会利益最大化和完全个体利益最大化思想、行为，在现实中一般表现为统计上的小概率事件，上述六种模式只是个体—整体利益最大化思想演化过程的粗略分组，按照不同模式发生频率进行统计，可以大致①用图6－1表示这一分组特征：

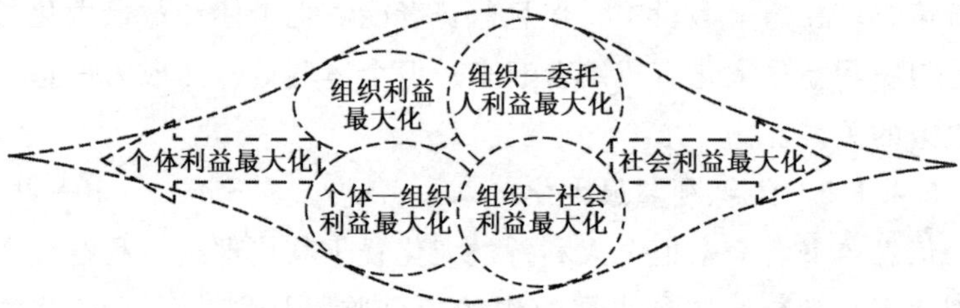

图6－1 个体—整体利益最大化思想演化过程

在证券市场会计信息监督机制的链条上，会计师事务所的地位可谓举足轻重，但遗憾的是，不管从制度设计上，还是从制度实践结果来看，会计师事务所的会计信息监督未能从根本上解决会计信息披露的质量问题，这可以通过图6－2来解释。

也就是说，会计师事务所从制度安排上是必然拥有对上市公司定期会计信息披露的质量监督权力的，但是，制度并没有安排具体哪一家会计师事务所监督具体上市公司的会计信息质量，或者说，

① 具体分布特征需要实证数据演示，但可以肯定的是中间状态占大多数。

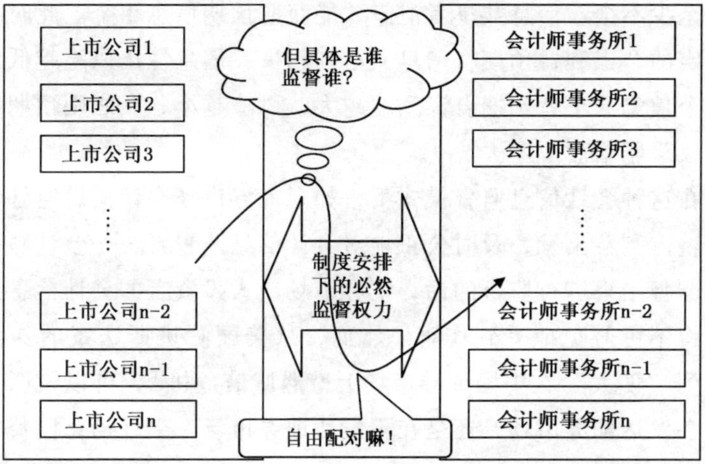

图6-2　上市公司与会计师事务所直接的权力—权利关系图

具体的会计师事务所并不必然拥有对任意上市公司的监督权利。权力与权利的不对等引致制度性监督真空，由于上市公司是有控制的利益共享机制，是主要为其利益控制者服务的创利组织，高管层拥有实质性的委托具体监督者的权利，从这一角度来看，可以认为会计师事务所如果要获得会计信息监督权利，就必须进行会计信息监督权的竞争，只有如此才可以获得其监督利益——审计费。在这种制度安排下，会计信息监督者与被监督者的合作关系甚至合谋关系的建立几乎没有阻碍。

获得信息监督权的会计师事务所在实施监督之前，依然会进行价值、风险分析，力图在利益共享边界之内实现个体利益最大化和风险相对最小化。当审计风险在预期可控的前提下，会计师事务所才会按照监督需求派入一定数量的审计人员进驻上市公司，与上市公司的会计信息控制者及其控制的部门执业人员交涉，收集必要会计信息，按规定进行审计，执行信息监督功能。在这一层次，会计信息共享者之间利益关系极为紧密，是典型的预期利益关系。如果上市公司与会计师事务所之间选择合谋，则必须保证合谋不会被发现，至少不会被信息共享者泄露才能获取预期信息租金。此时，面对既定的合谋利益预期，信息共享者越少，信息溢出风险越低，平均每个信息共享者预期合谋利益越大，风险越小，反之则预期利益共享风险剧增。

在这种会计信息监督模式下，如果证券市场会计信息监管者不能从整体利益出发，及时公正地对会计信息监督者——会计师事务所的监督结果进行监督的话，证券市场广大投资者的会计信息共享利益将不可避免地受到伤害。然而，从美国萨班斯法案的匆匆颁布，到“四大”在中国证券市场上遭遇诚信危机①，可以说明，不管是在发达证券市场，还是在不发达证券市场，会计信息监督机制都是不完善的。

6.4.2 会计信息监管客体视角价值分析

对于证券市场会计信息监督者来说，会计信息共享客体边界价

---

① 2005年8月，全球“四大”（德勤、普华永道、毕马威和安永的简称）在华违规的问题再度成为各界议论焦点，遭遇全面的诚信危机。

普华永道被财政部责令限期整改：7月28日，财政部发布了一份署名为第十一号会计信息质量检查公告。在这份公告中，普华永道“榜上有名”，被财政部责令限期整改。普华永道此次受罚主要原因是出在对京东方、黄山旅游两个上市公司的审计上。

德勤失足科龙：在2001—2003年的ST科龙年度审计报告中，德勤分别出具了“保留意见”、“保留意见”和“非标准无保留意见”审计意见类型，而2001年的ST科龙已被安达信出具拒绝表示意见的审计报告，2002年的意见也受到业界广泛质疑，2003年的报告更是牵强，专业人士认为，从德勤给出的四条意见来看，即使出具拒绝意见或否定意见都不为过。所有的猜疑随着科龙财务造假事实浮出水面，科龙审计机构德勤华永会计师事务所（简称“德勤”）陷入进退两难的局面而水落石出。

毕马威受困锦州港：2001年，毕马威因在锦州港案件中涉嫌财务造假在中国成为被告，引发了社会对“四大”的重新认识。

资料来源：马良：“‘四大’遭遇诚信危机 中国缘何成违规沃土”，《南风窗》，2005-8-24，http://www.nfcmag.com/。

安永也不清白：2000年，一家叫做Towerair的客户被迫破产，其债权人在起诉书中称，安永在TowerAir1997年和1998年的财务报告中隐瞒了该公司的亏损状况，降低了亏损额甚至扭亏为盈，从而导致TowerAir在2000年没能债务重组成功而破产；2004年4月安永因为在仁科事件中违背了独立审计准则被美国证券交易委员会（SEC）要求在之后半年内不得接收新的客户。

资料来源：李进：“中国会计师行业调查 国际‘四大’先后折戟内地”，《21世纪经济报道》，2005-8-15，http://www.nanfangdaily.com.cn/southnews。

值需要从两方面进行分析：一是会计信息监督者自身价值；一是证券市场总体价值。前者反映的是市场竞争者视角的个体利益最大化，后者反映信息监督质量对证券市场其他利益相关各方甚至证券市场所有投资者的预期利益影响，揭示的是利益共享关系。

基于自身利益最大化的追求，会计信息监管者在必要的信息监管权限之内，必须保证最低限度的会计信息共享客体边界，这是它判断自身预期行为的预期利益、风险的基础。同等条件下，会计信息共享客体边界越大，预期监督风险越小；反之，风险越大。鉴于会计师事务所在证券市场会计信息监督中的特殊地位，下面对此作深入分析。

对于注册会计师事务所来说，会计信息共享边界的价值，可以从合谋与不合谋两个角度分析。在会计信息共享主体边界的分析中，笔者已经提到，作为市场经济主体，竞争性信息监督权的制度安排，从根本上决定了 CPA 必然成为信息合谋者，只是程度不同而已。因此，不合谋行为在既有的制度安排下属于非理性行为，长期来看，其总体收益为0，将被市场淘汰。

如果选择合谋，则需注意程度。笔者假设为上市公司提供的审计意见类型反映了其预期承担的风险等级，从出具“无法表示意见”到出具“标准无保留意见”，信息签证者预期承担风险逐步升级。

对合谋程度把握的有效性取决于其必要信息把握程度，或者说是必要的会计信息共享边界能否满足其基本判断的信息需求。只有达到一定范围的会计信息共享客体边界，信息监督者才可能对被审计对象的财务报告作出正确的信息真实情况判断，并以此为据与被审计单位博弈中获取最大限度的信息租金份额。

假设合谋的总体信息租金为 Er，在初始严重信息不对称的条件下，信息控制者拥有并控制全部信息 Qa，信息监督者只能从财务报告获取基本的会计信息量 $Qz \ll Qa$，而且真假未定。此时，

CPA 只能获取最低租金 Ez≪Er，承担高预期风险，而信息控制者获取最大限度的信息租金 Ea。

如果信息监督者要获取与其合谋风险相对应的租金，则需要认知该风险大小，而会计信息共享边界则决定了其认知风险能力和把握程度。因此，信息监督者将在监督过程中最大限度地收集会计信息，扩大会计信息共享边界 Qz，但为此必须付出成本 Cz－a①，同时可获取最小租金增量△Ez－a。假设这个过程中其承担的预期风险稳定为 Rza。显然，随着信息监督者会计信息共享边界的逐步扩大，信息控制者必须为其提供与其认识到的风险相对应的最大租金增量△Ea－z，以保证信息合谋及预期信息租金实现。这种情况下，如果△Ea－z≥△Ez－a，则合谋继续，如果不是，则有两种情况：(1) 预期风险太大，信息监督者不能获得必要的高额信息租金，信息合谋将取消，双方丧失所有信息租金，信息监督者退出。但是，信息控制者依然保留一定限度的寻租权——再次聘请其他愿意合谋的会计师事务所，而由于信息监督者中途退出会使证券市场信息共享者对该上市公司生疑，甚至使其市场信誉降低，导致预期信息租金迅速下降，甚至完全消失。因此，不到万不得已，此路不通。(2) 信息监督者要求降低预期审计报告等级，如从“标准无保留审计意见”向下降级，以降低预期审计报告质量风险等级，使预期信息租金迅速下降，降低 Er 及 Ea，提高 Ez/Ea 比率，使之与预期风险相当。

但是，从证券市场总体来看，信息监督者的竞争性信息合谋行为，可能导致全局性的信息监督者市场信用缺失风险。从微观基础上看，这种现象使投资者对上市公司会计信息信任度下降，影响上市公司的市场融资，从宏观上看，可能危及证券市场甚至金融市场安全，如东南亚 1997 年的金融危机，实证研究显示与证券市场会

---

① z－a 表示信息监督者使 Qz 向 Qa 逼近过程。

计信息透明度差直接相关①，其中会计师事务所负有不可推卸的责任。这是典型的市场主体的个体利益最大化决策行为目标与整体利益最大化决策行为目标之间的价值冲突。

6.4.3　小结

证券市场会计信息监督权的竞争性制度安排，是典型的制度俘虏现象，从整个证券市场运行目标来看，信息监督权不应该是竞争导向，而应该是公共利益导向。这就引出一个问题，能否通过改变现有的会计信息监督机制的竞争性制度安排解决会计信息监督权弊端呢？答案依然是否定的。理由可以简单地给出，即只要会计信息具体监督者不能肯定所有的其他监督者会遵纪守法，就必然会有机会主义者出现，投机者的示范效应如果没有完全及时、有效的惩戒效应与之相抗衡，则会计信息监督权的执行效率依然难以控制。除非所有的会计信息监督者已经失去了自身利益最大化动机的驱动因素，但这显然与马克思所言的市场经济条件下的社会人对物质的依赖特征不符。社会人的自利—他利属性决定了监督者的行为特征必然在自利与他利之间抉择，完全自利或完全他利都是非理性的。

---

① 1997 年初东南亚金融危机爆发后，许多国际性组织在分析东南亚金融危机的原因时，将东南亚国家不透明的会计信息归为经济危机爆发的原因之一。联合国贸发局（UNCTAD）的调查报告直接讨论了会计信息披露对东南亚金融危机的影响。该报告认为，东南亚国家很多金融机构与公司的失败或近乎失败，其可能的原因有：高负债、私营部门对外汇日益增长的依赖、透明度和解释度的不足（lack of transparency and accountability）。透明度和解释度不足被认为是东南亚金融危机的直接诱因。该报告没有正面界定透明度，但对关联方借贷、外币债务、衍生工具、分部信息、或有负债、银行财务报表披露等六个问题，比较了东南亚国家会计实务与国际会计准则的差异，发现这些国家会计信息披露明显低于国际会计准则的要求。

见 UNCTAD，“The role of accounting disclosure in the east asian financial crisis：Lessons Learned? Prepared by Zubaidur Rahman，” 1998。

6.5 监督视角中国证券市场会计信息共享质量

根据证券市场监管的目的，建立如表6-3所示的监督关系。

表6-3 中国证券市场会计信息监督关系表

信息监督系数［0，1］	投资者 j	上市公司 j	会计师事务所 j	证券市场监管者 j
投资者 i	$EESR_{ij}$	$ELSR_{ij}$	$EASR_{ij}$	$EGSR_{ij}$
上市公司 i	$LESR_{ij}$	$LLSR_{ij}$	$LASR_{ij}$	$LGSR_{ij}$
会计师事务所 i	$AESR_{ij}$	$ALSR_{ij}$	$AASR_{ij}$	$AGSR_{ij}$
证券市场监管者 i	$GESR_{ij}$	$GLSR_{ij}$	$GASR_{ij}$	$GGSR_{ij}$

表中的主体分别可用作如下归类：

会计信息披露者——上市公司等信息供给者，主体为上市公司；

会计信息监督者——会计师事务所；

证券市场监管者——中国证券监督管理委员会、交易所、财政部、中国注册会计师协会、国家审计署、司法部门等；

会计信息共享者——主要指投资者。

信息监督系数表示不同主体之间的信息监督的广度和深度。

表中同质主体之间表示互监督关系，不同质主体之间表示监督与被监督关系。鉴于中国证券市场尚未建立互监督机制，只存在制度安排下的监督关系，因此，本章没有分析互监督关系，假设这种关系系数等于0（即 $XX_{ij}=0$）。

非规定性监督关系，如投资者监督上市公司、会计师事务所、证券市场监管者，或上市公司监督会计师事务所、证券市场监管者，属于社会监督范畴，其监督结果由司法部门管理，表现为一种诉讼监督关系。

下面从不同的角度对中国证券市场会计信息监督关系进行分析。

6.5.1　监督视角会计信息共享及时性

监督视角的会计信息共享及时性，主要是指制度安排的监督者如会计师、证券市场监管者对被监管者的监督时效性，监督关系如表6-4所示。

表6-4　　中国证券市场会计信息监督及时性统计表

信息监督系数［0，1］	上市公司 j	会计师事务所 j
会计师事务所 i	$ALSR_{ij}$	$AASR_{ij}$
证券市场监管者 i	$GLSR_{ij}$	$GASR_{ij}$

表6-4中包含两个维度的及时性计量：一是会计师事务所——上市公司维度的会计信息监督及时性；二是证券市场监管者对上市公司、会计师事务所的监管及时性。前者是指上市公司会计信息形成后到信息披露前的信息监督时间，本章主要考核年度财务报告的信息审计及时性，通过统计分析信息披露时间实现；后者是指证券市场监管者，包括中国证券监督管理委员会、交易所、财政部、中国注册会计师协会、司法部门对证券市场信息违规行为的监管时效性，是非全面调查数据。下面分别对这两方面进行计量分析。

6.5.1.1　会计师事务所——上市公司维度的会计信息监督及时性

会计师事务所——上市公司维度的会计信息监督时效性决定了证券市场投资者可以共享会计信息的时效性，上市公司年度会计信息的截止日期是财政年度的12月31日，规定披露年报的时间上限是120天，会计师事务所在这段时间内对上市公司年度财务报告进行审计，并出具恰当的审计意见报告，审计意见与年度报告同时披露的时间，即是证券市场会计信息共享者共享的最早时间，该时间长短决定于年报的审计时间长短，尽管这段时期内可能存在更换事务所等时间，但是从最终结果来看，任何原因导致投资者共享会计信息迟延都是证券市场审计时效性质量低下的表现。因此，本书把年报信息披露时间作为证券市场审计时效性计量基础。表 6-5 是 1998—2004 年的信息披露时间统计分布数据。

表 6-5　1998—2004 年中国证券市场信息披露时间统计表

披露时间分组	1998 年	1999 年	2000 年	2001 年	2002 年	2003 年	2004 年
30 天以内	2.93%	4.19%	2.40%	1.34%	5.10%	1.60%	2.82%
30—60 天	5.03%	7.70%	15.13%	10.84%	10.63%	14.18%	11.66%
60—90 天	27.36%	27.63%	37.95%	37.82%	36.82%	38.62%	38.26%
90—120 天	40.35%	39.01%	29.78%	38.77%	46.94%	43.91%	46.95%
120—360 天	6.50%	9.15%	3.36%	4.51%	0.51%	1.68%	0.30%
360—720 天	10.43%	6.24%	5.68%	5.06%			
720 天以上	7.41%	6.07%	5.68%	1.66%			
信息披露家数	1093	1169	1249	1264	1176	1248	1346
平均时间（天）	196.91	171.04	151.07	130.09	90.71	92.32	91.43

资料来源：根据 wind 资讯各年审计数据整理。

通过分析证券市场上市公司年报的实际披露时间分布可以发现，1998—2001 年，平均信息披露时间超过了 120 天，但是，趋势很明显（图 6-3），由于证券市场监管者对信息披露时间的规定日趋严格，信息披露的时效性越来越强。从分析结果来看，2002—2004 年的信息披露平均时间及其分布非常接近，这可能意味着中国证券市场的会计信息审计时效性特征已经进入一个非常稳定的发展期，平均审计时间分布在 90—93 天，即信息披露集中在 4 月之初，总体上会计信息披露时间很长，会计信息决策相关性很弱。

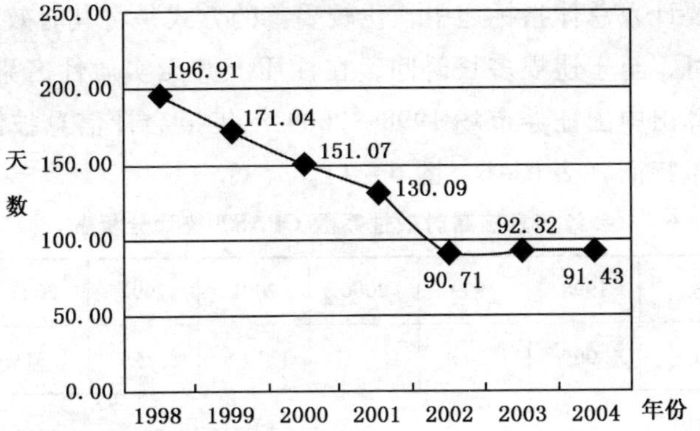

图 6－3　1998—2004 年平均会计信息披露时效性趋势图

为了增强分析指标的可比性，并使披露时间分布特征计量与时效性含义相符，即时间越短时效性越强，本书作出以下假设：

设会计信息监督时效性指标为 CPAST，会计信息监督时间为 AST，以年报信息披露规定时限 120 天①为计量基数，时效性系数 CPAST 计算公式如下：

当 AST≤120 时，

CPAST＝［120－（AST－1）］/120；

当 AST＞120 时，

CPAST＝0　　(6－1)

AST 减 1 的原因是目前会计信息披露的最短计量单位是 1 天，第 1 天披露年报应该视同实时披露，时效性系数为 1。随着会计信息监督时间的增长，CPAST 不断下降，表示会计信息监督时效性趋弱。如果所有上市公司都能够在规定时间内披露年报，则 CPAST 的下限为 0（AST＝120）。规定 AST＞120 天的时效性为 0，是考虑到这是违规披露会计信息类型，不能列入同一计量标准内，

① 不同证券市场的基数计量天数可以根据实际情况进行调整。

但是又要计入总体指标之中，比较妥善的方式是将其时效性列为最低级即可，至于违规多长时间，在性质上并无实质性区别。这样，可以计算出中国证券市场1998—2004年年报会计信息披露时效性系数分布特征（表6－6、图6－4）。

表6－6　会计信息披露时效性系数CPAST统计分析表

年　份	1998	1999	2000	2001	2002	2003	2004
CPAST	1.06%	1.20%	1.28%	1.19%	1.46%	1.31%	1.35%

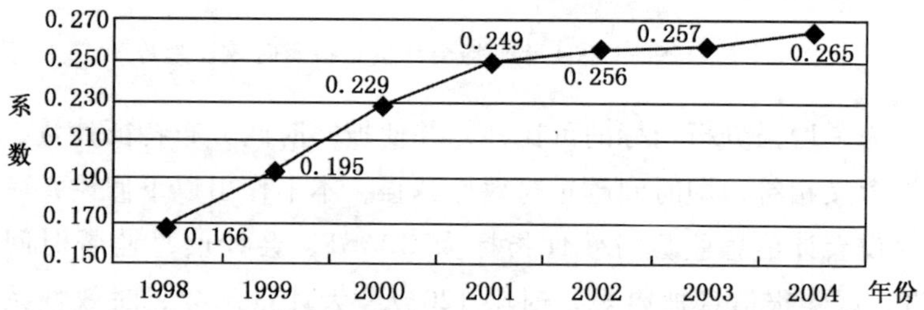

图6－4　1998—2004年会计信息披露时效性系数趋势图

指标数值CPAST越高，表示证券市场会计信息监督的时效性越强，会计信息共享者越能及时共享会计信息。CPAST的理论下限是0，上限为1，理论上不大于1。通过对规定披露时限的剔除，可以实现不同披露时限要求的证券市场之间的信息监督时效性比较。

6.5.1.2　监管者——会计师事务所/上市公司维度的会计信息监督及时性

该维度主要利用中国证券市场1998年以来披露监管信息的违规上市公司数据进行分析。鉴于某些上市公司违规数据资料中没有具体的违规行为的时间描述，故对1998年以来的数据进行筛选，保留了322个样本数据。

对监管者监管时效性的计量规则与会计信息监督时效性计量规

则基本一致，即通过计算监管结果披露时间与实际违规行为发生时间（涉及多个违规行为时，利用最近违规行为发生时间）之时间差（天数）实现证券市场监管时效性计量。计量结果按照监管者分类统计如表 6－7 所示。

表 6－7　　中国证券市场监管时效统计表

处理人	公告日期	时间差
中国证券监督管理委员会　平均值	2002 年 9 月 20 日	814
中华人民共和国财政部　平均值	2002 年 10 月 6 日	675
上海证券交易所　平均值	2003 年 7 月 2 日	320
深圳证券交易所　平均值	2003 年 8 月 23 日	273
总计平均值	2003 年 4 月 10 日	479
中华人民共和国财政部　计数		2
上海证券交易所　计数		93
中国证券监督管理委员会　计数		113
深圳证券交易所　计数		114
总计数		322

计量结果显示，中国证券市场监管者的监管时效性非常差，其中深圳证券交易所的平均监管时间差最小，也达到了 273 天，为 3 个季度。从监管披露信息分类来看（表 6－8），违规内容都是与投资者利益直接相关的重要信息，或者说，低效率的监管直接导致证券市场会计信息共享者的竞争力下降。

表 6－8　　1994 年以来中国证券市场信息披露违规类型统计表

	未依法	虚假	不准确	未及时	未按时	合计
频数	70	93	57	194	42	359
频率	19.50%	25.91%	15.88%	54.04%	11.70%	100.00%

如果按照年份来进行统计的话（表 6－9），中国证券市场监管时效性最好的年份是 2001 年，其次是 2002 年、2005 年，但发展状况堪忧，中国证券市场监管者的工作效率急需提高，否则，保护

投资者利益的目的难以实现。

表 6-9　1998—2006 年证券市场平均监管时间统计表

年　份	1998	1999	2000	2001	2002	2003	2004	2005	2006	平均值
时间差	653	568	887	182	306	651	698	506	501	479

由于证券市场监管者的监管并无确定的时间约束，属于随机抽查性质，因此，在计量公式上本书力图使之简化，即保留监管时效性与监管时间差呈现负相关的性质，同时为了避免计量结果太小，本书以月为计量基数单位，建立简化的监管时效性指标的计算公式。设 GMST 为证券市场监管时效性系数，MST 为证券市场监管者的信息监管时间，用监管结果披露时间与违规时间的时间差计算，GMST 计算公式为：

$$GMST = 1 \div MST \quad (6-2)$$

MST = ROUNDUP［（监管结果披露时间 - 违规时间）÷30］，ROUNDUP（X）表示对 X 无条件进位取整。例如监管时间为 125 天时，MST = ROUNDUP（125÷30）=5。

GMST 的理论上限为 1，即当 MST≤1 个月时，表示证券市场监管者对市场违规行为实现了即时监督，当然，该规则可以根据实际要求及时改变，如按天计量。按此规则，中国证券市场监管时效性可以表达在表 6-10 和表 6-11 中。

表 6-10　中国证券市场不同监管主体监管时效性指标 GMST 计算表

监　管　者	GMST
中国证券监督管理委员会　平均值	3.57%
中华人民共和国财政部　平均值	4.35%
上海证券交易所　平均值	9.09%
深圳证券交易所　平均值	10.00%
总计平均值	6.25%

表 6 - 11　　1998—2005 年 GMST

年　份	1998	1999	2000	2001	2002	2003	2004	2005
GMST	4.55%	5.26%	3.33%	14.29%	9.09%	4.55%	4.17%	5.88%

该指标数值越接近于 1，说明证券市场监管效率越高，越有利于证券市场会计信息共享质量改善，有利于投资者及时共享决策相关会计信息，进行正确投资决策，降低投资风险。从计算结果可以看出，中国证券市场的信息违规监督的时效性很低，效率最高的 2001 年 GMST 也仅为 14.29%，数据揭示的 GMST 变化趋势可以用图 6 - 5 表示。

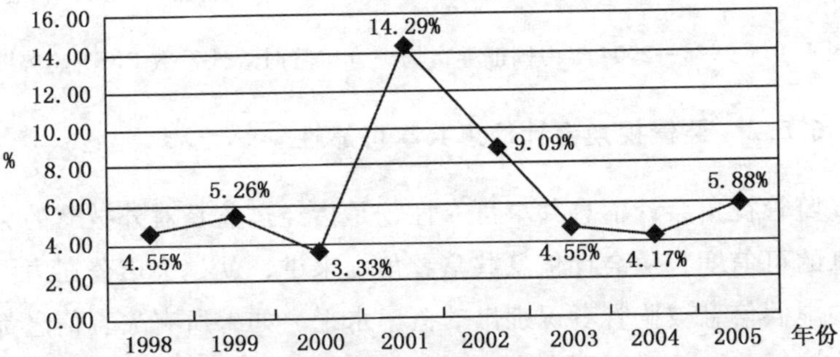

图 6 - 5　1998—2005 年中国证券市场 GMST 变化趋势图

6.5.1.3　综合监管时效性系数 CRST

证券市场会计信息监管及时性是对表 6 - 4 包含的监督关系的综合度量，鉴于互监督机制的缺失，中国证券市场 CRST 事实上只包括 CPAST 和 GMST 两个维度。由于 CPAST 和 GMST 使用的计量基础有差异，因此在综合计量中不能使用时间权重。本书认为二者对证券市场监管时效性同样重要，因此沿用客体视角会计信息共享质量指数计量规则，使用以下方法计量各年份的综合监管时效性系数 CRST：

$$CRST = SQRT\ (CPAST \times GMST) \times 100\% \qquad (6-3)$$

结果如表 6 - 12 和图 6 - 6 所示。

表 6-12 1998—2004 年中国证券市场综合监管时效性系数 CRST

年 份	1998	1999	2000	2001	2002	2003	2004
CRST	2.20%	2.52%	2.07%	4.12%	3.64%	2.44%	2.37%

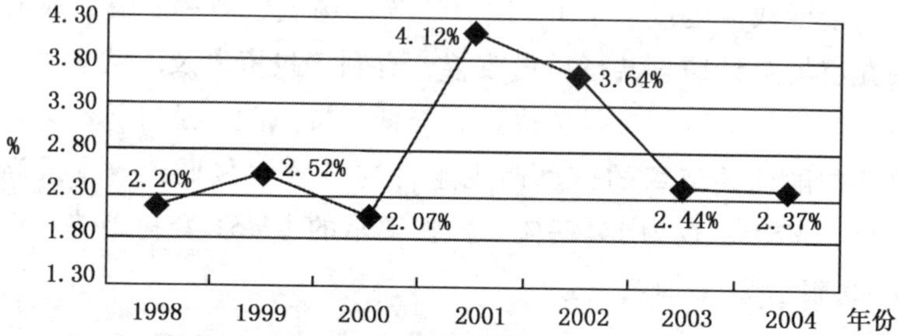

图 6-6 1998—2004 年中国证券市场综合监管时效性系数 CRST 趋势图

6.5.2 监管视角会计信息共享可靠性

监管视角会计信息共享可靠性，是指经过监督对外披露的会计信息的可信度，从会计信息共享者角度来讲，就是上市公司力图披露的虚假信息被监管者识别出的概率水平，如果所有失真信息都能够在披露前被及时识别出来，则监管视角的会计信息共享可靠性最强，如果所有失真信息在披露前都不能识别出来，则可靠性最弱。可以说，不管是发达的还是不发达的证券市场，目前的监管效率虽有高低，但都远未达到 100% 的识别率。

6.5.2.1 计量标准

失真性会计信息包括合法性失真信息和非法性失真信息，前者是指实际披露会计信息与实际会计信息之间的差异是由于客观原因导致，后者则是指该差异是主观故意所致，即所谓的造假或财务欺诈。本章所指的会计信息失真是指后者，即通过计量证券市场虚假财务报告识别率来衡量监管视角会计信息共享可靠性水平。

前文已经分析过，证券市场真假会计信息的识别，从研究者角度来看是没有精确的方法的，但是，被识别出的虚假信息却一定是假信息。被识别出的虚假信息包括两个维度，一是会计信息监督者——注册会计师CPA的虚假财务报告数量占比，设为CPASD；二是证券市场监管者通过抽查推断出的虚假财务信息比率，设为GSD。二者的计算公式分别为：

CPASD＝当期被出具“无法表示意见”类型财务报告数量÷当期所有被出具审计意见的财务报告总数量　(6－4)

使用“无法表示意见”类型财务报告作为虚假财务报告类型的依据是，如果该报告是真实意见，只是格式不符合会计信息披露规则的话，CPA可以提供非常周到的修正意见，目前上市公司会计电算化水平很高，修改财务报告格式只是举手之劳，成本很低。而最后的结果假如依然维持“无法表示意见”，说明这并非其他原因所致，主要原因还是财务报告中存在巨大信息失真且管理层明知故犯而不改，简单一点，就是造假。

GSD[①]＝抽查期被判断为虚假财务信息样本数量÷抽查期所有样本数量　(6－5)

设监管视角会计信息共享可靠性系数为GCSD，则计算公式为：

GCSD＝CPASD÷GSD[②]

6.5.2.2　实证数据分析

(1) CPASD计量分析。中国证券市场1998—2004年的实际审计意见类型统计如表6－13所示。

---

① 这是点估计方法，GSD衡量了当期潜在的平均虚假会计信息比率，如果考虑到抽样平均误差，设为Up，则总体的虚假样本比率（设为PGSD），估计范围如下：PGSD＝GSD＋tUp，t表示置信度，一般使用95%概率把握程度对应的置信度1.96。这是区间估计方法，本章使用点估计方法，即直接使用GSD替代PGSD。

② 使用商的关系旨在反映二者的相对关系，揭示其间的相对差异程度。

表 6－13　　1999—2004 年审计意见类型统计表

审计意见类型	1999 年	2000 年	2001 年	2002 年	2003 年	2004 年
标准无保留意见	834	1008	1086	1143	1261	1302
无法表示意见（拒绝表示意见）	11	8	12	19	18	21
有解释性说明保留意见	61	58	39	35	24	56
有解释性说明无保留意见	114	100	90	104	55	75
总计数	1020	1174	1227	1301	1358	1454

各年度无法表示意见（拒绝表示意见）类型年度报告比率为表 6－14。

表 6－14　　1999—2004 年无法表示意见类型比率分析表

审计意见类型	1999 年	2000 年	2001 年	2002 年	2003 年	2004 年
标准无保留意见	98.92%	99.32%	99.02%	98.54%	98.67%	98.56%
无法表示意见（拒绝表示意见）	1.08%	0.68%	0.98%	1.46%	1.33%	1.44%
总计数	100.00%	100.00%	100.00%	100.00%	100.00%	100.00%

从发展趋势来看，无法表示意见类型比率处于上升趋势，但整体水平太低。

（2）GSD 计量分析。考虑到数据收集的可行性，本书对 GSD 的计量主要包括两个维度，一是财政部监管结果，二是审计署的监管结果。统计结果分别列于表 6－15 和表 6－16 中。

表 6－15　　财政部关于证券市场会计信息质量抽查结果统计表①

会计信息归属期间	1999 年	2000 年	2001 年	2002 年	2003 年
发布时间	2000 年 12 月 21 日	2001 年 12 月 14 日	2002—？	2003—？	2005 年 7 月 28 日
涉及会计师事务所	117	125	91	？	5＋13

① 2003 年的 GSD 计量由于缺少必要数据，55% 是根据相关指标“处罚企业占比”和“处罚会计师事务所占比”两个指标之间的比较进行推理得出的。由于该两项指标 2003 年均大大高于 2000 年，本书据此推论 2003 年的 GSD 水平不应优于 2000 年，但考虑到时间上距离较远，因此利用 2000—2002 年的 GSD 数据平均值推算出 2003 年 GSD。

续表

会计信息归属期间	1999 年	2000 年	2001 年	2002 年	2003 年
发布时间	2000 年 12 月 21 日	2001 年 12 月 14 日	2002—?	2003—?	2005 年 7 月 28 日
样本总量	159	320	192	152	55
资产失真样本数	147	160	36	23	?
资产失真度	0.95%	≥1%	≥5%	≥5%	?
所有者权益失真样本数	155	?	?	?	?
所有者权益失真度	1.83%	?	?	?	?
利润总额失真样本数	157	183	103	82	?
利润总额失真度	33.40%	≥10%	≥10%	≥10%	?
总体失真比率 GSD	98.74%	57.19%	53.65%	53.95%	55%
处罚企业占比		5.00%			14.55%
处罚会计师事务所占比		10.40%			44.44%
处罚企业责任人		42	40		
处罚会计师		21			23

表 6-16　审计署对具有上市公司审计资格会计师事务所审计质量抽查统计

质量检查时间	2001 年	2004 年 5—9 月
会计师事务所家数	16	16
违规事务所家数	14	14
违规会计师	41	37
抽查审计报告数量	32	30
严重失实审计报告数量	23	19
事务所违规概率	87.50%	87.50%
严重失实审计报告发生概率	71.88%	63.33%

相对而言，审计署 2001 年、2004 年的检查结果显然要比财政部抽查结果严重的多，但是，就中国证券市场会计信息质量现状而言，这一结果更为可信。因此，本书用表 6-16 的 2001 年 GSD 替代表 6-15 的对应数据，建立监管视角会计信息共享可靠性系数为 GCSD（表 6-17、图 6-7）。

表 6-17　　1999—2004 年监管视角会计信息共享可靠性系数 GCSD 分析表

会计信息归属期间	1999 年	2000 年	2001 年	2002 年	2003 年	2004 年
GSD	98.74%	57.19%	71.88%	53.95%	55.00%	63.33%
CPASD	1.08%	0.68%	0.98%	1.46%	1.33%	1.44%
GCSD	1.09%	1.19%	1.36%	2.71%	2.41%	2.28%

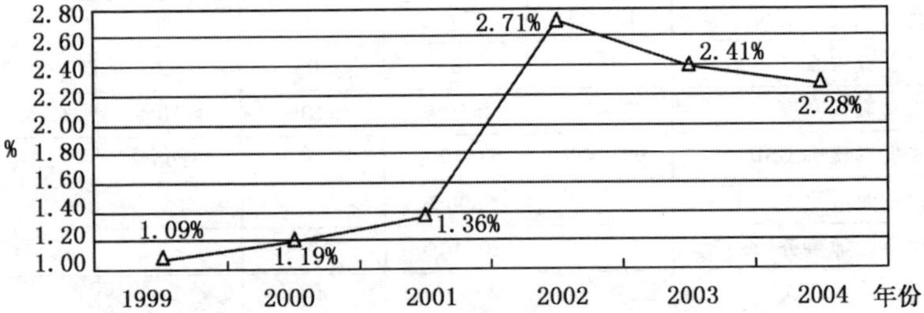

图 6-7　中国证券市场会计信息监管可靠性系数 GCSD 趋势图

分析结果显示，中国证券市场会计信息监管可靠性水平很低，投资者对会计信息共享质量信任度很低，这是引起证券市场过度投机现象的根本原因之一。

6.5.3　监管视角会计信息共享质量指数

及时性与可靠性是证券市场会计信息监管质量的重要制约因素，二者相辅相成，没有及时性支撑的可靠性失去决策有效性，缺乏可靠性基础的及时性亦无利用价值。因此，监管视角的证券市场会计信息共享质量应该是及时性与可靠性的有机结合，需要考虑二者间的相互制约特性，继续沿用客体视角会计信息共享质量指数的计量规则解决二者之间的有机结合问题。

$$QIS = SQRT\ (CRST \times GCSD)\ \times 100\% \qquad (6-6)$$

按此公式计算出 1999—2004 年中国证券市场监管视角会计信息共享质量指数（表 6-18、图 6-8）。

表 6－18　　监管视角会计信息共享质量系数计算表

年　份	1999	2000	2001	2002	2003	2004
CRST	2.52%	2.07%	4.12%	3.64%	2.44%	2.37%
GCSD	1.09%	1.19%	1.36%	2.71%	2.41%	2.28%
QIS	1.66%	1.57%	2.37%	3.14%	2.42%	2.33%

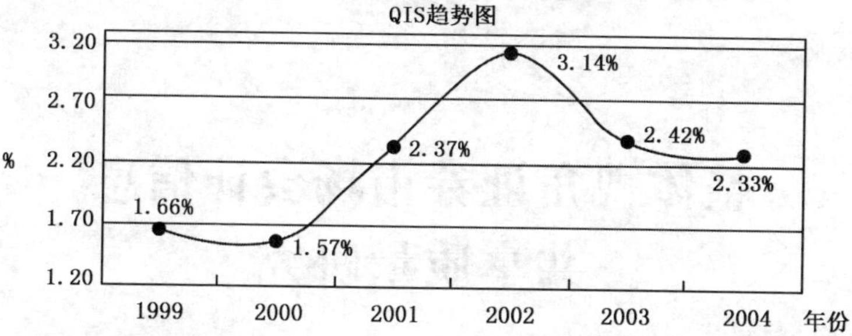

图 6－8　1999—2004 年中国证券市场监管视角会计信息共享质量趋势图

分析结果显示，1999—2004 年中国证券市场注册会计师对上市公司年报监督的效率很低，效果很差，可信度极弱，而财政部或国家审计署抽样式信息监督的可信度则相对很高，但非常滞后。总体来说，中国证券市场监管视角的会计信息共享质量处于长期稳定的低质量运行状态，会计信息监管可靠性水平很低，投资者对会计信息共享质量信任度严重不足，这是引起证券市场过度投机现象的根本原因之一。

若用耗散结构理论来解释，则意味着中国证券市场监管视角会计信息共享质量已处于一种远离平衡态的低水平平衡态，要摆脱这种局面，必须对证券市场组织系统输入足够的能量——有效的改革措施。

第7章

整体视角证券市场会计信息共享质量研究

以上三章分别从主体、客体和监督三个维度探讨了证券市场会计信息共享质量特征。本章在充分揭示前文建立的各项指标内在联系的基础上，探讨从整体视角构建证券市场会计信息共享质量评价机制。

7.1 整体视角的会计信息共享质量分析原则

7.1.1 个体与整体相结合

证券市场以个体决策为中心的信息控制者和信息共享者的信息

披露、垄断和共享行为，是证券市场会计信息共享机制建立的基础和前提。同时，这种看似独立的个体行为，必须建立在证券市场的制度环境之下，是整体制度安排下的个体行为。因此，分析证券市场会计信息共享质量，既不能简单地由个体加总，也不能单纯从整体视角分析，必须将个体分析和整体分析相结合，建立系统化质量指标体系，才能全面、深入反映证券市场会计信息共享质量特征。本章的分析指标体系，既与前文的单维度分析保持了分析方法的一致性，又将把主体、客体和监督三个维度指标体系分析有机结合起来。

7.1.2　定性与定量相结合

会计信息共享质量分析主要使用定量分析指标，但是，几乎每一个质量指标的确立、数据收集与数值定位，都需要定性分析思想的支持，比如 0/1 信息共享关系，[0，1] 信息共享系数等。

7.1.3　静态与动态相结合

证券市场会计信息共享质量的形成和发展始终是一个历史过程，是一个静态与动态紧密结合的数据流。对证券市场会计信息共享质量的分析必须建立不同时点的信息共享数据，形成长期的会计信息共享质量数据信息流。

7.2　证券市场整体视角会计信息共享质量

对不同视角关于证券市场会计信息共享质量分析指标进行综合，可以推断证券市场会计信息共享质量整体特征，达到对研究对象的全面认识目的。第 4 章、第 5 章、第 6 章三章里分别从会计信息共享主体、客体及监管三个视角，揭示了证券市场会计信息共享不同层面的质量特征，为全面探讨证券市场会计信息共享质量属性奠定了基础。利用三个维度间内在的本质联系，将从三个视角分别探究到的质量指标有机结合起来，对全面分析证券市场会计信息共享质量具有重要意义。

沿用会计信息共享主体边界 SIEF、客体边界 SIOF，则有以下计算关系：

$$SIEF = \sum\sum SIEF_{ij} \div (N \times n) \tag{7-1}$$

$$SIOF = \sum\sum SIOF_{ij} \div \sum\sum SIEF_{ij} \tag{7-2}$$

设证券市场所有投资者的会计信息共享边界 SIEOF 可以通过以下公式推导：

$$SIEOF = SIEF \times SIOF$$

引入会计信息共享可靠性指标 TSIOF

$$\begin{aligned} TSIOF &= \sum\sum TSIOF_{ij} \div \sum\sum SIEF_{ij} \\ &= T^{①}\sum\sum SIOF_{ij} \div \sum\sum SIEF_{ij} \\ &= T \times SIOF \end{aligned} \tag{7-3}$$

如果用图显示（图 7－1）可能更为清晰。

在上述指标中，SIOF 计量时只把参与会计信息共享的主体列入计算范围，分析证券市场会计信息共享主体之信息共享深度；SIEOF 则把所有证券市场投资主体列入计量范围，假设不参与会计信息共享的投资者的会计信息共享客体边界为 0，认为这是投资者认识到会计信息共享的利益和风险预期并不会优于其他决策模式的

① 虽然不同上市公司披露信息之真实性程度可能存在差异，但是只要存在虚假信息，则由于信息合成谬误特性，财务报告作为一个整体，会计信息共享者是很难区别其中真假，只能笼统地认为该财务报告为假。因此，或许理论上可以探讨真实度系数 Ti，而实践中难以实施，会计信息共享者一般情况下，要么认为某上市公司信息为真，要么认为其为假，即使认为其可能有些可信，也只能从证券市场总体分析出发估计一个大概的可信度系数 T，而不是去一个一个探讨其真假度。因此，此处引用 Ti 时，将之概化为常数 T，是与证券市场之事实状况相一致的。

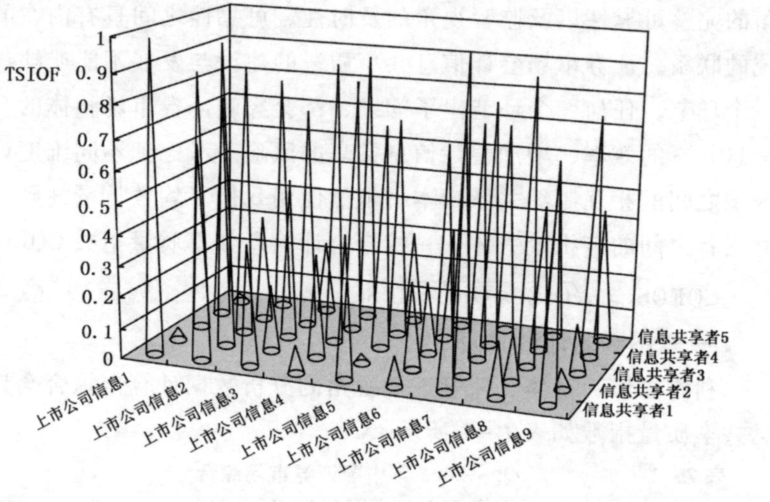

图 7－1　证券市场会计信息共享边界分布图

利益和风险预期的结果。如 3.2.5 所述，不以会计信息共享为决策基础的投资主体越多，说明证券市场会计信息共享质量水平越低，意味着会计信息共享对证券市场价格机制的影响越小。

公式 7－3 中的变量 T 表示的会计信息真实度概念隐含了监管可靠性思想，因为从披露角度来看，会计信息的可靠性程度直接受制于会计信息监督可靠性制约，会计信息监督质量是决定证券市场会计信息共享者共享会计信息质量的关键环节，或者说，T 值大小从根本上取决于会计信息监管的可靠性程度。因此，将监管视角会计信息共享质量指标引入上述公式体系，是一个必不可少的补充。

正因证券市场及时可靠的监督是提供及时可靠会计信息的基础，公式 7－3 中的真实度 T 直接受到会计信息监管质量的制约，为此引入真实度转换系数 b_T，建立 T 与 QISTD 之间的联系：

$$TSIOF = T \times SIOF = QISTD \times b_T \times SIOF \qquad (7-4)$$

利用历史数据可以对 b_T 值进行估计。

通过上述公式推理过程可以发现，主体共享的完整性、客体视角的完整可靠性以及监管视角的及时性、可靠性之间具有内在的系统的联系，证券市场会计信息共享质量的建设与发展不能或缺任何一个环节，任何一个环节出了问题，都会影响证券市场整体的会计信息共享的效率，增加会计信息共享的风险。考虑到不同维度计量因子之间的相互制约关系，本书依然使用几何平均数计量规则，建立三者之间的有机统一体——综合会计信息共享质量指数 CQEOSt。

$$CQEOSt = \sqrt[3]{QIEt \times QIOt \times QISt} \tag{7-5}$$

t——不同的计量时间

利用主体、客体、监管三个视角的分析数据计算出综合会计信息共享质量指数如表 7－1 所示。

表 7－1　　1999—2004 年中国证券市场综合会计信息共享质量指数 CQIEOS

年　份	1999	2000	2001	2002	2003	2004
QIE	—	—	—	—	0.07%	0.13%
QIO	—	—	—	—	3.50%	3.29%
QIS	1.66%	1.57%	2.37%	3.14%	2.42%	2.33%
CQIEOS	—	—	—	—	0.82%	1.00%

计量结果显示，1999—2004 年，中国证券市场会计信息共享质量综合指数呈现低位上升态势，总体质量水平非常低下，从主客体、监管各个维度上看，现状堪忧。

第 8 章

证券市场会计信息共享质量—价格决定关系实证分析

由 3.2.5 之分析可推出，如果信息共享边界的有效扩大不足以使证券市场价格发生显著波动的话，则此时信息共享处于强势有效状态，即会计信息共享质量水平足以保证证券市场价格反映该时点的所有重要会计信息，或者说，证券市场价格是相对有效的、公平的、透明的，基本实现了证券市场的资源有效配置。在这种会计信息共享质量状态下，所有交易者共享所有证券市场会计信息，对证券市场价格包含的信息达成相对稳定、基本一致的认识，并通过交易实现了信息价格化。反之，如果信息共享边界的有效扩大会使证券市场价格发生显著波动，则表示信息共享依然远离有效区域，会计信息共享质量水平尚不足以促使证券市场相对公平、透明、有效的价格形成，市场资源亦远未实现有效配置。

因此，本章试图从信息共享边界的变化对证券市场价格影响显著性关系入手，引入会计信息流动性[①]分析指标，旨在揭示证券市场会计信息共享质量与证券市场价格决定之间的决定关系。

8.1 会计信息共享流动性内涵

会计信息流动性是指能够以较低的交易成本即时完成一定范围的会计信息共享边界的扩大，同时对市场价格影响不显著的能力。证券市场会计信息流动性特征包括：（1）会计信息共享的时效性；（2）会计信息共享成本；（3）会计信息共享边界变化对价格的影响程度。会计信息流动性强的证券市场，既使存在很大的会计信息

---

① 流动性概念源于证券市场流动性研究，它是决定一个市场是否有效而稳定的根本性因素。阿米胡德和门德尔森（Amihud and Mendelson，1989）认为，流动性即在一定时间内完成交易所需的成本，或寻找一个理想的价格所需用的时间。李普曼和麦考尔（Lippman and McCall，1986）则指出，若某资产能以可预期的价格迅速出售，则该资产具有流动性。证券资产的流动性是指该资产变现的能力，流动性好的市场通常被认为是证券的买卖成本较低，能够提供交易但是对价格影响较小的市场。

1985 年，凯勒第一次给出了做市商制度下市场流动性的计量刻画方法。市场流动性可由 4 个指标来度量：（1）市场宽度（Breadth、Width），指交易价格偏离市场有效价格的程度，即投资者支付的流动性溢价。市场宽度的观测值是做市商的买卖价差，只有当这个差额为零时，才可认为这个市场是完全流动的。（2）市场深度（Depth），指在不影响当前价格条件下的成交数量。从市场深度来看，高流动性意味着在当前价格下投资者可以大量买入或抛出股票。市场深度的观测值是某一时刻做市商在委托簿（Order Book）报出的委托数量。（3）市场弹性（Resiliency），指由交易引起的价格波动消失的速度，或者说委托簿上买单量与卖单量之间不平衡调整的速度。在不考虑新信息出现影响股票价值的前提下，价格会随机地以价值为中值波动，市场弹性越好，价格偏离价值以后返回的速度越快。相应地，两次委托价差越小，则返回需要的时间越短，表明市场弹性越好。（4）市场及时性（Immediacy），即达成交易所需要的时间。

本书借用这一思想，力图通过阐述会计信息共享引致的会计信息流动对证券市场价格波动性的影响，折射出证券市场会计信息共享质量状况与证券市场价格之间的制约关系。

流动量，也能够在市场主体间迅速消化，且不会导致证券价格的显著变动，市场主体不会为此付出显著高的流动性溢价。而会计信息流动性弱的证券市场，会计信息流动量难以在市场主体间迅速消化，往往导致证券市场价格显著变动，市场主体为此付出显著高的流动性溢价。

可见，会计信息流动性可以揭示证券市场会计信息共享质量与证券市场价格之间的变化关系，即如果证券市场会计信息共享质量很高，则会计信息流动量比较大的期间与会计信息流动量相对小的期间的价格波动率差距较小；如果信息共享质量较低，则相应会计信息流动性差异显著，即价格波动率差异较大。不同国家证券市场会计信息共享质量与证券市场价格机制之间的具体决定关系或水平，需要根据不同国家证券市场会计信息流动性特征比较而定。中国证券市场会计信息共享质量低下的现状决定了，中国证券市场会计信息流动对证券市场价格机制具有显著影响，这一点有待下文证明。

8.2　会计信息共享流动性指标

按照会计信息共享流动性内涵及其特征，在此通过以下指标分析会计信息流动性以揭示会计信息共享质量对证券市场价格的决定机制。

市场宽度（Width），是交易价格偏离市场有效价格的程度，常用价差来表示，它直接反映了投资者为获得即时交易而实际支付的流动性升水（溢价）和交易成本，也反映了流动性提供者为弥补其成本和风险所要求的补偿。价差越小，说明交易成本越低，流动性越强；价差越大，说明交易成本越高，流动性越差。

市场深度是指在不引致当前交易价格出现显著波动的最大证券交易量。

市场会计信息宽度，是指在不引致当前交易价格出现显著波动的最大会计信息共享边界变化量，本书用最大会计信息流动量替代。

8.3 样本选择

鉴于前文实证分析中的会计信息共享质量数据较少（2003—2004年两年），在此根据3.1.3和3.1.4两个命题，即“信息共享边界决定信息共享质量”和“信息共享质量决定市场价格机制运行效率”，派生出“会计信息共享边界决定证券市场价格形成及其运行效率”的观点，直接使用反映中国证券市场会计信息共享边界变化水平数据——会计信息流动量，替代会计信息共享质量水平数据进行实证研究，以简化分析过程，满足实证分析对数据量的要求。

考虑与其他视角分析的一致性，在此选择2000—2005年上证A股指数对应的上市公司为样本总体。

8.4 中国证券市场会计信息流动量期间分布

分析期间会计信息流动量期间分布的目的是有效划分证券市场会计信息流动量差异显著的信息期间，确定可以用于会计信息流动性差异比较的对象。考虑到中国证券市场会计信息定期披露依然是交易者的主要会计信息共享基础，一年之中会计信息披露最为集中的时间是 1—4 月，是会计信息流动量相对大的期间，其他信息期间会计信息流动量主要以季报、半年报以及违规信息发生时间规律来定，相对 1—4 月份这些期间会计信息流动量是较小的（表 8－1）。

从 2003—2005 年违规信息公告月份来看，没有定期会计信息披露要求的月份 5 月、6 月、9 月相对频繁，特别是 5 月、6 月份。12 月份既没有定期会计信息披露要求，又是违规信息公告频率最低的月份，因此把它与 1—4 月份作为比较期间是符合会计信息流动量差异要求的。

8.5　指标分析：平均收益率波动及其与换手率关系

8.5.1　平均收益率波动

平均收益率波动旨在揭示证券市场会计信息流动量差异对市场平均收益的影响度，收益率波动的计算公式如下：

$$SDrt = SD_{1,n}\left(|P_t - P_{t-1}| \div P_{t-1}\right)$$

其中：P_t 为 t 期收盘价或收盘指数，P_{t-1} 为 t－1 期收盘价或收盘指数，SDrt 是截至 t 期平均收益率波动，$SD_{1,n}$ 表示 1 至 n 期的平均收益率的标准差，$|P_t - P_{t-1}| \div P_{t-1}$ 表示 t 期收益率。

证券市场平均收益率波动用日间综合指数涨跌比率计量，如果数据充足，也可以计算日内价格波动率标准差。在既定的会计信息流动量条件下，该比率越高，表示证券市场会计信息流动对市场收益率影响较大，或者说，会计信息流动充分改变了证券市场交易者的价格预期，说明证券市场会计信息流动性越低。反之，则表示会

表 8－1　　2003—2005 年中国证券市场会计信息流动量分布统计

月　份	1	2	3	4	5	6	7	8	9	10	11	12
违规信息披露频率分布	5.29%	2.79%	10.86%	6.96%	13.93%	9.19%	8.91%	6.13%	17.83%	8.36%	6.13%	3.62%
定期报告	年报 & 季报						中报			第三季报		
定期报告频率分布	0.64%	2.98%	10.28%	35.59%	0.06%	0.05%	4.61%	20.47%	0.01%	25.30%		0.02%

表 8－2　　2002—2005 年中国证券市场上交所不同月份的平均收益率波动

月　份	1	2	3	4	5	6	7	8	9	10	11	12
定期报告	年报 & 季报						中报			第三季报		
平均收益率标准差	2.12%	1.34%	1.23%	1.28%	1.29%	1.87%	1.10%	0.97%	1.29%	1.12%	1.25%	0.95%
合　计	1.49%				1.27%							0.95%

表 8－3　　中国证券市场 2002—2005 年平均月换手率和收益波动率统计表

To/SD	1 月	2 月	3 月	4 月	5 月	6 月	7 月	8 月	9 月	10 月	11 月	12 月	合　计
SD2002	3.07%	1.23%	1.65%	1.07%	1.32%	2.45%	0.72%	0.64%	0.63%	0.85%	1.41%	0.98%	5.25%
T2002	43%	23%	60%	40%	33%	54%	42%	29%	23%	38%	38%	31%	454%
SD2003	1.78%	0.97%	0.96%	1.46%	1.31%	0.77%	0.76%	0.55%	0.77%	1.04%	1.45%	1.07%	3.91%
T2003	71%	23%	28%	74%	42%	32%	34%	28%	39%	33%	43%	53%	499%
SD2004	1.60%	1.29%	1.08%	0.91%	1.34%	1.24%	1.31%	1.04%	1.98%	1.45%	1.15%	0.89%	4.52%
T2004	39%	67%	54%	47%	30%	50%	45%	33%	62%	39%	42%	35%	542%
SD2005	1.20%	1.70%	1.01%	1.53%	0.99%	2.28%	1.44%	1.34%	1.23%	1.06%	0.90%	0.66%	4.65%
T2005	33%	34%	42%	41%	26%	55%	40%	72%	65%	35%	40%	35%	517%

计信息流动量对证券市场既有利益关系影响较小，对交易者的总体价格预期作用不大，会计信息流动性很强。表8－2列示了2002—2005年中国证券市场上交所不同月份的平均收益率波动数据。

分析结果显示中国证券市场会计信息流动对证券市场上交所收益率的显著影响，会计信息流动量集中的1—4月份相对于会计信息流动量较少的12月份的平均收益率波动差异明显（1.49% VS0.95%）。其他月份，违规信息公布频繁的5月、6月、9月份的平均收益率波动相对于12月份也存在较显著差异，但显著性相对较弱。

实证结果表明，中国证券市场会计信息流动性水平较低，会计信息流动量差异对市场价格的影响显著，平均收益率波动与会计信息流动量水平具有较强的相关性，这一结果是与中国证券市场会计信息共享质量状态相吻合的，从而在实证分析中初步揭示了证券市场会计信息共享质量与证券市场价格之间的决定关系。

8.5.2　平均收益率波动—换手率关系

平均收益率波动分析只是从结果上反映了交易者之间的价格预期差异程度，但是还不能充分揭示证券市场所有会计信息共享者之间的总体价格预期差异性特征，即该平均收益率波动反映了多大程度的股份交易，这就需要引入直接反映证券市场交易深度的指标——换手率。

换手率也称周转率，指在一定时间内市场中证券转手买卖的频率，是反映证券流通性强弱的指标之一，是市场深度的间接描述。以股票市场为例，换手率计算公式为：

换手率To＝当期累计成交股数÷流通股数×100%[①]

① 该公式根据《深圳证券交易所中小企业板块交易特别规定》中的公式“换手率＝当日成交股数/流通股数×100%”推理得到。北京发展和改革委员会网站：http：//www.bjpc.gov.cn/zxqy/zxqy/200510/t65989.htm

换手率反映了证券市场全部投资者对当前利益共享边界的满足程度，换手率越高，说明投资者对目前的利益共享关系越不满意，说明投资者对相关性会计信息共享不足程度越高，彼此间决策性信息差异较大，对价格预期越不确定。

在换手率高的情况下，如果价格波动相对剧烈，则表明证券市场交易者对价格预期差异巨大，交易者对改善目前的收益率水平非常迫切。

表 8 –3 反映了中国证券市场 2002—2005 年的平均月换手率和月收益波动率状况。

作为比较，表 8 –4 列出了 1996 年不同国家换手率水平。

表 8 –4　　其他证券市场的年换手率水平

地　区	纽约	东京	韩国	伦敦	中国香港	泰国	新加坡
换手率%	51.98	26.91	90.73	58.3	43.91	29.79	14.4

资料来源：《中国证券期货统计年鉴》（1998）。

与发达国家证券市场相比，中国证券市场的年换手率相对太高，并呈现出增长趋势，反映了中国证券市场交易者的短平快的投机特征。表 8 –5 显示了收益率波动与换手率之间较强的相关性，图 8 –1 刻画了 2002—2005 年同期数据平均值之间的相关性图形特征。

表 8 –5　　2002—2005 年同期换手率与收益率波动之间相关系数

SD/To	SD2002	SD2003	SD2004	SD2005
T2002	0.547824			
T2003		0.779118		
T2004			0.33601	
T2005				0.33072

SD2002 表示 2002 年各月收益率波动，T2002 表示 2002 年各月换手率，二者的交叉点值 0.547824 表示 2002 年两指标数值之间的相关系数，其他指标解释同此。较高的相关系数揭示了换手率与收益率波动之间的较强的相关性，表明中国证券市场价格机制总体上

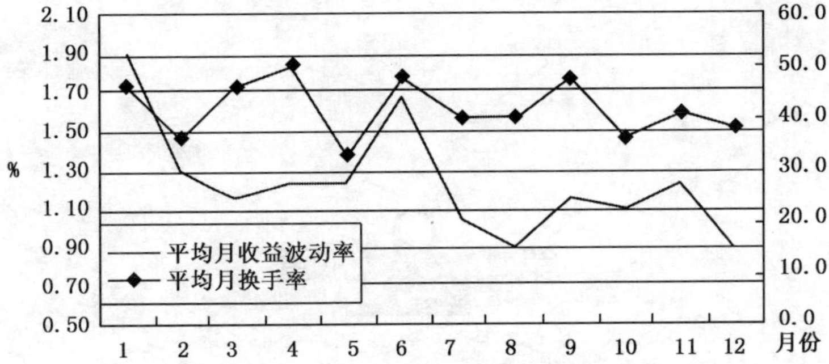

图 8－1　2002—2005 年同月换手率与收益率波动之间变化关系图

对会计信息流动很敏感，意味着中国证券市场会计信息流动对证券市场价格预期影响显著，即低的市场会计信息共享质量对应高的市场价格不确定性预期，或显著的价格波动特征。

结合第 7 章的分析结果，2003 年、2004 年中国证券市场综合会计信息共享质量指数 CQIEOS 分别为 0.82% 和 1%，呈现低水平上升特征，这种特征在表 8－5 换手率与收益率波动之间相关系数分析结果上有显著表现，2003 年、2004 年的相关系数分别为 0.779118、0.33601。这种分析结论上的一致性表明中国证券市场会计信息共享质量对证券市场价格机制确实具有不可忽视的决定作用。

8.6　结　　论

根据实证分析结果可以得出以下结论：

(1) 中国证券市场价格机制对会计信息流动很敏感，这是与中国证券市场会计信息共享质量低下现状相适应的；

(2) 中国证券市场会计信息共享质量——价格决定关系特征显著。

第 9 章

提高证券市场会计信息共享质量对策

证券市场会计信息共享质量是社会经济信息质量的一部分，是社会利益关系的集中体现，解决证券市场会计信息共享质量必须考虑整个社会利益关系背景，任何片面的、局部的、短期的方法都可能会顾此失彼，导致更高的社会成本支出。证券市场会计信息质量决定机理可以用图 9－1 表示。

图 9－1 中的图示关系显示，不管是哪一个层次，只要是社会人在行为，任何人在其社会行为过程中，往往都面对两个以上的行为目标，总体上需要在其面对的集体和个体利益之间确定主次关系，并以此决定自己的方案选择策略。

按照信息共享边界理论，人活动于组织之中，组织是利益控制者控制下的利益共享机制，利益控制者主导组织的利益共享关系构建过程。证券市场作为一个典型的创利组织，其利益控制者——监管者必然自始至终控制着其利益共享关系的建立、发展和变革过

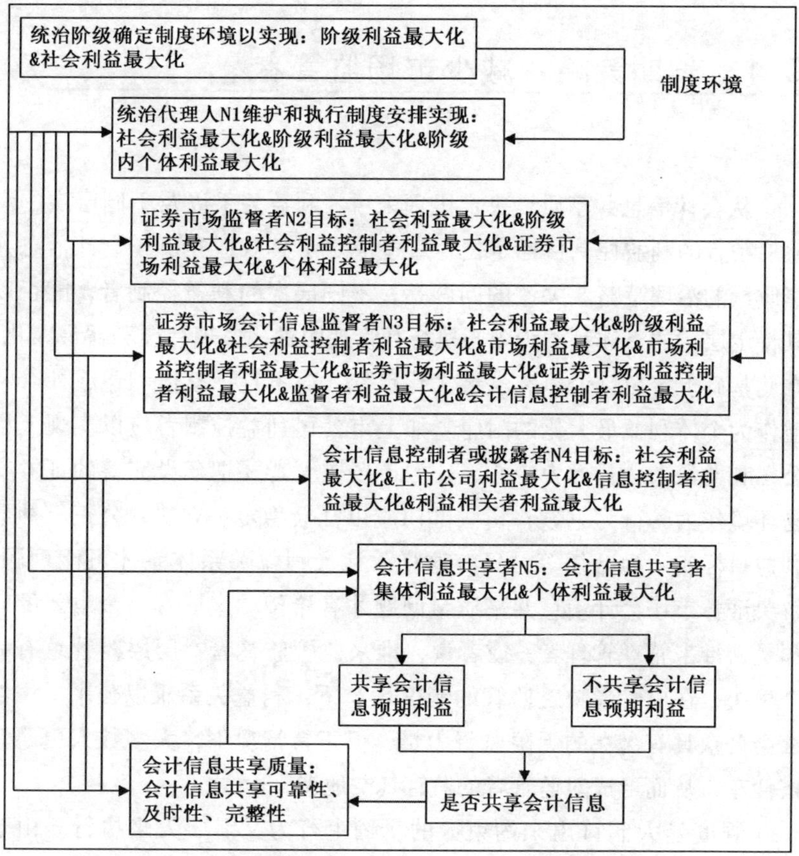

图 9-1　证券市场会计信息共享质量决定机理

程，利益共享关系决定了市场主体的利益共享边界，利益共享边界决定信息共享边界，证券市场会计信息共享质量由此定位。因此，完善证券市场会计信息共享机制以提高会计信息共享质量，必须追根求源，从利益控制者入手，寻找问题正解。

据此，本章从利益控制者或监管者视角探讨证券市场会计信息共享质量提高策略。

9.1 长期策略：减少市场监管者

从会计信息共享质量决定机理来看，利益关系以及不同层次的利益控制者的利益控制目标定位，直接决定了其对证券市场会计信息共享质量的治理策略。关键的问题是，不同层次的利益控制者，能否以其特定层次的整体利益为中心执行其管理职责，实现社会利益最大化，在此基础上定位其个体利益最大化目标，而不是把整体利益或社会利益作为个体利益最大化的附庸。如上市公司利益控制者应以实现上市公司利益最大化目标为中心，证券市场监管者要把建设完善的证券交易环境作为其行为纲领，司法部门应以社会稳定、守法、公正等社会利益目标实现为己任等。只有这样，社会利益关系体系才可能理顺，解决证券市场会计信息共享质量问题才有希望。这里有一个重要的问题是，谁来管理管理者？或者说，谁来监管监管者？层层监管总有一个尽头，在监管者缺乏监管的制度环境下，利益关系难以公平。虽然社会公众具有潜在的无限监督力量，但正常情况下，大多数人更愿意搭便车，从而形成对监管者的监管真空地带。

制度是人制订出来约束人的，约束行为又需要人来执行。由于制度执行往往与特定的利益关系直接相关，在制度执行过程中，如果制度执行人太多①，则往往会形成一个制度执行权的竞争机制。

---

① 奥尔森（1965）在其集体行动的逻辑一书中对大集团（主要指人数）和小集团之中的个人与集体利益关系决定的行为模式进行分析后得出结论：小集团比大集团更容易组织起集体行动（为共同利益目标服务）；具有选择性的激励机制的集团比没有这种机制的集团更容易组织起集体行动。文中“选择性激励机制”是指：对于那些为集团利益增加作出贡献的个人，除了使他能获取正常集体收益份额外，再给他额外的收益；制订促使个人与集体利益一致的行为规则，对违规者进行惩罚。

这种竞争机制导向一般是，直接利益含量[①]越大的制度执行权竞争者越多，如多头收费现象；直接利益含量越少的制度执行权的执行者越少，如生态保护等。同时，如果监管者太多，则意味着非生产性人力资源投入太多，而生产性人力资源投入太少，可能导致社会整体的生产能力下降，导致更少的制度执行利益预期，形成更严酷的制度执行权的竞争机制。

为了对上述思想进行清晰表达，本书作如下假设：

(1) 创利者 i 可以创造的可分配利益为 A_{ci}，总可分配利益为 A_c，创利者数量为 N_c，$i=1, 2, \cdots, N_c$。上缴市场管理者的税费比率为 F_i，F_i 是相对稳定的。从长期来看，A_c 是 F_i 的函数，即税费比率与投资增量呈现负相关，并直接减少创利者税后收益 AT_c。

(2) 制度执行者或管理者、监管者的数量为 N_g，总收益为 A_g[②]。制度执行人的个人收益主要包括：(ⅰ) 扣除执行成本 C_{gj} 的薪金收益，设为 A_{gj}，$j=1, 2, \cdots, N_g$，该项收益主要与职务有关，相对稳定；(ⅱ) 与总收益总量相关的奖金类收益，设为 A_{bj} ($=A_gW_j$，W_j 为监管者 j 的奖金分配比例，平均值为 $1/N_g$)；(ⅲ) 违规监管获取的灰色收入。此时，不愿违规的监管者综合收益率取决于其监管成本，在可以选择搭便车的环境下，少监管或不监管是监管者提高收益率或净收益的最优策略；如果存在制度外灰色收益 A_{ggj}，监管者有激励选择与被监管者合谋。

当监管者与被监管者合谋时，结果会引起监管总收益 A_g 降低[③]到 A_{g1}，降低额 ($=A_{g0}-A_{g1}$) 远远大于 A_{ggj}，设 λ ($=(A_{g0}-A_{g1})/A_{ggj}>1$) 为寻租乘数，即监管者灰色租金收入 A_{ggj} 的倍数。

---

① 即制度执行者可以通过制度执行直接获取的个人或局部利益预期。

② 该收益考虑了所有直接的或间接的收益。

③ 由于 A_g 考虑了所有的相关收益，因此，如果监管者与被监管者合谋，从总体上一定会导致总利益受损，在证券市场上主要表现为利益相关者的投资风险或损失上升，或者收益流失。

结果往往表现为创利者可分配利益大幅变化（如利润操纵）或税费比率降低（如优惠税费率或免税费），由此导致的上缴降低额（$A_{g0}-A_{g1}$）被合谋双方瓜分，瓜分比例为1:（$\lambda-1$）；如果由于某种特殊目的（如融资）导致 $A_{g1}>A_{go}$，则合谋者的预期收益内容包括对所有利益增加额，即（$A_{g1}-A_{g0}$）+其他利益增加额 A_{gr}。

（3）管理者、创利者在既定的制度关系内博弈，在整体利益—个体利益关系框架内决策。完全的整体利益主义者和完全的个体利益主义者总体上属于小概率事件。当制度执行者 j 与被监管者（创利者）之间发生直接监管关系时，彼此是否合谋取决于以下公式的推导结果：

设 A_{j0}、A_{j1}分别表示不合谋、合谋的利益预期，P_s 为合谋成功的概率，若成功则获取最大收益，若不成功，则可能失去包括基本收益 A_{gj}在内的所有收益。

首先，假设（$A_{g0}-A_{g1}$）>0，即合谋导致总体利益下降。

$$A_{j0}=A_{gj}+\frac{A_{g0}\times w}{N_g} \tag{9-1}$$

$$A_{j1}=\left(A_{gj}+\frac{A_{g1}\times w}{N_g}+\frac{(A_{g0}-A_{g1})}{\lambda}\right)\times P_s \tag{9-2}$$

当 $A_{j1}>A_{j0}$时，监管者有激励采取合谋方案，即：

$$A_{j1}-A_{j0}=(P_s-1)A_{gj}+\frac{P_sA_{g1}w-A_{g0}w}{N_g}+\frac{A_{g0}-A_{g1}}{\lambda}P_s>0 \tag{9-3}$$

➡

$$[(P_s-1)A_{gj}+(A_{g0}-A_{g1})P_s\div\lambda]N_g>A_{g0}w-A_{g1}wP_s \tag{9-4}$$

当 P_s 接近于0时，可能会引起（P_s-1）A_{gj}+（$A_{g0}-A_{g1}$）$P_s\div\lambda<0$，以及 $A_{g1}wP_s$➡0，此时，不等式左方小于0，而右方不小于0，可以认为是监管者数量在合谋成功概率为小概率事件时不起作用，也意味着所有监管者都会尽心尽责，从整体利益出发实施监

管，这也正是监管存在的最佳状态。在现实条件下，P_s 往往不是接近于 0 的高效率状态，即监管效率总体上处于较低水平，不管是被认为是法律相对全面的美国，还是其他法制不完善的发展中国家，接连不断的证券市场财务欺诈丑闻在不断告诫投资者，不要过于相信监管质量。因此，P_s 在实践中是远离 0 点的。在这种情况下监管者的正常职务收入 A_{gj} 与合谋收益 $(A_{g0}-A_{g1})P_s \div \lambda$ 相比是微不足道的，即不等式左方往往处于大于 0 区域，此时监管者采取合谋方案的激励条件在以下不等式成立时满足：

$$N_g > \frac{(A_{g0}-P_sA_{g1})\ w\lambda}{(P_s-1)\ \lambda A_{gj}+(A_{g0}-A_{g1})\ P_s} \tag{9-5}$$

降低这一机会主义倾向的有效策略是使该条件成立概率变小，使监管者数量 N_g 下降，此时违规者的潜在机会成本迅速上升，从整体上可以使违规激励条件出现的概率下降，从而实现监管目标的概率上升，当不等式不成立时，违规激励消失①。其中，如果合谋成功的概率 P_s 非常小，则意味着 N_g 可以迅速增加，而 P_s 本身又与监管效率有关，低效率的监管模式往往引致高 P_s 现象。在证券市场监管效率本身就存在低效率的环境下，渴望低 P_s 是不现实的。

因此该公式隐含着一个重要的均衡思想：从实践角度看，较高的 P_s 现状引致合谋的普遍化，对 N_g 的扩大具有激励效应——趋利者的加入；从公式要求的预期监管效率角度看，高的 P_s 现状迫使 N_g 下降，当 $P_s=100\%$ 时，N_g 不能超过 λ 与 w 的乘积。本书建议：在确定 N_g 的最高水平时，直接以目前的 P_s 水平为依据决策，而不需把 P_s 再考虑为 N_g 的函数，这样可以简化决策路径。

其次，如果 $(A_{g0}-A_{g1})<0$，此时合谋双方必有一个违规收入 A_{gr}，此时：

---

① 在实际操作中，N_g 和 λ 一般使用平均数法则计量，反映总体上的变化关系。这些数据需要实证推断，结果具有概率特征。

$$A_{j0} = A_{gj} + \frac{A_{g0} \times w}{N_g} \tag{9-6}$$

$$A_{j1} = P_s\left(A_{gj} + \frac{A_{g1} \times w}{N_g} + \frac{A_{gr}}{\lambda}\right) \tag{9-7}$$

➡

$$N_g > \frac{(A_{g0} - P_s A_{g1})\ w\lambda}{(P_s - 1)\ \lambda A_{gj} + A_{gr} P_s} \tag{9-8}$$

这种结果的出现，往往是以利益相关者的巨大损失为代价，中国证券市场的“股权再融资饥渴症”（汪祖杰、张青，2004）[①] 现象就是这一思想的实践模式。例如上市公司为了达到融资目的，虚增利润率以掩盖其经营不善的局面，满足融资条件要求[②]，但是这一非法目的的实现必需有监管者的合谋才能增加其成功概率 P_s。

在证券市场创利水平基本稳定的情况下，监管者的总利益水平 A_g 是稳定的，此时减少监管者数量 N_g 有利于大幅增加监管者职务收益 A_{gj}，从而降低上述不等式成立的概率。在 N_g 较高的情况下，如果单纯提高 A_{gj} 往往会增加创利者的负担，从长期来看会通过 Fi 的增加体现出来，也可能是通货膨胀。如美国的高薪养廉政策并没有在证券市场会计信息质量监管中奏效，其关键原因还是 N_g 太高了。

因此笔者认为，证券市场会计信息共享质量治理的根本策略是减少监管者数量，增加违规机会成本，降低违规的激励条件的出现的概率。这是长期的解决根本问题的基础战略，其他策略必须以此为基础。

---

① 目前对“再融资饥渴症”的分析结论主要是：相对于债券融资，股权融资资金成本偏低，资本市场不完善为此提供了契机。本书认为，监管不力、不到位、不及时是根本原因（汪祖杰、张青，2004）。

② 如比较经典的 10% 现象（张小月）。

9.2　短期策略：简化规则，完善会计信息监督独立性

N_g 的总体下降只是为解决问题提供了必要条件，最终要解决问题还需要具体的短期策略。在证券市场上，会计信息的直接监督者——会计师事务所及其 CPA 的监督机制的运行效率是长期未决又亟待解决的关键问题。问题的核心是监督者的经济独立性和职业素质。下面就此提出个人的观点。

按照长期战略规划，有资格进行证券市场会计信息审计的会计师事务所总量 Nga 必须减少，再考虑 CPA 职业素质要求，有资格进入会计师事务所的注册会计师 CPA 总量 Ngcpa 也必须下降。在此基础上，本书从以下路径解决 CPA 的审计独立性问题和执业质量问题。

9.2.1　传统审计模式之弊

理论上，注册会计师审计源于财产所有权与经营权的分离，财产所有者将财产托付给经理人管理，后者对前者承担管理责任；为了解和考核经营者的管理责任，财产所有者委托独立的专业人员（即注册会计师）对经理人的经营情况进行审查，受托的注册会计师将审查结果报告给委托人。在这种委托代理关系的制度安排中，最核心的问题是注册会计师必须独立于被审计对象（经理人），注册会计师与经理人之间不能够存在利益上的依赖或关联关系。一百多年以来，独立性一直是注册会计师审计的本质特征和灵魂所在。

问题是，理论上的审计委托代理关系特征和现实中的实际委托代理关系实质并不完全相同。在理论上，财务报表审计是由公司的财产所有者即股东（通过股东大会组织形式）委托注册会计师对

经理人的经营情况进行审计，注册会计师作为全体股东的代理人，为委托人提供信息监督服务；但是，在实际监督过程中，备选注册会计师事务所由管理层先推荐。这样，尽管形式上是股东投票决定注册会计师的聘请，实质上是公司的管理层（本书所指的利益控制者）委托、雇佣注册会计师，即管理层是实质上的会计信息监督委托权的控制者。不仅如此，管理层还实质上控制着注册会计师聘请费用支付水平，决定着注册会计师为公司提供的审计、咨询等服务费用的结构。因此，注册会计师与公司的管理层之间具有相关性而非独立性。面对自己"衣食父母"的违规行为，注册会计师往往被置于两难之境，影响其独立客观地发表意见。

由此可见，注册会计师的独立性受损是难以发表独立客观审计意见的直接原因，成因的背景是审计制度安排，而根本是监管者与被监管者之间的利益关系。对此，2002 年，美国的罗恩教授提出财务报表保险制度①，建议上市公司从制度安排上退出直接聘请会计师事务所对财务报表进行审计的直接利益关系，转向保险公司投保财务报表保险，由保险公司聘请会计师事务所对投保的上市公司

---

① 罗恩教授把财务报表保险制度的具体实施分为七个步骤：（1）保险公司对投保公司的风险评估（review），即由代表承保人的专业风险评估人（包括注册会计师）对投保公司的财务报表风险进行评估；（2）保险公司根据风险评估结果向投保的上市公司提交投保建议书，建议书中应包括保额与保险费率的对照表，即针对不同风险的公司，不同等级的保险金额所对应的不同保险费率，建议书中规定相应的免赔额以控制投保人的道德风险；（3）上市公司的管理层向股东大会（或其代表机构）呈报自己的保险计划，由股东大会决定投保的保险金额，也可以决定不向保险公司投保；（4）如果股东大会同意向保险公司投保某一金额的财务报表保险，则由保险公司聘请审核人员和会计师事务所对投保公司进行审计；（5）如果投保公司的财务报表获得的是标准无保留意见的审计报告，则保险公司同意承保并向上市公司签发保单；如果注册会计师出具的是非标准无保留审计意见，则由保险公司和投保公司重新商议保单条款（比如缩小保险范围或提高保险费率或增大免赔额等），或者拒绝承保；（6）投保公司向社会公众披露保险合同的主要内容；（7）如果保险事故发生，保险公司根据保险合同的约定对投资人进行赔偿。资料来源：易琮："财务报表保险制度——解决审计独立性的新思路"，《行业发展研究资料》，2004 年第 5 期，http：//www. cicpa. org. cn。

进行审计的间接利益关系。保险公司根据风险评估结果决定承保金额和保险费率，承保后对因为财务报表的不实陈述或漏报给投资者造成的损失，负责向投资者进行赔偿（有一定的免赔额）（易琮，2004）。但是，深入分析可以发现，保险模式依然不能解决传统审计独立性问题，而且会带来更多的社会问题。

（1）保险公司与上市公司之间的历史经济关系（保险关系）与财务报表保险关系将不可避免地混合。由于财务报表保险模式按照市场规则行事，上市公司必然首选与其具有长期保险关系的保险公司建立新的保险关系，但是，该项业务的特殊性很可能使保险公司陷入困境。按照保险中经典的逆向选择思想，如果被审计单位不存在会计信息失真问题，则上市公司必将失去投保积极性，或者利用历史保险关系迫使保险公司以非常低的费率承保，但是，对于保险公司来说，并不能有完全的把握认为该业务无风险；如果上市公司财务报表存在重大审计风险，则即使上市公司提供高费率，保险公司也难以承保。更为重要的问题是，作为委托人的保险公司在委托会计师事务所进行风险评估时，由于评估结果关系到被评估单位的市场声誉，鉴于彼此间的历史经济关系，保险公司如果严格按照社会利益最大化原则行事，则可能危及其既有利益关系，如果不按照社会利益最大化原则行事，则可能危及自身的声誉、利益。如此一来，财务报表审计质量问题尚未解决，又牵动了其他利益关系问题。

（2）大数定律问题。保险公司是依靠大数定律来制订保险政策、利率等方案的，与传统的保险业务相比，财务报表保险的样本单位显然太少，而市场上保险公司众多，最终导致各个承保公司难以在承保的标的之间实现审计风险分散，保险公司缺乏承保激励。

（3）及时性问题。自愿承保导致的风险评估过程可能很长，有问题的上市公司可能故意利用该规则拖延时间，影响会计信息的决策相关性，这对于投资者来说是不利的。

因此，保险模式是一种顾此失彼的解决问题之道，系统分析结果显示其不可行。但是，把保险思想应用于审计理论是一个有效的尝试，本书提供的对策就是基于这种思想。

9.2.2 化解传统审计模式之弊的对策

本书认为，传统的审计理论忽略了一个重要问题，即现代证券市场上市公司财务报表审计目标究竟是为谁服务的。从审计实践起源看，它确实是为具体上市公司所有权人服务的，这就产生了各家上市公司独立委托会计师事务所履行会计信息质量鉴证的审计模式，100 多年的审计实践结果显示该模式是存在问题的，问题的核心是目标定位错误。难以想象，作为会计信息控制者怎么可能委托不与其合作的会计信息监督者去检查自身的不光彩之处呢？也就是说，审计实践的起点是个别股份公司的会计信息欺诈，但是，现代证券市场已经成为成千上万的投资者的投资场所，各家上市公司证券只是投资者获取投资收益的投资工具而已，证券市场管理者从宏观上也应该要求投资者利用这种选择权实现市场资源优化配置，提高社会资源利用效率。

证券市场的资源配置功能决定了其会计信息监督的基本目标必然是为投资者服务，即证券市场的投资者整体，而不是每一家上市公司对应的投资者或股东。也就是说，自从证券市场建立之日起，审计的服务对象就应该转化为所有会计信息共享者，所有可能参与到证券市场资源配置功能实现中来的人。一句话，证券市场提供了所有投资者面对所有投资对象的合作机制，不管是大股东还是小股东或债权人，都可能由于利益及其变化而对投资对象说“不”，即“用脚投票”。这种关系与保险市场的保险人面对所有的保险单位之间的整体对应关系是比较相似的，即保险人不能仅仅针对某一家被保险人的风险决定经营方针策略，如费率厘定、收益及其风险分析等，而必须从整个保险对象风险出发才行。因此，证券市场资源配置功能决定了上市公司会计信息是证券市场公共品，会计信息质量监督过程必须由政府提供，只有如此，才可能避免传统审计模式下“王婆卖瓜、自卖自夸”的市场行为特征，才能为证券市场资源配置功能提供必要条件——高质量的会计信息共享基础。

为此，本书利用统计检验中的双盲规则建立证券市场的审计模式如下：

（1）维持原有的会计师事务所的组织制度，保留其对上市公司提供会计服务的功能。

（2）建立会计师事务所及 CPA 数据库，数据库完全公开。

数据库包括普通库和资格库。只有符合特定规则的会计师事务所、CPA 才能进入资格数据库，有资格参与上市公司会计信息审计过程。暂时不符合条件的会计师事务所、CPA 进入普通库，一旦符合条件，即被转入资格数据库。普通数据库的会计师事务所、CPA 只能进入非上市公司日常会计服务工作及其会计信息监督过程。如果资格库成员在审计中违规，轻则进入普通数据库，重则从数据库中永远清除进入资格并备档。

（3）建立上市公司数据库。

（4）确定上市公司—会计师事务所之间的随机配对规则。

（5）首次使用数据库之前对所有主体赋相同权值，即被抽中的概率大小相同。严格按照随机抽样规则从上市公司数据库和会计师事务所随机抽样配对，该过程必须公开进行，接受社会监督，并由公证部门参与。随机配对过程包括以下过程：①按照随机规则对上市公司进行配号，号码从 1 到 N（上市公司总量）；②按照随机规则对会计师事务所进行配号，号码从 1 到 n（会计师事务所总量）；③对两列号码进行随机配对，现场公布配对结果。三个过程分别在三台独立的电脑中同时进行，不分先后，即整个抽样配对过程完全双盲，从上市公司、会计师事务所配号，到号码配对过程独立、同时进行。

（6）如果某一会计师事务所的 CPA 不够，只能从资格库中随机抽取 CPA。

(7) 配对结束后，会计师事务所按照规定时间、程序、方式完成对上市公司的会计信息审计。审计结束后按照规定程序、方式及时对外公布规定信息。

(8) 每年对审计结果进行抽查，有问题的会计师事务所、CPA，根据问题严重程度进行处罚，严重的清除资格或暂停资格，情节较轻的降低其权值；对于表现优秀的会计师事务所、CPA 在一定范围内按照规则增加其权值。这样，可以通过引入优胜劣汰机制实现对监督者的激励约束。

(9) 审计费用按照上市公司市场规模（股本、资产、部门数等）确定，在抽样配对前务必上交证券市场监管机构保管，在审计过程结束后发放到对应会计师事务所、CPA。该审计过程既包括会计师事务所对定期报告的审计过程，也包括审计结束后监管部门对审计结果的抽样检查过程①。

上述审计模式的实施，建立了投资者与上市公司之间的整体对应关系，而不是单纯的一一对应关系，确立了会计信息的公共品性质；破除了会计师事务所与上市公司会计信息控制者之间的利益共享关系，还会计信息监督权之中立面目，为实现其公众利益导向建立制度基础；把市场机制与政府运行机制有机结合，既避免了市场机制过度极化效应（强者更强），又避免了政府集权机制下的懒汉效应（收益与工作能力之间弱相关）。

对于不断扩大的证券市场来说，简单的规则是最有利于共享的规则，可以共享的规则是最有效的规则，只有广泛共享才有高质量的会计信息共享状态出现。但是，利益共享关系决定其中的一切过程。

---

① 监管部门，如财政部、审计署，对 CPAs 审计结果必须及时有效的实施抽样检查，这是双盲规则实施的关键环节和最终保障。

参 考 文 献

1. 埃格特森·思拉恩：《新制度经济学（中译本）》，商务印书馆 1996 年版。

2. 陈岱松：“论对证券市场的适度监管”，《证券法律评论》，2003 年卷。

3. 陈小悦、陈晓、顾斌：“中国股市弱式效率的实证研究”，《会计研究》，1997 年第 9 期。

4. 陈小悦、肖星、过晓燕：“配股权与上市公司利润操纵”，《经济研究》，2000 年第 1 期。

5. 陈晓、陈晓悦、刘钊：“A 股盈余报告的有用性研究”，《经济研究》，1999 年第 6 期。

6. 陈晓等：《上市公司的变脸现象探析》，企业管理出版社 2003 年版。

7. 陈信元、原红旗：“上市公司资产重组财务会计问题研究”，《会计研究》，1998 年第 10 期。

8. 陈信元、张田余：“资产重组的市场反应”，《经济研究》，1999 年第 9 期。

9. 戴国强、吴林祥：《中国证券市场有效性研究——金融市场微观结构理论》，上海财经大学出版社 1999 年版。

10. 范龙振、张子刚：“深圳股票市场的弱有效性”，《管理工程学报》，1998 年第 2 期。

11. 高鸿桢：“关于上海股市效率性的探讨”，《厦门大学学报》，1996 年第 4 期。

12. 高西庆：“证券市场强制性信息披露制度的理论根据”，《证券市场导报》，1996 第 10 期。

13. 高宇波：“从旅馆设计谈‘共享空间’”，《太原理工大学学报》，2000 年第 1 期。

14. 顾晓峰：“论创新知识的生产”，《内蒙古社会科学》（汉文版），2000 年第 1 期。

15. 关爱浩 A：“证券市场会计信息共享质量的整体评价——会计信息流动性分析”，《商场现代化》，2006 年第 11 期。

16. 关爱浩 B：“市场主体信息共享边界决定研究”，《集团经济研究》，2006 年第 11 期。

17. 关爱浩：“证券市场会计信息共享机制研究——基于监管视角”，《当代财经》，2007 年第 10 期。

18. 何佳、孔翔：“中外信息披露制度及实际效果比较研究”，《深交所综合研究所研究报告》，2002 年第 51 号。

19. 何佳等：“中外信息披露制度及实际效果比较研究”，《深交所综合研究所研究报告》，2002 年。

20. 何美欢：《公众公司及其股份证券》（上册），北京大学出版社 1999 年版。

21. 何卫东：“上市公司自愿性信息披露研究”，《深交所综合研究所研究报告》，2003 年。

22. 胡继之：《中国股市的演进与制度变迁》，经济科学出版社 1999 年版。

23. 黄世忠：“会计信息质量面临的挑战与思考”，《论文文稿》，2001 年。

24. 李剑：“用数据挖掘技术建立虚假财务报表的识别模型”，

万方数据网，2002 年。

25. 李开远：《证券管理法规》，一手文化有限公司发行，1997 年版。

26. 李松："注会行业走出国门——中国经济的战略需要"，无忧审计网，2006 年 1 月。

27. 理查德·L. 达夫特著：《组织理论与设计精要》，机械工业出版社 2003 年版。

28. 林国春、彭蕾："中国证券市场的有效性与上市公司信息披露的规范化"，《金融理论与实践》，1997 年第 7 期。

29. 刘建洲、戴国强等："揭秘机构投资者投资行为"，《投资与证券》，2004 年第 4 期。

30. 刘姝威：《上市公司虚假会计报表识别技术》，经济科学出版社 2002 年版。

31. 刘志文："现代企业的知识和知识的学习"，《中国培训》，2000 年第 3 期。

32. 刘志迎、周彬："知识经济下的创新再生产问题探讨"，《合肥工业大学学报》（社会科学版），2000 年第 3 期。

33. 陆建桥："中国亏损上市公司盈余管理实证研究"，《1999 年会计学论文选》，中国财政经济出版社 2000 年版。

34. 吕富强："信息披露的法律透视"，人民法院出版社 2000 年版。

35. 罗斯·L. 瓦茨、杰罗尔德·L. 齐默尔曼著：《实证会计理论》（第 1 版），陈少华等译，东北财经大学出版社 1999 年版。

36. 马克思：《1844 年经济学哲学手稿》，人民出版社 1979 年版。

37. 马克思：《资本论》（第一卷），人民出版社 1975 年版。

38. 马歇尔：《经济学原理》下卷（第 6 版），商务印书馆 1997 年版。

39. 毛志荣等："信息披露违规处罚实际效果研究"，《深交所综合研究所研究报告》，2002 年版。

40. 诺斯：《制度、制度变迁与经济绩效》（中译本），上海三联书店 1994 年版。

41. 邱均平、段宇峰、岳亚："论知识管理与信息管理"，《中国图书馆学报》，1999 年第 6 期。

42. 屈文洲、吴世农："中国股票市场微观结构的特征分析——买卖报价价差模式及影响因素的实证研究"，《经济研究》，2002 年第 1 期。

43. 沈艺峰："会计信息披露和我国股票市场半强式有效性的实证分析"，《会计研究》，1996 年第 1 期。

44. 沈艺峰、吴世农："我国证券市场过度反应了吗?"，《经济研究》，1999 年第 2 期。

45. 斯蒂格利茨："自由、知情权和公共话语——透明化在公共生活中的作用"，宋华琳译，《环球法律评论》，2002 年秋季号。

46. 宋颂兴、金伟根："上海股市市场有效性实证研究"，《经济学家》，1995 年第 4 期。

47. 王开国："中国证券市场超常规创新的理性思考"，《中国社会科学》，2001 年第 1 期。

48. 王明涛："基于 R/S 法分析中国股票市场的非线性特征"，《预测》，2002 年第 3 期。王明涛采用 Yongmiao Hong（1999）提出广义谱分析，发现中国股市股价变动不满足鞅过程，更不满足随机游走，结论显示中国股市不是弱势有效。

49. 王思明、汪虹："资源共享方式若干问题的研讨"，《运筹与管理》，1998 年第 3 期。

50. 王学峰："我们正在告别信息时代——出井伸之在北大提出崭新观点"，《北京晚报》，2000 年 10 月 20 日。

51. 汪祖杰、张青："我国上市公司股权融资过度偏好的有限理性行为分析”，《财贸经济》，2004 年第 12 期。

52. 乌家培：“谈信息经济与知识经济”，《情报资料工作》，1998 年第 4 期。

53. 乌家培：“信息与知识的关系述评”，《情报资料工作》，1999 年第 1 期。

54. 吴林祥：“上市公司信息披露违规处罚研究”，《深交所综合研究所研究报告》，2002 年第 51 号。

55. 吴世农：“上海股票市场效率的分析与评价”，《投资研究》，1994 年第 8 期。

56. 吴世农：“深圳股票市场效能的实证研究”，《管理工程学报》1995 年增刊。

57. 吴世农：“我国证券市场效率的分析”，《经济研究》，1996 年第 4 期。

58. 吴世农、李常青、陈碧华：“我国上市公司现金流量的市场反应和信息含量分析”，《首都经贸大学学报》，2001 年第 3 期。

59. 吴世农、黄志功：“上市公司盈利信息报告、股价变动与股市效率的实证研究”，《会计研究》，1997 年第 4 期。

60. 杨小凯：“有限理性”，经济学网—http：//www. jjxj. com. cn/，2002 年 12 月 21 日。

61. 俞乔：“市场有效、周期异常与股价波动”，《经济研究》，1994 年第 9 期。

62. 曾宛如：“英国公司法上投资人资讯取得权之分析”，[台]《大法学论丛》第 28 卷，1999 年第 2 期。

63. 张思奇、马刚、冉华：“股票市场风险、收益是市场效率，ARMA—ARCH—M 模型”，《世界经济》，2000 年第 2 期。

64. 张维迎：《博弈论与信息经济学》，上海三联书店 1996 年版。

65. 张维迎：“谁妨碍了中国企业联盟?”，http：//finance. sina. com. cn，

2000 年 7 月 19 日。

66. 张维迎："突破电子政务中互联互通方案"，http://www.grp.com.cn/，2004 年 12 月 6 日。

67. 张维迎："证券市场是个寻租场　上市公司是保姆独大"，http://finance.sina.com.cn，2004 年 4 月 23 日。

68. 张雄："理性的崇拜及其缺憾——对传统经济学理论方法的审视"，《哲学研究》，智识学术网，1996 年第 5 期，2002 年 6 月补充修改。

69. 张亦春、周颖刚："中国股市弱势有效了吗?"，《金融研究》，2001 年第 3 期。

70. 张宗新、郭来生、季雷、张晓荣、廖士光："上市公司自愿性信息披露的有效性研究"，《深交所综合研究所研究报告》，2003 年第 71 号。

71. 赵宇龙："会计盈余披露的信息含量——来自上海股市的经验证据"，《经济研究》，1998 第 8 期。

72. 郑振龙、林海："中国股市发展的二元悖论"，《世界经济》，2000 年第 8 期。

73. 钟蓉萨、顾岚主编：《中国股票市场实证统计分析》，中国财政经济出版社 1999 年版。

74. 周培胜："我国股票市场寻租现状及其成因的信息经济学分析"，《江西财经大学学报》，1999 年版。

75. 周亚红："国际证券市场监管的信息披露制度"，《国际金融研究》，2001 年 1 月 17 日。

76. 庄序莹：《中国证券市场监管理论与实践》，中国财政经济出版社 2001 年版。

77. Adams, J. D., Endogenous R & D Spillovers and Industrial Research Productivity, Working Paper 7484, NBER, 2000.

78. AICPA, Auditing Risk and Materiality in Conducting an

Audit, *Statement on Auditing Standards* No. 47, American Institute of Certified Public Accountants, New York, NY, 1983.

79. AICPA, Consideration of Fraud in a Financial Statement Audit, *Statement on Auditing Standards* No. 82, AmericanInstitute of Certified Public Accountants, New York, NY, 1997.

80. Ali Fekrat, M., Carla I. and Petroni, D., Corporate environmental disclosures: Competitive disclosure hypothesis using 1991 annual data, *The international Journal of Accounting*, 1999/2/31, pp. 175 – 195.

81. Altman, E., Financial ratios, discriminant analysis, and the prediction of corporate bankruptcy, *Journal of Finance*, September, 1968, pp. 589 – 609.

82. Altman, E., *Corporate Financial Distress: A Complete Guide to Predicting, Avoiding, and Dealing with Bankruptcy*, John Wiley, New York, NY, 1983.

83. Amihud, Y., & Mendelson, H. The effect of computer base trading on volatility and liquidity. In: H. C. Lucas & R. A. Schwartz (Eds.), *The Challenge of Information Technology for the Securities Markets, Liquidity, Volatility, and Global Trading* (pp. 59 – 85), 1989.

84. AsquithP. and Mullins, D. W., The impact of initiating dividend payments on shareholder's wealth, *Journal of Business*, 56: 77 – 96, 1983.

85. Ball, R. and Brown, P., An Empirical Evaluation of Accounting Income Number, *Journal of Accounting Research* 6, 159 – 178, 1968.

86. Ball, R, Anomalies in relationships between securities' yields and yield – surrogates, *Journal of Financial Economics*, 1978//06 pp. 103 – 126.

87. Beasley, M., An empirical analysis of the relation between board of director composition and financial statement fraud, *The Accounting Review*, 1996, Vol. 71 No. 4, pp. 443 – 66.

88. Beasley, S. M., Carcello, J. V. and Hermanson, D. R., Fraudulent Financial Reporting: 1987 – 1997: *An Analysis of US Public Companies*, *Research Report*, COSO, 1999.

89. Bell, T., Szykowny, S. and Willingham, J., Assessing the likelihood of fraudulent financial reporting: a cascaded logic approach, Working Paper, KPMG Peat Marwick, Montvale, NJ, 1993.

90. Beneish, M. D., Incentives and penalties related to earnings overstatements that violate GAAP, *The Accounting Review*, 1999, Vol. 74 No. 4, pp. 425 – 57.

91. Bhattacharya, D., Wijers, R. A. M. J., Hartman, J. W., & Verbunt, F. 1992, A&A, 254, 198.

92. Bhattacharya, S., Glazer, J., and Sappington, D. E. M., Licensing and the Sharing of Knowledge in Research Joint Ventures, *Journal of Economic Theory*, 56: 43 – 69, 1992.

93. Binder, John J., The Event Study Methodology Since 1969, *Review of Quantitative Finance and Accounting*, 11, 111 – 137, 1998.

94. Bowman, P & Haire, D, Stock Performance and voluntary disclosure. *Journal of Accounting and Public Policy*, 1975.

95. Brad M. Barber, John D. Lyon, Detecting long – run abnormal stock returns: The empirical power and specification of test statistics, *Journal of Financial Economics* 43 (3), 341 – 372, 1997.

96. Branstetter, L., and Sakakibara, M., Japanese Research Consortia: a Microeconometric Analysis of Industrial Policy, Working Paper 6066, NBER, 1997.

97. Brock, W. A., Distinguishing Random and Deterministic Sys-

tems: Abridged Version, *Journal of Economic Theory* 40, 168 - 195, 1986a.

98. Brown, Stephen J. and Warner, Jerold B, Measuring Security Price Performance, *Journal of Fianncial Economics*, 8, 205 - 258, 1980.

99. Brown, Stephen J. and Warner, Jerold B, Using Daily Returns: The Case of Event Studies, *Journal of Financial Eonomics*, 14, 491 -495, 1985.

100. Bwo - Nung Huang and Chin - Wei Yang, The impact of settlement time on the volatility of stock market revisited: an application of the iterated cumulative sums of squares detection method for changes of variance, *Applied Economics Letters*, 8, 665 -668, 2001.

101. Carole Comerton - Forde, Do trading rules impact on market efficiency? A comparison of opening procedures on the Australian and Jakarta Stock Exchanges, *Pacific - Basin Finance Journal*, 7, 495 - 521, 1999.

102. Cassiman, B. , and Veugelers, R. , R&D Cooperation and Spillovers: Some Empirical Evidence, Working paper, Universitat Pompeu Fabra/Katholieke Universiteit Leuven, 1998.

103. Chau K. G. and Gray S. J. , Ownership structure and corporate voluntary disclosure in Hong Kong and Singapore, *The International Journal of Accounting* 37, 2002, 247 -265, 2002.

104. Chow, C. and Rice, S. , Qualified audit opinions and share prices: an investigation, *Auditing*: *A Journal of Practice and Theory*, Vol. 1, pp. 35 -53, 1982.

105. Christopher F. Noe, Voluntary disclosures and insider transactions, *Journal of Accounting and Economics*, 1999, 305 -326.

106. Christopher J. Green, Victor Murinde, Rose W. Ngugi, Key

microstructure and policy issues for emerging stock markets, working paper, The Birmingham Business School, 2000.

107. Cochrane, New facts in Finance, NBER working paper, 1999.

108. Coderre, G. D. , Fraud Detection. Using Data Analysis Techniques to Detect Fraud, *Global Audit Publications*, Vancover, 1999.

109. Daniel Kahneman and Amos Tversky, Prospect Theory: An Analysis of Decision Making Under Risk, *Econometrica*, 1979.

110. Daniel, K. , Hirshleifer D. , and A. Subrahmanyam, Overconfidence, Arbitrage and Equilibrium Asset Pricing, *Journal of Finance* 56, 921 - 965, 2001.

111. David J. Skyrme. From Information Management to Knowledge Management: Are You Prepared? *OnLine*, December, 1997: 9 - 11.

112. DeAngelo, L. , *Accounting Numbers Market Value Substitutes: A study of managerial buyouts of public stockholders*, 1986.

113. Dechow, P. M. and R. G. Sloan, Executive incentives and the horizon problem: An empirical investingation. *Journal of Accounting and Economics*, 1991.

114. Dodd P N. Holthausen D R, Leftwich R. Qualified audit opinions and stock prices. *Journal of Accounting and Economics*, 1984.

115. Dolly, J. , Characteristics and Procedure of Common Stock Split - Ups, *Harvard Business Review*, 316 - 326, 1933.

116. Dong Li, Shao - Kung Lin and Chulin Li, The impact of settlement time on the volatility of stock markets, *Applied Financial Economics*, 7, 689 - 694, 1997.

117. Duncker, K. . On problem solving. Psychological Monographs, 58: 5, whole no. 270, 1945.

118. Durlauf, Steven N. , Spectral based testing of the martingale

hypothesis, *Journal of Econometrics*, 50, 355 – 376, 1991.

119. Elliot, R. and Willingham, J., *Management Fraud: Detection and Deterrence*, Petrocelli, New York, NY, 1980.

120. Eugene F. Fama, Efficient capital market: a review of theory and empirical work, *Journal of Finance*, 25, 383 – 417, 1970.

121. Eugene F. Fama, Market efficiency, long – term returns, and behavioral finance, *Journal of Financial Economics*, 49 (3), 283 – 306, 1998.

122. Fama, E. F., Agency Problems and the Theory of the Firm. *Journal of Political Economy*, 88, pp. 288 – 307, 1980.

123. Fama, E. L. Fisher, M. Jensen, and R. Roll, The adjustment of stock prices to new information. *International Economic Review* 10: 1 – 21, 1969.

124. Fama, Eugene. Market Efficiency, Long – Term Returns and Behavioral Finance. *Journal of Finance Economics*, 49, 1998, pp. 283 – 306.

125. Fama, E., The Behavior of Stock Market Price, *Journal of Business*, 38 (1), January, 1965, 34 – 105.

126. Fanning, K., Cogger, K. and Srivastava, R., Detection of management fraud: a neural network approach, *International Journal of Intelligent Systems in Accounting, Finance and Management*, 1995, Vol. 4 No. 2, pp. 113 – 26.

127. Fanning, M. K. and Cogger, K. O., Neural detection of management fraud using published financial data, *International Journal of Intelligent Systems in Accounting, Finance and Management*, 1998, Vol. 7 No. 1, pp. 21 – 41.

128. Froot K A, Scharfstein D S, Stein J C. Herd on Street: Informational Inefficiencies in a Market with Short – term Speculation.

Journal of Finance, 1992, 47: 1461 – 1484.

129. Gamal Atallah, Information Sharing and the Stability of Cooperation in Resarch Joint Ventures, the Center for Interuniversity Research in Quantitative Economics (CIREQ), under number 20 – 2002. http://www.sceco.umontreal.ca/publications/etext/2000 – 17.pdf, 2000.

130. Geert Bekaert, Campbell R. Harvey, Emerging equity market volatility, *Journal Of Financial Economics*, (43) 1, 29 – 77, 1997.

131. Gigler, F., and T. Hemmer, On the Frequency, Quality, and Informational Role of Mandatory Financial Reports, *Journal of Accounting Research* 36. Day 3, 1998.

132. Gigler, F., and T. Hemmer, Conservatism, Optimal. Disclosure Policy, and the Timeliness of Financial Reports, *The Accounting Review.* Gietzman, M., and T. Hemmer, 2001.

133. Givoly, D. and Palmon D., Timeliness of Annual Earnings Announcements: Some Eempirical Evidence, *The Accouningt Review*, July, 1982 : 486 – 508.

134. Greene, W. H. 2000. *Econometric Analysis.* Fourth Edition, Prentice – Hall, Inc.

135. Grossman, S., On the efficiency of competitive stock markets where trades have diverse information. *Journal of Finance*, xxxi (2), May: 573 – 585, 1976.

136. Grossman and Stiglitz, 1980, "On the Impossibility of Informationally Efficient markets," AER 70, 393 – 408.

137. Healey P., The effect of boinus schemes on accounting decisions. *Journal of Accounting and Economics*, 7: 85 – 107, 1985.

138. Healy, P. M. and K. G. Palepu, Information asymmetry, corporate disclosure, and the capital markets: A review of the empirical

disclosure literature. *Journal of Accounting & Economics*, 31: 405 - 440, 2001.

139. Hersh Shefrin and Meir Statman, Ethic, Fairness and Efficiency In Financial Markets, *Financial Analysts Journal*, Nov - Dec, 1993.

140. Hinich. M., and Patterson. D., A new diagnostic test of model inadequacy which uses the martingale difference criterion, *Journal of time series Analysis*, 13, 233 - 252, 1992.

141. Holmstrom, B. Moral Hazard and Observability. *Bell Journal of Economics*, Spring, 1979, 74 - 91.

142. Hong Yongmiao, Hypothesis Testing in Time Series Via the Empirical Characteristic Function: A Generalized Spectral Density Approcach, *Journal of the American Statistical Association*, December 1999, 1201 - 1220.

143. Hong, Y. and T. Lee, Diagnostic Checking for Adequacy of Nonlinear Time Series Models, working paper, 2002.

144. Hsieh, David A., Chaos and nonlinear dynamics: Application to financial markets, *Journal of Finance*, 46, 1839 - 1877, 1991.

145. Hsieh, David A., Implications of nonlinear dynamics for financial risk management, *Journal of Financial and Quantitative Analysis*, 28, 41 - 64, 1993.

146. Jensen, Michael, and William Meckiing, Theory of the Firm: Managerial Behavior, Agency Costs and owners Ship Structure, *The Joumal of Financial Economics*, 3, 1976.

147. Jeremy Stein & David Scharfstein, The Dark Side of capital Market, *Divisinal Rent - Seeking Inefrcent Investment*, 2000.

148. Jeroen Suijs, Costly Disclosures in a Voluntary Disclosure Model with an Opponent. SSRN working paper, April 7, 1999.

149. John D. Evans. Infrastructure for Sharing Geographic Information Among Environment Agencies. June, 1997. http: //web. mit. edu/jdevans/thesis. html.

150. John Y. Compell, Andrew W. Lo, A. Craig Mackinlay, *The Econometrics of Financial Markets*, Princeton University press, 1997.

151. Jones J. , Earnings management during import relief investingations. *Journal of Accounting Research* 29: 193 – 228, 1991.

152. Joseph E. Stiglitz, ON the impossibility of informationally efficient markets. *American Economic Review*, 70 (3), June: 393 – 408, 1980.

153. Joseph E. Stiglitz and Weiss, Credit Rationing in Markets with Imperfect Information. *Journal of Industrial Economics*, 31 (4): 437 – 51, 1981.

154. Joy, M. O. , and J. o. Tollefson. On the Financial Application of Discriminant Analysis. *Journal of Financial and Quantitative Analysis*, December 1975, pp. 723 – 739.

155. Kamien, M. I. , and Zang, I. , Meet Me Halfway: Research Joint Ventures and Absorptive Capacity, *Mimeo*, Department of Managerial Economics and Decision Sciences, J. L. Kellogg Graduate School of Management, Northwester University, 1998.

156. Kamien, M. I. , Muller, E. , and Zang, I. , Research Joint Ventures and R&D Cartels, AER, 82 (5): 1293 – 1306, 1992.

157. Katsoulacos, Y. , and Ulph, D. , Endogenous Spillovers and the Performance of Research Joint Ventures, *Journal of Industrial Economics*, 46 (3): 333 – 57, 1998a.

158. Katsoulacos, Y. , and Ulph, D. , Innovation Spillovers and Technology Policy, Annales, 1998b.

159. Kenneth A. kim and S. Ghon Rhee, Price Limit Performance: Evidence from the Tokyo Stock Exchange, *The Journal of Finance*, Vol. LⅡ, NO. 2. June, 885 - 901, 1997.

160. Kraus, A, and Stoll, H. R. Price Impact of Block Trading on the New York Stock Exchange. *Journal of Finance*, 1972, (27): 569 - 588.

161. Kyle, A. S., Continuous Auction and Insider Trading, *Econometric*, 53, 315 - 1336.

162. L. Loss & J. Seligman: *Fundamentals of Securities Regulation* (3rded.), 1985.

163. L. C. B. Gower, *Gower's Principle of Modern Company Law*, Sweet & Maxwell Ltd., 741, Fifth Edition, 1992.

164. L. L. Eng, Y. T. Mak, Corporate governance and voluntary disclosure *Journal of Accounting and Public Policy* 22, 2003, 325 - 345.

165. Lanen, W. and Werrecchia, R., Operating Decisions and the Disclosure of Management Accounting Information. *Journal of Accounting Research* 25, 165 - 189, 1987.

166. Lev, B., Information Disclosure Strategy. *California Management Review*: Berkeley: Summer, 1992.

167. Lev, B., and J. A. Ohlson, Market - Based Empirical research in accounting; a review, interpretation, and extension. *Journal of Accounting Research* 22: 249 - 322, 1982.

168. Levene, H., Robust tests for equality of variances, in I. Olkin, (ed), *Contributions to Probability and Statistics*, Stanford University Press, Palo Alto, CA, 1960, pp. 278 - 292.

169. Lewellen, W. G., Park, T. and B. T. Ro., Self - serving behaviour in managers' discretionary information disclosure decisions.

Journal of Accounting & Economics 21: 227 – 251, 1996.

170. Lippman & Mccall, An Operational Measure of Liquidity. *American Economic Review*, 1986, (76).

171. Lobato, Ignacio, John C. Nankervis, and N. E. Savin, Testing for autocorrelation using a modified Box – Pierce Q test, *International Economic Review*, 42, 187 – 205, 2001.

172. Louis D Brandeis, *Other People's Money and How the Bankers Use It*, Fairfield, NJ: Augustus M Kelly 1932.

173. louis Loss, *Fundamentals of Securities Regulation*, 2d. cd, 1988.

174. Luchins, A. S., *Mechanization in Problem Solving*. Psychological Monographs, 54: whole no. 248, 1942.

175. Manne, Mergers and the Market for Corporate Control., *Journal of Political Economy* 73, April, 1965 : 110 – 120.

176. Marc Newson and Craig Deegan, Global expectations and their association with corporate social disclosure practices in Australia, Singapore, and South Korea, *The International Journal of Accounting* 37, 2002: 183 – 213.

177. Mariti, P., and Smiley, R. H., 'Co – operative Agreements and the Organization of Industry', 1983.

178. Mark Salmon, Behavioral Finance and Market, *Psychology*, May, 2001.

179. Maug Emst, Narayan Naik. Herding and Delegated Portfolio Management [C]. *mimeo*, London Business School, 1996.

180. McLeod, A. I. and W. K. Li, Diagnostic checking ARMA time series models using squared – residual autocorrelations, *Journal of Time Series Analysis*, 4, 269 – 273, 1983.

181. Meek, G. K., Roberts, C. B. & Gray, S. J., Factors in-

fluencing voluntary annual report disclosures by US, UK and continental European multinational corporations. *Journal of International Business Studies*, 1995, Third Quarter, 555 – 572.

182. Merton, RC, On Estimating the Expected Return on the Market. *Journal of Financial Economics*, 8, 323 – 361, 1980.

183. Michael Rockinger and Giovanni Urga, A Time – Varying Parameter Model to Test for Predictability and Integration in the Stock Markets of Transition Economies. *Journal of Business and Economic Statistics*, 19 (1), 73 – 84, 2001.

184. Michaeljenson and William mackling, Theory of the Firm: Managerial Behavior, Agency Costs and Ownership Structure, *The Journal of Financial Economics*, 1976, 3, pp. 46 – 52.

185. Miles B. Gietzmann and Marco Trombetta, Disclosure interactions, Accounting Policy Choice and Voluntary Disclosure Effects on the Cost of Capital, SSRN Working papers, July 2000.

186. Newman, P., Sansing, R., Disclosure policies with multiple users, *Journal of Accounting Research*, 1993, Vol. 31 No. 1, pp. 92 – 112.

187. Nicholas Barberis and Richard Thaler, A Survey of Behavioral Finance, NBER Working Paper No. 9222, 2002.

188. Ohlson, J. S. Financial Ratios and the Probabilistic Prediction of Bankruptcy. *Journal of Accounting Research* 19, Spring, 1980, pp. 109 – 131.

189. Osborne, M. F. M. Brownian Motion in the Stock Market. *Operations Research*, 7, 1959, pp. 145 – 173.

190. Paul K. Chaney, Craig M. Lewis, Earnings Management and Firm Valuation Under Asymmetric Information, *Journal of Corporate Finance* 1, 1995: 319 – 345.

191. Paul M. Healy, Krishna G. Palepu, Information symmetry, corporate disclosure, and the capital markets: A review of the empirical disclosure literatures, *Journal of Accounting and Economics* 31, 2001, 405 - 440.

192. Perez - Castrillo, J. David & Sandonis, Joel, Disclosure of know - how in research joint ventures, *International Journal of Industrial Organization*, Elsevier, February, 1997, vol. 15 (1), pages 51 - 75.

193. Pérez - Castrillo, J. D., and Sandonís, J., Disclosure of know - how in research joint ventures, *International Journal of Industrial Organization*, 15 (1): 51 - 75, 1997.

194. Pettit, R. R. Dividend announcements, security performance, and capital market efficency. *Journal of Finance*, 1972, 27.

195. Poyago - Theotoky, J., A Note on Endogenous Spillovers in a Non - Tournament R&D Duopoly, *Review of Industrial Organization*, 15: 253 - 62, 1999.

196. Ranga Narayanan, Insider Trading and the Voluntary Disclosure of Information by Firms, *Journal of Banking & Finance* 24, 395 - 425, 2002.

197. Rendleman, R., C. Jones, and H. Latane. Empirical Anomalies Based on Unexpected Earnings and the Importance of Risk Adjustments, *Journal of Financial Economics*: 269 - 287, 1982.

198. Report of Special Study of Securities Markets, Securities and Exchange Commission, Pt 3. 1, 1963.

199. Richard Roll, The Hubris Hypothesis of Corporate Takeovers, *The Journal of Finance*, 1986/4/ pp. 197 - 216.

200. Richard Roll, A Simple Implicit Measure of the Effective Bid - Ask Spread in an Efficient Market, *The Journal of Finance*, Sep.,

1984, Vol. 39, Issue 4, 1127 - 1139.

201. Robert A. Prentice, *Law of Business Organization and Securities Regulation*, Englewood Cliffs, NJPrentice - Hall, New Jewsey, 1987, pp. 478.

202. Robert Bloomfield, Maureen O'Hara, Can transparent markets survive? *Journal of Financial Economics* (55) 3, 425 - 459, 2000.

203. Robert J. Shiller, Human Behavior and the Efficeincy of the Financial System, *Handbook of Macroeconomics*, 1999; Vol. 1.

204. Roberts, Harry, Statistical Versus Clinical Prediction of the Stock Market. *Unpublished manuscript*, CRSP, University of Chicago, May, 1967.

205. Rockinger, M and G., Urga, A Time - Varying Parameter Model to Test for Predictability and Integration in the Stock Markets of Transition Economies. *Journal of Business and Economic Statistics*, 2001, 19 (1), 73 - 84.

206. Rockinger, Michael, Urga, Giovanni, The Evolution of Stock Markets in Transition Economies, *Journal of Comparative Economics* 28 (3), 56 - 472, 2000.

207. Ross, Stephen A., The determination of financial structure: the incentive - signaling approach, Bell. *Journal of Economics* (8): 23 - 40., 1977.

208. S. P. Kothari, Jerold B., Warner, Measuring long - horizon security price performance, *Journal of Financial Economics* (43) 3, 301 - 339, 1997.

209. Samuelson, P., Proof that properly anticipated prices fluctuate randomly, *Industrial Management Review*, 6, 41 - 49, 1965.

210. Schert, Anamalies and market effienciency, NBER working

pape, 2002.

211. See Bishop Carlton Hunt, *Development of the Business Corporation in England* 1800 – 1867, Cambridge, Mass: Harvard University Press 1935, pp. 95.

212. See George Benston, Required Disclosure and the Stock Market: An Evaluation of the Securities Exchange Act of 1934, in 63 *American Economic Review*, 132 – 55, 1973.

213. See George J. Stigler, Public Regulation of the Securities Market, in 37 *J. of Bus.*, 117 – 42, 1964.

214. See Note, Disclosure as a Legislative Device, in 76 *Harvard L. R.*, Vol. 2, 1273 – 93, 1963.

215. See Schneider, An Administrative Program for Reforming the Federal Securities Law. 23. *Bus. Law*, 737, 1968.

216. Sendhil Mullainathan and Richard Thaler, Behavioral Economics, NBER working paper series, October, 2002.

217. Shiguang Ma and Michelle L. Barnes, Are China's Stock Markets Really Weak – form Efficient?, working paper, 2001.

218. Shiller, R., The use of volatility measures in assessing market efficiency, *Journal of Finance*, 36, 291 – 304, 1981.

219. Simon S. M. Ho. and Kar Shun Wong, A study of the relationship between corporate governance structure and the extent of voluntary disclosure, *Journal of International Accounting, Auditing & Taxation* 10: 139 – 156, 2001.

220. Simon, H. A., A Behavior Model of Rational Choice. *Quarterly Journal of Economics*, 69, 99 – 118, 1957.

221. Skinner, Do the SEC's safe harbor provisions encourage forward – looking disclosures? *Financial Analysts Journal*, Jul/Aug, 1995.

222. Sommer Advisory Committee Report: J. Seligman, *The Transformation of Wall Street: A History of The Securities and Exchange Commission and Modern Corporate Finance*, P565 – 567, 1976.

223. Spathis, Charalambos T. Detecting False Financial Statements Using Published Data: Some evidence from Greece. *Managerial Auditing Journal*, 17/4, 2002, 179 – 191.

224. Summers, S. L. and Sweeney, J. T., Fraudulently misstated financial statements and insider trading: an empirical analysis, *The Accounting Review*, 1998, Vol. 73 No. 1, pp. 131 – 46.

225. Vickery W S. Conterspeculation, Auction and Competitive Sealed Tenders [J]. *Journal of Finance*, 1961, 16: 1 – 17.

226. Vilasuso. Jon & David. Katz, *Spectral Tests of Market Eficiency in International Stock Markets*, 1999.

227. W. R. Scott, *Financial Accounting Theory*, Prentice – Hall, Inc, 1997.

228. Werrecchia, R., Voluntary Disclosure with a Strategic Opponent, Journal of Accounting and Economics 12, 341363, 1990.

229. West, R. R., On the Difference between Internal and External Efficiency, *Financial Analysts Journal*, Nov/Dec, 1975.

230. William O. Douglas & Dorothy S. Thomous, *The Business Failures Project——A Problem in Methodology*, 39 YALE L. J. I013, 1930.

231. Xiaoming Li, An Empirical Study on Evolving Market Efficiency for China's Stock Markets, working paper, Massey University, Auckland, 2000.

232. Y. Ohkusa and F. Ohtake, The Productivity Effects of Information Sharing, Profit. Sharing and ESOPs, *Journal of the Japanese and International Economies*. 11: 385 – 402, 1997.

233. Yongmiao Hong. Hypothesis Testing in Time Series Via the Empirical Characteristic Function: A Generalized Spectral Density Approach. *Journal of the American Statistical Association*, December, 1999.

234. Zeff, S. A., The rise of Economic Consequences, *The Joumal of Accountancy*, December, 1978.

后　记

本书是在我的博士论文“证券市场会计信息共享质量研究”的基础上修改而成的。就“证券市场会计信息共享质量”这一研究项目而言，其实刚刚打开一扇窗，以后的研究可能更加艰辛，但至少可以让治学严谨的导师和一直关心我的师母放松一下了，这是我入门以来最感欣慰的一件事情。

我最敬仰的导师，也是广受尊敬的伍世安教授，在我攻读博士学位期间，可谓呕心沥血，倾其所能，以他渊博的知识哺育我，用其严谨的治学风格熏陶我，以其“有容乃大，无欲则刚”的行事风格震撼着我及其他每一个弟子，甚至每一个接触他的人，我为能够得到导师的指导而深感庆幸，必将以此为始，终身效仿。贤惠而充满爱心的师母曾六妹一直在幕后默默地贡献，不仅对伍老师体贴入微，而且对我们也关怀备至，感谢师母！

同时，我还要感谢在学习和研究期间给予帮助的老师和朋友。

首先，感谢廖进球教授、史忠良教授、宋醒民教授、李建德教授、胡援成教授、王小平教授、刘汉屏教授、陈明珍教授、陈富良教授、卢福财教授、吴江教授、何晓勤教授等老师的辛勤授课，这为我的研究奠定了必要的理论基础。

其次，感谢在论文开题报告中提出建设性意见的张蕊教授、陈富良教授和勒中坚教授，他们对论文的选题、研究内容、研究方法等都提出了很好的建议，使我能够得以顺利开笔。

再次，感谢同窗好友们在交流中给我的启示和帮助，在此特别对谢敏、赵惟、郭华平、胡宇辰等诸位同学以及张湘赣、王万山、丁美东、刘继云、陶长琪、黄文华、吴朝阳、江水法、叶卫华、席卫群、徐斌等师兄弟们致谢。

此外，对在我研究期间给予关心和帮助的朋友们表示衷心的感谢，特别是王华明、王卫清、郑伯良、饶小秋、袁业虎等。

最后，感谢我的家人对我的关心、支持和帮助。感谢我的妻子杨燕对我无微不至的照顾和理解；特别感谢我的父母，他们含辛茹苦供我读书，给了我一颗善良的心和坚强的意志，这一切是我热爱生活、不断进取的动力之源和享之不尽的精神财富。

希望本书涉及的研究领域和研究结果能够让读者耳目一新，能够为完善证券市场信息监管提供理论依据和对策参考。

关爱浩

2008 年 10 月 7 日